Schulbücher im Fokus

Jörg Doll
Keno Frank
Detlef Fickermann
Knut Schwippert
(Hrsg.)

Schulbücher im Fokus

Nutzungen,
Wirkungen und
Evaluation

Waxmann 2012
Münster / New York / München / Berlin

Bibliografische Information der Deutschen Nationalbibliothek
Die Deutsche Nationalbibliothek verzeichnet diese Publikation
in der Deutschen Nationalbibliografie; detaillierte bibliografische
Daten sind im Internet über http://dnb.d-nb.de abrufbar.

ISBN 978-3-8309-2670-2

© 2012 Waxmann Verlag GmbH
Postfach 8603, 48046 Münster
Waxmann Publishing Co.
P.O. Box 1318, New York, NY 10028, USA

www.waxmann.com
info@waxmann.com

Umschlaggestaltung: Christian Averbeck, Münster
Titelbild: © iStockphoto.com/pengpeng
Satz: Stoddart Satz- und Layoutservice, Münster
Druck: CPI buchbücher.de, Birkach

Gedruckt auf alterungsbeständigem Papier,
säurefrei gemäß ISO 9706

Printed in Germany

Alle Rechte vorbehalten. Nachdruck, auch auszugsweise, verboten.
Kein Teil dieses Werkes darf ohne schriftliche Genehmigung des
Verlages in irgendeiner Form reproduziert oder unter Verwendung
elektronischer Systeme verarbeitet, vervielfältigt oder verbreitet werden.

Inhalt

Jörg Doll, Detlef Fickermann, Knut Schwippert und Keno Frank,
ZUSE Hamburg und Universität Hamburg
Einleitung
1. Vorbemerkung 9
2. Zu diesem Band 11
3. Kurzzusammenfassungen 13
Literatur 16

Forschungsüberblick

Jörg Doll und Anna Rehfinger, ZUSE Hamburg
Historische Forschungsstränge der Schulbuchforschung und
aktuelle Beispiele empirischer Schulbuchwirkungsforschung
1. Einleitung 19
2. Zur Geschichte und zu den Forschungsansätzen der Schulbuchforschung ... 20
3. Aktuelle Ansätze empirisch basierter Schulbuchwirkungsforschung 25
4. Anwendungen von Lehr-Lern-Theorien zur Verbesserung der Qualität
   ausgewählter Schulbuchelemente 34
5. Fazit 37
Literatur 39

Schulbuchelemente: Texte und Bilder

Bodo von Borries, Universität Hamburg
Erwartungen an, Erfahrungen mit und Wirkungen
von Geschichtsschulbüchern – empirische Befunde
1. Vorbemerkung 43
2. „Das Geschichtsbewusstsein Jugendlicher" in Deutschland 44
3. „Youth and History" in Europa 48
4. „Schulbuchverständnis und Reflexionsprozesse im
   Geschichtsunterricht" in deutschsprachigen Schulen 53
5. Schulbuchbearbeitung im Experiment des Schulbuchvergleichs 59
6. Schlussbemerkung 62
Literatur 64

Gabriele Lieber, Universität Gießen
„Ich mag es, wenn ich noch selbst überlegen kann." –
Schulbuchillustration, Leerstellen und kindliches Bildinteresse
1. Einleitung 67
2. Zur Funktion von Schulbuchillustrationen 68
3. Differenzerleben und Leerstellen 72

4. Kindliches Bildinteresse 76
5. Schulbuchillustration als didaktische Herausforderung 79
Literatur 80

Angelika Redder, Universität Hamburg
Rezeptive Sprachfähigkeit und Bildungssprache –Anforderungen in Unterrichtsmaterialien
1. Forschungskontext 83
2. Bildungssprachliche Fähigkeiten 86
3. Exemplarische Analyse eines Arbeitsblattes 88
4. Plädoyer für sprachlich reflektierte Unterrichtsmaterialien 96
Literatur 97

Schulbücher und neue Medien

Hermann Astleitner, Universität Salzburg
Schulbuch und neue Medien im Unterricht: Theorie und empirische Forschung zur Hybridisierung und Komplementarität
1. Schulbuchnutzungsformen und Schulbuchqualität 101
2. Die theoretischen Funktionen von Schulbüchern und neuen Medien im Unterricht 103
3. Evidenz: Effekte und Wirkungsmuster hybrider Lernumgebungen 105
4. Prinzipien hybrider und komplementärer Nutzungsmuster 107
5. Zusammenfassende Perspektiven einer forschungsbezogenen Schulbuchentwicklung 108
Literatur 109

Schulbuchnutzung durch Schülerinnen, Schüler und Lehrkräfte

Sebastian Rezat, Universität Gießen
Wie wählen Schülerinnen und Schüler Schulbuchinhalte aus? Ergebnisse zur selbstständigen Nutzung von Mathematikschulbüchern
1. Einleitung 113
2. Theoretischer Rahmen 114
3. Forschungsdesign 117
4. Implikationen und Fazit 126
Literatur 129

Günter Nold, Technische Universität Dortmund
Lehrwerke für den Englischunterricht – ein Beitrag zur Professionalisierung von Englischlehrerinnen und -lehrern
1. Professionswissen als ein Aspekt der Professionalisierung von Lehrerinnen und Lehrern 131
2. Lehrwerke als ein Potenzial für die professionelle Entwicklung 134
3. Ausblick 137
Literatur 137

Schulbuchtexte und Kompetenzmodelle

Thomas Weiß, Universität Wien
Zur Verwendung von Argumentationsmustern in Schulbüchern für die gymnasiale Oberstufe: Ein Vergleich in den Fächern evangelische Religion und Biologie am Beispiel Schöpfung und Evolution
1. Vorbemerkung 141
2. Vorstellung des Gesamtprojektes 142
3. Religionspädagogische Spezifika 144
4. Theoretischer Rahmen 145
5. Erste Ergebnisse der Schulbuchanalyse 148
6. Fazit und weitere Forschung 160
Literatur 161

Martina von Heynitz, Humboldt Universität zu Berlin
Konzeptualisierungen von Kompetenz im Bereich des literarischen Lernens in den Lehrwerken *deutsch.punkt* und *Deutschbuch* für die 10. Klasse
1. Forschungsstand zur Untersuchung von Lehrwerken und Lernaufgaben nach PISA 164
2. Konzeptualisierungen von Kompetenz im Umgang mit erzählender Literatur 165
3. Fazit 175
Literatur 177

Schulbuchentwicklung und -evaluation

Brigitte Bollman-Zuberbühler, Alexandra Totter, Franz Keller, Pädagogische Hochschule Zürich
Begleitforschung als ein Instrument zur inhaltlichen Qualitätssicherung in der Lehrmittelentwicklung „Mathematik 1 bis 3, Sekundarstufe I"
1. Einleitung 179
2. Konzeptionelle und nutzungsbasierte Qualitätsansprüche an Lehrmittel 181
3. Instrumente zur inhaltlichen Qualitätssicherung in der Lehrmittelentwicklung 185
4. Begleitforschung als Instrument zur Qualitätssicherung 188
5. Nutzen der Begleitforschung für die Lehrmittelentwicklung 194
Literatur 197

Martin Wirthensohn, Interkantonale Lehrmittelzentrale der Schweiz, Rapperswil
LEVANTO – Ein Tool zur praxisorientierten Schulbuchevaluation
1. Einleitung 199
2. Beurteilungskriterien 200
3. Konzeptionelle Überlegungen zum Design 202
4. Zentrale Charakteristika des Tools 202
5. Bisherige Erfahrungen 211
6. Grenzen von *LEVANTO* 212
7. Weiterentwicklung 212
Literatur 213

Verzeichnis der Autorinnen und Autoren 215

Jörg Doll, Detlef Fickermann, Knut Schwippert und Keno Frank
Einleitung

1. Vorbemerkung

Weinert (2001) sagt, dass „… alles gelernt werden (muss), was später gewusst und gekonnt wird." Sowohl Eltern wie auch Lehrkräfte bemühen sich hierbei nach Kräften, aber auch die Schule oder aber das Bildungssystem als Ganzes sind gestaltet, um hierfür beste Voraussetzungen zu bieten. Im Rahmen inhaltlicher Überlegungen werden Ziele des Unterrichts bundesland-, schulform- aber auch fachspezifisch in Curricula festgeschrieben. Aber nicht alles, was in diesen Vorgaben beschrieben wird, kommt schließlich auch bei den Schülerinnen und Schüler an. Baumert, Bos und Watermann (1999) differenzieren daher ein (1) intendiertes, (2) ein potenzielles, (3) ein implementiertes und schließlich (4) ein erreichtes Curriculum. Das erste wird auf der Ebene des Bildungssystems verortet. Dieses intendierte Curriculum wird durch die Berücksichtigung des gesellschaftlichen Umfelds in der Regel von den Behörden bzw. Ministerien vorgelegt. Das potenzielle Curriculum wird nach den Autoren insbesondere durch die Auswahl bzw. die Vorgabe von Lehrbüchern bestimmt. In diesen werden – in der Regel nicht in exakter Befolgung des intendierten Curriculums – ausgewählte Inhalte aufgegriffen und zu Unterrichtszwecken aufbereitet. Aus diesem potenziellen Curriculum wiederum ergeben sich durch die konkrete Umsetzung des Unterrichts in den Schulen und in den Klassenzimmern konkrete Lehr- und Lerngelegenheiten, die nicht mehr deckungsgleich mit dem intendierten und potenziellen Curricula sind. Und schließlich wird das erreichte Curriculum als das beschrieben, was letztendlich bei den Schülerinnen und Schüler, durchaus variabel, ankommt, verarbeitet und schließlich auch gelernt und gekonnt wird.

Folgt man dieser Logik entlang pragmatischer Gegebenheiten sich entwickelnder Curricula, kann man feststellen, dass Schulbücher eine zentrale Rolle spielen. Sie sind, wenn auch inzwischen durch andere Medien begleitet, ergänzt und unterstützt, immer noch eine zentrale Größe bei dem Bemühen, Curricula in Wissen und Können von Schülerinnen und Schülern zu transferieren.

Wir möchten daher diesen Band mit einem Zitat aus einer Rede mit dem Titel „Was entscheidet über Erfolg und Scheitern von Bildungsreformen?" einleiten, die Jürgen Oelkers im Jahr 2010 auf einer Tagung der Pädagogischen Hochschule Bern gehalten hat:

> *„Ein (…) Beispiel für lohnende Reformen (im Bildungssystem) ist die gezielte Entwicklung der Lehrmittel. Unterrichtsqualität hat – abgesehen von den Randbedingungen – zwei zentrale Parameter, die systematisch beeinflusst werden können, nämlich die Lehrmittel und die Kompetenz der Lehrkräfte. Lehrmittel aber entstehen überwiegend immer noch auf althergebrachte Weise, darüber darf die Entwicklung im E-Learning-Sektor nicht hinwegtäuschen.*

> • *Lehrmittel sind Autoren-Produkte, die vor ihrer Implementation wohl beurteilt, aber keinen nennenswerten empirischen Kontrollen unterliegen; sie werden eingeführt, ohne Testserien im Feld vorauszusetzen.*
> • *Auch ihr Gebrauch wird nicht erhoben, so dass wir nicht wissen, ob die Entscheide der Autoren, ihr Produkt zu verändern, sinnvoll gewesen sind oder nicht, wobei es dafür eigentlich nur ein Kriterium gibt, nämlich den Lernerfolg der Schülerinnen und Schüler.*
>
> *Die Autoren von Lernmitteln rufen üblicherweise keine Daten ab, mit denen sie ihr Produkt verbessern könnten oder aufgrund derer das Produkt vom Markt genommen werden müsste. Für die Datenerhebung müssten im Internet elektronische Fragebögen zugänglich sein, die fortlaufend benutzt werden können. Damit könnte die Weiterentwicklung der Lehrmittel von den Rückmeldungen der Benutzer abhängig gemacht werden. Weil das bislang kaum geschieht, sind viele neue Lehrmittel oft Neuauflagen von alten, auch wenn sie anders aussehen. Was aber den Unterricht steuert, sind Lehrmittel und nicht Lehrpläne, wie umfangreich und wohlmeinend diese auch immer formuliert sein mögen."*

Jürgen Oelkers beschreibt pointiert am Beispiel seiner Forderung nach mehr empirischer Kontrolle bei der Einführung und Veränderung von Schulbüchern eine Grundidee, die mit zur Gründung des Hamburger Zentrums ZUSE führte. Basierend auf dem gemeinsamen Verständnis und Bemühen, das Bildungssystem weiterentwickeln und damit verbessern zu wollen, ist im Dezember 2009 das Hamburger Zentrum zur Unterstützung der wissenschaftlichen Begleitung und Erforschung schulischer Entwicklungsprozesse (ZUSE) gemeinsam von der Hamburger Behörde für Schule und Berufsbildung (BSB) und der Fakultät für Erziehungswissenschaft, Psychologie und Bewegungswissenschaft der Universität Hamburg (EPB) als Einrichtung an der Verbindungsstelle zwischen der Bildungsforschung und der Bildungsadministration und -politik gegründet worden.

Das Zentrum bietet Kommunikations- und Koordinationshilfen an, die sowohl von der BSB als auch von der Fakultät EPB in Anspruch genommen werden. Es arbeitet mit den sie tragenden Institutionen aufgabenbezogen zusammen und bietet Serviceleistungen für diese an. Hierbei können die Aktivitäten von ZUSE in drei Bereichen charakterisiert werden: (1) Eine zentrale Aufgabe von ZUSE ist es, von Seiten der Behörde formulierte Erkenntnisinteressen oder wissenschaftliche Unterstützungsbedarfe so zu formulieren, dass sie einer wissenschaftlichen Bearbeitung zugänglich sind und ggf. die Basis für entsprechende Ausschreibungen bilden können. (2) Desweiteren bietet ZUSE an, Antragsentwürfe von Wissenschaftlerinnen und Wissenschaftlern der Fakultät zu Forschungsvorhaben im Hamburger Bildungssystem mit aktuellen, von Schulen und/oder der BSB formulierten Forschungsbedarfen abzugleichen. Und schließlich (3) ist der Aufbau einer Forschungsdokumentation ein weiteres Ziel von ZUSE, die es erlauben soll, ohne weitere Recherchen mögliche Ansprechpartner zu finden, die wissenschaftlich unterstützen oder mögliche Evaluationsaufträge übernehmen können. ZUSE unterstützt somit die Fakultät und einzelne Fakultätsangehörige beim Aufbau und der Koordinierung von Arbeitsgruppen, Forschungsverbünden und Netzwerken innerhalb der Universität und auch darüber hinaus.

Die in diesem Band gesammelten Beiträge gehen auf die von ZUSE gemeinsam mit der Fakultät für Erziehungswissenschaft, Psychologie und Bewegungswissenschaft der Universität Hamburg im Juni 2011 durchgeführten Tagung „Schulbücher im Fokus: Nutzungen, Wirkungen und Evaluation" zurück. Aus Sicht der empirischen Bildungsforschung, der Schulpädagogik, der Fachdidaktiken und der Pädagogischen Psychologie, aber auch aus der Sicht der Bildungspolitik und -administration sollte mit der Tagung eine erste Bestandsaufnahme der empirischen Schulbuch(wirkungs)forschung zu folgenden Fragestellungen versucht werden:

- Was wissen wir über die Nutzungsweisen von Schulbüchern durch Lehrer/-innen und Schüler/-innen?
- Welchen Beitrag leisten Schulbücher bei der Implementation von Unterrichtsinnovationen?
- Können Schulbücher helfen, die Bildungsstandards zu implementieren, und wenn ja, wie?
- Welche Rolle haben Schulbücher und hier insbesondere Aufgaben in Schulbüchern im Zusammenhang mit stärker individualisierten Lernformen?
- Entspricht die sprachliche Gestaltung von Schulbüchern den Bedürfnissen einer mehrsprachigen Schülerschaft?
- Fördern Schulbücher den Erwerb bildungssprachlicher Kompetenzen?
- Welche Kombinationen von Schulbüchern mit modernen Informations- und Kommunikationstechnologien sind besonders lernförderlich?
- Sind wir auf dem Weg zum Schulbuch als E-Book?
- Wie lässt sich die Qualität von Schulbüchern durch eine empirische Begleitevaluation verbessern?
- Wie lässt sich die Qualität der Nutzung von Schulbüchern im Rahmen von Lehrerfortbildungen verbessern?

2. Zu diesem Band

Da das Gebiet der empirischen Schulbuchforschung sehr heterogen strukturiert ist, werden mit der Tabelle 1 die Beiträge in die Kategorien Themenschwerpunkt, Domäne, Akteure, Theorie und Schulbuchebenen eingeordnet. Das Schulbuch wird dabei – Rezat (2011) folgend – als „kulturelles Werkzeug" verstanden, das einerseits den Schülerinnen und Schülern von den Autorenteams geplante und erwartete Nutzungsweisen vorgibt, das aber andererseits aufgrund seiner Komplexität und seines Angebotscharakters auch unerwartete Nutzungsmöglichkeiten eröffnet. Die Werkzeugmetapher passt gut zu der Betonung selbstgesteuerter Lernprozesse in konstruktivistischen Lehr-Lern-Theorien und zum Lernziel des Erwerbs von Kompetenzen als kognitiven Leistungsdispositionen zur Bewältigung von Problemen in neuen Kontexten. Die Komplexität des Schulbuches als kulturelles Werkzeug lässt sich in Anlehnung an Rezat (2011) durch die Unterscheidung von drei Schulbuchebenen beschreiben: Die Makroebene eines Schulbuches bezieht sich auf das Schulbuch als Ganzes, die Mesoebene auf die Lerneinheiten eines Schulbuches und die Mikroebene auf die einzelnen Elemente eines Schulbuches wie Anteil an Fachbegriffen, Argumentationsmuster, Aufgaben oder Bilder. Wie die vorletzte

Spalte in Tabelle 1 zeigt, thematisiert die Mehrzahl der Beiträge die Wirkungen von Schulbüchern auf einer Mikroebene.

Es fällt auf, dass die domänenspezifisch fokussierten Beiträge ein großes Spektrum abdecken. Diese Domänenvielfalt kann einerseits als Stärke des vorliegenden Bandes gedeutet werden, da unterschiedliche fachdidaktische Perspektiven zu Wort kommen, sie bildet andererseits aber auch eine eigene Varianzquelle, die die Integration der Einzelergebnisse zu einem einheitlichen Forschungsstand oder einem einheitlichen Forschungsprogramm erschweren dürfte.

Tabelle 1: Systematik der Beiträge des Tagungsbandes

	Autorinnen und Autoren	Themenschwerpunkt	Theorie	Domäne	Akteure	Schulbuchebene	Eigene Empirie
1	Doll & Rehfinger	Überblick	-	fachübergreifend	nicht spezifiziert	Makro-, Meso- und Mikroebene	nein
2	von Borries	Überblick	Bewertung, Laienvorstellungen, Wissenserwerb	Geschichte	Schüler/-innen Lehrer/-innen	Makro- und Mesoebene	ja
3	Lieber	Ästhetischer Bildeinsatz	Interessentheorie	Ästhetische Bildung	Schüler/-innen	Mikroebene	ja
4	Redder	Bildungssprache in Arbeitsblättern	Bildungssprache	fachübergreifend	nicht spezifiziert	Mikroebene	nein
5	Astleitner	Schulbuch und neue Medien	Hybride Lernmodelle	fachübergreifend	nicht spezifiziert	Mesoebene	nein
6	Rezat	Auswahlprozesse aus Schulbüchern	2-Stufen-Wahlmodell	Mathematik	Schüler/-innen	Meso- und Mikroebene	ja
7	Nold	Schulbuch als Instrument der Professionalisierung	Lehrerexpertise	Englisch	Lehrer/-innen	Mesoebene	nein
8	Weiß	Argumentationsmuster in Schulbüchern	Klassifikation von Argumentationsarten	Biologie, Religion	Buchautoren	Mikroebene	nein
9	von Heynitz	Literarische Rezeptionskompetenz	Modell der Verstehenskompetenz	Deutsch	Buchautoren	Mikroebene	nein
10	Bollmann-Zuberbühler, Totter & Keller	Begleitforschung zur Schulbucherstellung	Phasenmodell der Entwicklung und Evaluation	Mathematik	Buchautoren Schulsystem	Meso- und Mikroebene	ja
11	Wirthensohn	Online-Instrument zur praxisorientierten Schulbuchevaluation	Kriteriensystem	fachübergreifend	Schulsystem	Makro-, Meso- und Mikroebene	nein

Im Inhaltsverzeichnis sind die 11 Beiträge nach ihrer thematischen Ähnlichkeit in sechs Hauptteile eingeteilt worden: Teil 1 besteht aus einer Überblicksarbeit zur empirischen Schulbuchwirkungsforschung vor allem im deutschsprachigen Raum. Teil 2 vereinigt drei Beiträge, die zum einen die Funktionen von Bildern in Schulbüchern untersuchen und Bildliteralität als Bildungsziel einfordern und zum anderen die sprachliche Schwierigkeit von Texten in Schulbüchern problematisieren und die Folgen für das Verständnis der Schülerinnen und Schüler thematisieren. Teil 3 präsentiert eine Überblicksarbeit, in der Forschungsarbeiten zur Hybridisierung und Komplementarität von Schulbüchern und neuen Medien diskutiert werden. Zwei Beiträge widmen sich in Teil 4 der Schulbuchnutzung. Der eine Beitrag dokumentiert Formen der selbstgesteuerten Schulbuchnutzung im Lernprozess der Schülerinnen und Schüler und der zweite Beitrag die Nutzungsmöglichkeiten im Professionalisierungsprozess der Lehrerinnen und Lehrer. In Teil 5 wird dann in zwei Beiträgen untersucht, welche Konzeptionen von Kompetenz einzelnen Textteilen und Aufgabenstellungen in ausgewählten Schulbüchern zugrunde liegen. Dabei vergleicht der eine Beitrag Schulbuchtexte der Domänen Religion und Biologie miteinander und der andere Beitrag zwei Schulbücher zum literarischen Lernen in der 10. Klassenstufe. Die beiden Beiträge des 6. Teils stellen schließlich Steuerungswissen für die Schulbucherstellung in Verlagen bzw. für die Schulbuchauswahl in Behörden und Schulen bereit. Der eine Beitrag beschreibt den Prozess der begleitenden Evaluation bei der Erstellung obligatorischer Lehrmittel für den Mathematikunterricht in Schweizer Schulen der Klassenstufen 7, 8 und 9 und der andere Beitrag dokumentiert die Entwicklungsschritte hin zu einem internet-basierten Instrument zur praxisorientierten Schulbuchevaluation.

3. Kurzzusammenfassungen

Da der erste Beitrag des Bandes bereits einen Forschungsüberblick liefert, in dem auch die meisten Beiträge des Bandes kurz angesprochen und eingeordnet werden und da zudem jedem Beitrag eine Kurzzusammenfassung der Autorinnen und Autoren vorangestellt ist, werden nachfolgend die inhaltlichen Schwerpunkte der einzelnen Beiträge nur kurz skizziert.

Bodo von Borries hat in seinem Beitrag zum Geschichtsschulbuch zentrale Ergebnisse seiner umfangreichen empirischen Schulbuchforschung aus fast zwei Jahrzehnten zusammengestellt und diskutiert. Er zieht ein ernüchterndes Fazit. Die meisten Geschichtsschulbücher sind danach sprachlich zu schwierig formuliert und überfordern damit mindestens ein Drittel der Schülerinnen und Schüler. Sie werden als weniger „spannend" als Lehrererzählungen und historische Romane und Spielfilme charakterisiert. Schließlich ist der fachlogische Unterschied zwischen Quellen und Darstellungen in Geschichtsschulbüchern den meisten Schülerinnen und Schülern nicht bekannt.

Gabriele Lieber befasst sich in ihrem Forschungsansatz mit bild-ästhetischen Lernsituationen, die vor allem durch Bilder in Fibeln für die Grundschule angestoßen werden. Sie betrachtet das kindliche Bildinteresse als die zentrale psychologische Variable für erfolgreiche Lernprozesse. Kindliches Bildinteresse, so ihr Fazit, wird durch die folgenden Bildmerkmale angeregt: durch subjektiv bedeutsame Bilder, durch humorvolle Bilder, durch eine kindgerechte formal-ästhetische Bildgestaltung, durch Bilder mit zu füllenden Leerstellen, die durch individuelle Konstruktionsprozesse ergänzt werden können, und durch Bilder, die sich erst nach Abruf von Kontextwissen erschließen.

Angelika Redder untersucht die Frage, welche rezeptiven Sprachfähigkeiten Unterrichtsmaterialien bei Schülerinnen und Schülern voraussetzen. Diese Voraussetzungen illustriert sie durch die linguistische Analyse eines Arbeitsblattes für Grundschülerinnen und -schüler. Als Fazit leitet sie Vorschläge für die Erstellung von Lehrmitteln ab.

Hermann Astleitner betont in seinem Übersichtsbeitrag zur Kombination von Schulbüchern und neuen Medien, dass zur Lernwirksamkeit von derartigen Medienkombinationen bisher nur wenige empirische Forschungbefunde vorliegen. Er fächert u.a. die folgenden theoretisch möglichen Auswirkungen auf den Lernprozess auf: Medienkombinationen sollten dann besonders lernwirksam sein, wenn spezifische Stärken der einzelnen Medien zusammengeführt werden können; dies setzt allerdings Stärke- bzw. Schwächeanalysen voraus. Reichhaltige Medienkombinationen sollten wirksam sein, weil sie individuelle Nutzungsmuster eher ermöglichen als weniger reichhaltige. Allerdings erhöht die Reichhaltigkeit auch die Wahrscheinlichkeit, dass bestimmte Medienelemente gar nicht oder auf unerwartete Weise genutzt werden. Generell leitet Astleitner aus der medienpädagogischen Forschung zu Medienkombinationen vier förderliche Konsequenzen für Lernprozesse ab: Wenn Medienkombinationen zum Einsatz kommen, können individuelle Bedürfnisse der Lernenden den Lernprozess leichter beeinflussen, die einzelnen Elemente eines Lehr-Lern-Systems stärker vernetzt werden, Lernmaterialien leichter selbst gestaltet werden und es kann zur Vermischung unterschiedlicher Medien kommen.

Sebastian Rezat betrachtet Schulbücher als kulturelle Werkzeuge, deren strukturelle Gestaltung die Interaktion der Nutzerinnen und Nutzer mit dem Schulbuch bestimmt. Er führt eine Nutzerstudie mit vier Schulklassen durch, in der Schülerinnen und Schüler die von ihnen in Mathematikschulbüchern genutzten Elemente markieren und dann in Interviews ihre Auswahl einzelner Abschnitte und Elemente begründen. Abgeleitet aus wahrnehmungspsychologischen Theorieelementen unterscheidet er auf der Mikroebene des Schulbuches drei Wahlmechanismen: eine elementorientierte Wahl, in der ausschließlich bestimmte Schulbuchelemente (z.B. Kästen mit Merkwissen) genutzt werden, eine lage- oder positionsorientierte Wahl, in der etwa Aufgaben nach ihrer räumlichen Nähe zu anderen Aufgaben gewählt werden, und eine salienzorientierte Wahl, bei der solche Bedingungen die Auswahl steuern, die die Auffälligkeit eines Schulbuchelements erhöhen, sodass es leicht wahrnehmbar ist (z.B. ein Figur-Grund-Kontrast in Form einer farbigen Abbildung, ein Schulbuchelement, das den Erwartungen widerspricht, oder ein Schulbuchelement, das Informationen zur Erreichung eines aktuellen Lernziels bietet).

Günter Nold stellt in seinem Beitrag innovative Fragen an das Englischschulbuch, in denen das Potenzial des Schulbuchs als Werkzeug im Professionalisierungsprozess von Lehrkräften im Referendariat und in der Einstiegsphase der beruflichen Qualifizierung thematisiert wird. Nach Nold könnten Englischschulbücher u.a. dazu beitragen, die Lehrkräfte bei der Herstellung von Lerngelegenheiten zur interkulturellen Erziehung zu unterstützen und zur Bewahrung und Entwicklung der Fremdsprachenkompetenz von Lehrkräften beizutragen.

Thomas Weiß untersucht aus religionspädagogischer Perspektive die Darstellung der Themen Evolution und Schöpfung in zwei ausgewählten Schulbüchern der Oberstufe: dem Biologiebuch „Linder Biologie Gesamtband" und dem Religionsbuch „Kursbuch Religion Oberstufe". Durch eine detaillierte Textanalyse will er untersuchen, ob die von den Autorenteams beider Bücher gewählten Darstellungen das Vorläufige und Strittige der jeweiligen Forschungsbefunde deutlich werden lassen, das er für das Anregen kommunikativer Argumentationsprozesse im Unterricht für zentral erachtet. Weiß zieht das Fazit, dass die naturwissenschaftlichen Darstellungen zur Evolutionstheorie im Biologiebuch weniger Hinweise auf strittige und vorläufige Befunde enthalten als die Darstellungen im Religionsbuch und leitet daraus die Vermutung ab, dass Biologiebuch könne die Wissenschaftsgläubigkeit bei Schülerinnen und Schülern befördern. Zur empirischen Überprüfung dieser These ist eine empirische Studie zum Wissenserwerb mit einzelnen Texten der beiden Schulbücher in Vorbereitung.

Martina von Heynitz widmet sich in ihrem Beitrag dem Thema der literarischen Rezeptionskompetenz. Sie trifft ein ambivalentes Urteil zum derzeitigen Forschungsstand der literaturwissenschaftlichen Verstehensforschung nach der Einführung outputorientierter Bildungsstandards im Kontext der PISA-Studien seit 2000. Zwar habe die Einführung des Kompetenzbegriffs und die Nutzung literarischer Texte im Rahmen der PISA-Testungen der Entwicklung von Verstehensaufgaben auch in der deutschdidaktischen Forschung wichtige Impulse gegeben. Allerdings fehle weiterhin ein Modell zur Beschreibung und Erklärung der Entwicklung literar-ästhetischer Rezeptionskompetenzen, aus dem Vorgaben für die Entwicklung kompetenzorientierter Unterrichtsmaterialien und kompetenzorientierten Unterrichts abgeleitet werden könnten. Vor diesem theoretisch unbefriedigenden Hintergrund untersucht von Heynitz exemplarisch an zwei Deutschlehrwerken für die 10. Klassenstufe (deutsch.punkt und Deutschbuch), wie diese in ihren Aufgabenstellungen kompetenzorientiertes Lernen umsetzen. Sie konzentriert sich dabei darauf zu analysieren, wie in den Aufgabenstellungen mit unterschiedlichen Wissensbereichen umgegangen wird und ob die Wissensbereiche zur Konstruktion von Bedeutung und zur Unterstützung des Textverstehens herangezogen werden. Dem Lehrwerk „deutsch.punkt" attestiert sie ein unangemessenes Verständnis des Kompetenzbegriffs beim Umgang mit literatischen Texten. Statt durch entsprechende Aufgabenstellungen literarische Rezeptionskompetenzen zu vermitteln, stehe leicht testbares Fachwissen im Vordergrund, das kaum in Textdeutungen integriert werde. Das Lehrwerk „Deutschbuch" dagegen unternimmt nach von Heynitz Analyse eher den Versuch, für Teilkompetenzen literarischer Rezeptionskompetenz (z.B. das parabolische Verstehen als Kompetenz zur Deutung von Parabeln), durch entsprechende Aufgabenstellungen den Erwerb von Wissen und Kompetenzen zu verbinden.

Brigitte Bollman-Zuberbühler, Alexandra Totter und Franz Keller beschreiben ein umfangreiches und komplexes Begleitforschungsprojekt zur evidenzbasierten Unterstützung der Entwicklung obligatorisch in schweizer Schulen zu nutzender Lehrmittel für den Mathematikunterricht in den Jahrgangsstufen 7 bis 9. Die von einem Autorenteam zu konstruierenden Lehrmittel setzen sich aus mehreren

Bestandteilen zusammen: einem Themenbuch, Arbeitsheften, einem Begleitbuch, einem Webangebot für Schülerinnen und Schüler und schließlich einem Handbuch und einem Ordner mit Lösungen für die Lehrkräfte. Der Entwicklungszyklus für das Mathematikbuch 1 für die Klassenstufe 7 erstreckte sich über vier Jahre und bestand aus den folgenden vier jahresbezogenen Phasen: Erstellen einer Erprobungsversion, Gesamterprobung in Testklassen mit Rückmeldungen der insgesamt 18 Lehrkräfte, Gesamterprobung in 13 Evaluationsklassen mit Testungen der Schülerinnen und Schüler und Überarbeitung zur Erstellung der Druckversion. Von besonderer Bedeutung für den Erfolg der Begleitforschung war die enge zeitliche Koordination der Zusammenarbeit des Autorenteams mit dem Evaluationsteam.

Die 18 Deutschschweizer Kantone haben die Interkantonale Lehrmittelzentrale der Schweiz damit beauftragt, zur Systematisierung der Entscheidungen über die Auswahl von Lehrmitteln in Schweizer Schulen ein praxisorientiertes Online-Instrument für die Beurteilung von Lehrmitteln zu entwickeln. Martin Wirthensohn von der Interkantonalen Lehrmittelzentrale berichtet über die Entwicklung und die Merkmale dieses Lehrmittelevaluationstools (LEVANTO), das seit 2009 in der Schweiz im Einsatz ist. Den Kern des Evaluationsinstruments bilden 52 fächerübergreifende Beurteilungskriterien für Lehrmittel, die sich einem pädagogisch-didaktischen (22 Kriterien), einem thematisch-inhaltlichen (19 Kriteren) oder einem formalgestalterischen Bereich (11 Kriterien) zuordnen lassen. Fachspezifische Merkmale sind nicht Bestandteil des Instruments. Gegenüber anderen Kriterienkatalogen (Doll & Rehfinger in diesem Band) hat LEVANTO den entscheidenden technologischen Vorteil der netzbasierten Implementation und Dissemination, der dazu beigetragen hat, dass es intensiv genutzt wird und sich in kurzer Zeit als de facto Standard in der Schweiz etabliert hat. Einschränkend ist darauf hinzuweisen, dass LEVANTO die Beurteilungen von Personen sammelt und aggregiert, die in unterschiedlichen Zusammenhängen mit Lehrmitteln zu tun haben bzw. diese einsetzen. Es handelt sich daher um Urteile über Lehrmittel vor allem aus der Perspektive von Praktikern und Nutzern, nicht jedoch um empirische Evaluationsforschung zur Lernwirksamkeit einzelner Lehrmittel im engeren Sinne.

Die Publikation der Beiträge der Fachtagung „Schulbücher im Fokus: Nutzungen, Wirkungen und Evaluation" in diesem Band ist mit der Hoffnung verbunden, damit einen Impuls für eine aus Sicht der Herausgeber dringend erforderliche empirisch fundierte und interdisziplinär organisierte Schulbuchwirkungsforschung geben zu können.

Wir danken Pia Lange und Lisa Jakobs, Studentinnen der Universität Hamburg, die uns sowohl bei der Organisation der Schulbuchtagung als auch bei dem Layout und der Formatierung der einzelnen Beiträge des Bandes tatkräftig unterstützt haben.

Literatur

Baumert, J., Bos, W. & Watermann, R. (1999). *TIMSS/III. Schülerleistungen in Mathematik und den Naturwissenschaften am Ende der Sekundarstufe II im internationalen Vergleich* (2. Aufl.). Berlin: Max-Planck-Institut für Bildungsforschung.

Oelkers, J. (2010). *Was entscheidet über Erfolg oder Scheitern von Bildungsreformen?* Vortrag auf der Tagung „Schule neu denken!" am 20. November 2010 in der Pädagogischen Hochschule Bern. Abruf am 26.01.2012 unter http://www.ife.uzh.ch/index.php?treenode_id=600

Rezat, S. (2011). Wozu verwenden Schüler ihre Mathematikschulbücher? Ein Vergleich von erwarteter und tatsächlicher Nutzung. *Journal für Mathematik-Didaktik, 32*, 153-177.

Weinert, F. E. (2001). Schulleistungen – Leistungen der Schule oder der Schüler? In F. E. Weinert (Hrsg.), *Leistungsmessungen in Schulen* (S. 73-86). Weinheim: Beltz.

Jörg Doll und Anna Rehfinger

Historische Forschungsstränge der Schulbuchforschung und aktuelle Beispiele empirischer Schulbuchwirkungsforschung[1]

Zusammenfassung
Der Beitrag gibt im ersten Abschnitt einen knappen Überblick über historisch wichtige Ansätze der deutschsprachigen Schulbuchforschung. Im zweiten Abschnitt werden Ergebnisse zu den folgenden Bereichen der aktuellen empirischen Schulbuchwirkungsforschung berichtet: zur optimalen Gestaltung und Positionierung von gelösten Lösungsbeispielen in Schulbüchern der Mathematik und Physik, zur Bedeutung des Vorwissens und der Alltagstheorien von Schülerinnen und Schülern für das Lernen aus Schulbüchern der Chemie und Geschichte unter Einsatz sogenannter Konzeptwechseltexte und zur Bedeutung des Einsatzes von Fibeln für den Schriftspracherwerb. Dann werden empirische Studien einerseits zum Schulbucheinsatz von Lehrkräften (der Fächer Erdkunde, Deutsch und Physik) und andererseits zur Schulbuchnutzung durch Schülerinnen und Schüler (in den Fächern Physik und Mathematik) berichtet. Im dritten Abschnitt werden Anwendungen von Lehr-Lern-Theorien auf die Gestaltung spezifischer Schulbuchelemente skizziert. Dabei handelt es sich um theoretische Annahmen zur optimalen Schwierigkeitsabstufung von Aufgaben in Schulbüchern und zu ihrem kognitiven Potenzial sowie zu den motivationalen, kognitiven und dekorativen Funktionen von Bildern in Schulbüchern. Die tatsächlichen Wirkungen dieser theoretisch postulierten Schulbuchoptimierungen wurden bisher allerdings noch nicht durch empirische Wirkungsstudien mit Schulbüchern überprüft. Abschließend wird die Bedeutung von zwei Forschungsfeldern hervorgehoben: zum einen von Wirkungsstudien zu Schulbuchelementen, die auf einer strukturellen Mikroebene von Schulbüchern angesiedelt sind, und zum anderen von Nutzerstudien, in denen auch die Nutzung alternativer Lehr- und Lernmittel durch Lehrkräfte und durch Schülerinnen und Schüler berücksichtigt wird.

Schlüsselbegriffe
Schulbuchwirkung, Schulbuchnutzung, Schulbuchverständlichkeit, Schulbuchaufgaben, Schulbuchraster, Schulbuchevaluation, Mikrostruktur

1. Einleitung

Die nachfolgende Darstellung gibt einen knappen Überblick über die Forschung zu Schulbüchern. Die Literaturrecherche, die sich auf deutsche Publikationen zum Thema konzentriert hat, erhebt keinen Anspruch auf Vollständigkeit (vgl. beispielsweise die Literatur in der Literaturdatenbank des Georg-Eckert-Instituts für inter-

---

[1] Wir danken Herrn Dr. Wendelin Sroka für seine Kommentare und Ergänzungen zu einer früheren Fassung dieses Manuskripts.

nationale Schulbuchforschung, 2007, oder die Literaturangaben in der aktuellen Buchpublikation zum Thema Schulbuch von Fuchs, Kahlert & Sandfuchs, 2010), sondern ist selektiv gehalten im Hinblick auf empirische Schulbuchforschung. Die Darstellung gliedert sich in vier Teile. Im ersten Teil wird eine kondensierte Darstellung der dominierenden Forschungsansätze der bisherigen Schulbuchforschung gegeben. Im zweiten Teil werden aktuelle Beispiele für eine empirische Schulbuchwirkungs- und Schulbuchnutzungsforschung zusammenfassend dargestellt. Im dritten Teil werden Forschungsansätze berichtet, in denen aktuelle Lehr-Lern-Theorien zur Optimierung von Schulbuchelementen wie etwa Aufgaben oder Grafiken angewendet werden. Abschließend wird ein Fazit gezogen.

2. Zur Geschichte und zu den Forschungsansätzen der Schulbuchforschung

Der Deutsche Bildungsrat hat das Schulbuch 1969 als „die eigentliche Großmacht der Schule" bezeichnet. Mehr als 40 Jahre später mag man dem Schulbuch diese herausgehobene Rolle nicht mehr zusprechen: Schülerinnen und Schüler wachsen in einer gänzlich veränderten Medienumwelt auf und Lernende wie Lehrende können im und für den Unterricht auf ein breites Spektrum von (Bildungs-)Medien zurückgreifen (Horz, 2009). Dennoch haben Schulbücher für Schule und Unterricht nach wie vor große Relevanz. In bildungspolitischer Hinsicht haben sie, was an den etablierten Verfahren staatlicher Schulbuchzulassung erkennbar wird, die Funktion von Instrumenten der gesamtgesellschaftlichen Steuerung der Schule und des schulischen Kompetenzerwerbs unterhalb der Ebenen der Schulgesetze und der Lehrpläne. Im Unterricht werden mit Schulbüchern in Abhängigkeit davon, wie sie eingesetzt und genutzt werden, Lehr- und Lernprozesse gesteuert.

Vor diesem Hintergrund kommt dem Schulbuch in der aktuellen empirischen Bildungsforschung eine seiner Bedeutung nicht angemessene Rolle zu (Kahlert, 2010; Sandfuchs, 2010; Wiater, 2003). Eine quantitative schulbuchbezogene Literaturrecherche von Kahlert (2010) in zentralen Fachzeitschriften der Erziehungswissenschaft im Jahre 2008 verdeutlicht die Vernachlässigung des Forschungsgebiets. Nur in einer der Fachzeitschriften wurde ein nennenswerter Artikel zur Schulbuchforschung gefunden. Eine weitere Recherche in der Datenbank Fachinformationssystem Bildung (FIS-Bildung) für die Jahre 1998 bis 2008 vergleicht die Trefferanzahl der Stichwortsuche mit den Begriffen „Schulbuch/Schulbücher" bzw. „Schulbuch/Schulbücher im Unterricht" mit „Computer" bzw. „Computer im Unterricht". Im Vergleich zu den Einträgen zum Schulbuch findet sich ein Vielfaches an Einträgen über Forschungsfragen zu Computern. Auch die Deutsche Gesellschaft für Erziehungswissenschaft widmete der Schulbuchforschung in den letzten zehn Jahren auf ihren Kongressen nur wenig Aufmerksamkeit und die Berichtsbände zu den Ergebnissen des DFG-Schwerpunktprogramms „Bildungsqualität von Schule" (Doll & Prenzel, 2004; Prenzel & Doll, 2002; Prenzel & Allolio-Näke, 2006) enthalten keine Publikation, die sich in erster Linie mit der Nutzung oder der Wirkung von Schulbüchern befasst. Allerdings sind in den Jahren 2010 und 2011 ein Herausgeberband (Fuchs, Kahlert & Sandfuchs, 2010) und zwei Themenhefte

(Beiträge zur Lehrerbildung herausgegeben von Heitzmann, Niggli, Pauli, Reusser, Tettenborn et al., 2010; Bildung & Erziehung, 2011) zum Thema Lehrmittel erschienen, wodurch die zunehmende wissenschaftliche Auseinandersetzung mit dem Thema verdeutlicht wird.

Um die historische Entwicklung der Schulbuchforschung zu skizzieren, können die zu unterschiedlichen Zeitpunkten formulierten Systematiken des Forschungsgebiets herangezogen werden, die im zeitlichen Verlauf an Differenzierung zunehmen. Stein (1977) hat das Schulbuch als „Politicum, Informatorium und Pädagogicum" gekennzeichnet. Weinbrenner (1995) nennt die Wissenschaftstheorie, das Design, die Fachwissenschaft, die Fachdidaktik sowie die Erziehungswissenschaft als Hauptkomponenten einer mehrdimensionalen Schulbuchforschung. Auch in den fünf Schwerpunkten zur Schulbuchforschung von Wiater (2003) – Schulbuchforschung als Teil der kulturhistorischen Forschung, der Medienforschung, unter fachwissenschaftlichen und fachdidaktischen Aspekten, als Textanalyseforschung und als Quellenforschung – wird deutlich, dass Schulbuchforschung einen multiperspektivischen und interdisziplinären Ansatz erfordert. Weinbrenner (1995) untergliedert die Schulbuchforschung in drei Typen (Tabelle 1): die prozessorientierte Forschung, die sich an dem Lebenszyklus des Schulbuches orientiert, die produktorientierte Forschung, die einen inhaltsanalytischen Blick auf das Schulbuch wirft, und die wirkungsorientierte Forschung, die die Wirkung des Schulbuches sowohl auf Schüler/-innen, Lehrer/-innen, die Öffentlichkeit als auch auf die internationale Ebene betrachtet.

Tabelle 1: Typen der Schulbuchforschung (Weinbrenner, 1995)

Prozessorientiert (Lebenszyklus des Schulbuches)
- Entwicklung des Schulbuchs durch Autor/-innen und Verlag
- Zulassungs- und Genehmigungsverfahren
- Vermarktung des Schulbuchs
- Einführung des Schulbuchs in die Schule
- Verwendung des Schulbuchs innerhalb und außerhalb des Unterrichts durch Schüler/-innen, Lehrer/-innen und Eltern
- Aussonderung und Vernichtung des Schulbuchs

Produktorientiert (hauptsächlich inhaltsanalytisch mit einem historischen oder vergleichenden Fokus)

Analysedimensionen	Vierstufiges Analyseraster
• Wissenschaftstheorie	• Dimensionen
• Design	• Kategorien
• Fachwissenschaft	• Items
• Erziehungswissenschaft	• Indikatoren

Wirkungsorientiert
- Schul- und Unterrichtsforschung, Sozialisationsfaktor
- Medien-, Kommunikations- und Rezeptionsforschung

Sowohl prozessorientierten als auch produkt- und wirkungsorientierten Fragestellungen geht die historische Schulbuchforschung nach, und das im Kontext buchgeschichtlicher, sprachgeschichtlicher, sozialgeschichtlicher oder auch bildungsgeschichtlicher Forschung (siehe Moser, 2007; Willke, 1965). Allerdings ist historische Forschung zu Schulbüchern, die sich im deutschsprachigen Raum als thematisch außerordentlich vielfältig darstellt, im Hinblick auf ihre Wirkungsorientierung vor allem rezeptionsgeschichtlich ausgerichtet.

Sieht man von historischen Forschungszugängen zu Schulbüchern ab, so zeigt der Blick in die Geschichte der Schulbuchforschung einen klaren Fokus auf den produktorientierten Schulbuchforschungstyp. Die produktorientierte Richtung befasst sich überwiegend mit dem Inhalt und der Gestaltung des Schulbuchs. So fand die Institutionalisierung der Schulbuchforschung in Deutschland in Form des „Georg-Eckert-Instituts für Internationale Schulbuchforschung" im Jahre 1975 in Braunschweig statt, welches sich auf eine historische und vergleichende Schulbuchforschung mit Ideologiekritik und Vorurteilsforschung konzentrierte. Im März 2011 ist das Georg-Eckert-Institut in die Leibniz Gemeinschaft aufgenommen worden und richtet einen Arbeitsbereich für empirische Rezeptions-, Wirkungs- und Evaluationsforschung ein.

Die „formelbasierte" Lesbarkeitsforschung ist ein weiterer Bereich der produktorientierten Forschung, zu der verhältnismäßig viele Arbeiten vorliegen. Bereits 1921 versuchte Thorndike in den USA die Lesbarkeit von Schulbuchtexten durch die Entwicklung von Indizes messbar zu machen. Mit „Verständlichkeitsformeln" wurde die Wort- und Satzbeschaffenheit empirisch quantitativ untersucht. Bekannte Formeln sind die „Reading ease"-Formel und die „Human interest"-Formel (Flesch, 1948). Im deutschen Sprachraum entstanden die „Wiener literarische Formel" und die „Wiener Sachtextformel" (Bamberger & Vanecek, 1984). An der Universität Hamburg wurde in den 1980er Jahren von Langer, Schulz von Thun und Tausch (1981) die „Hamburger Verständlichkeitskonzeption" entwickelt. Dieser Forschungsansatz unterscheidet vier Dimensionen der Verständlichkeit von Informationstexten, die faktorenanalytisch anhand von Expertenurteilen entwickelt wurden: (1) sprachliche Einfachheit versus Kompliziertheit, (2) Gliederung/Ordnung versus Ungegliedertheit/Zusammenhangslosigkeit, (3) Kürze/Prägnanz versus Weitschweifigkeit und (4) anregende Zusätze versus keine anregenden Zusätze. Diese vier Dimensionen sind auf der Grundlage des gewählten empirisch-statistischen Vorgehens weitgehend unkorreliert, sodass es möglich ist, dass ein Text zwar eine gute Gliederung und Ordnung aufweist, gleichzeitig jedoch sprachlich sehr kompliziert formuliert ist.

Die Schulbuchevaluation ist ein weiterer Bereich der inhaltsanalytischen Schulbuchforschung. Stiftung Warentest publizierte 2007 beispielsweise eine Evaluationsstudie, deren Ergebnisse für die meisten der untersuchten Biologie- und Geschichtsschulbücher wenig positiv ausfiel. In den 1980er Jahren wurden außerdem sogenannte „Schulbuchraster" an einzelnen Universitäten und Pädagogischen Hochschulen entwickelt (der jeweilige Hochschulstandort gab dem Raster seinen Namen; z.B. das Bielefelder Raster von Laubig, Peters & Weinbrenner, 1986, und das Reutlinger Raster von Rauch & Tomaschewski, 1986), die durch die Bewertung von Schulbüchern auf Grundlage der Erfüllung von Kriterien den Lehrkräften bei der Auswahl auf dem überfüllten Markt helfen sollen.

Das in den 1990er Jahren entwickelte „Salzburger Raster" (Astleitner, Sams & Thonhauser, 1998, S. 36-53; vgl. Tabelle 2) legt Kriterien für die Beurteilung von Schulbüchern fest, die im Zulassungs- und Genehmigungsprozess genutzt werden sollten. Das Raster wird in der Form einer Inhaltsanalyse angewendet, die mit Hilfe der insgesamt 11 Haupt- und 78 Unterkategorien ein differenziertes Qualitätsurteil über das zu bewertende Schulbuch abgibt.

Tabelle 2: Hauptkategorien des „Salzburger Rasters" (Astleitner, Sams & Thonhauser, 1998)

- Allgemeines zum Schulbuch bzw. Lehrwerk
- Ausstattung
- Handhabbarkeit
- Ziele
- Inhaltliche Qualität
- Sprachliche Gestaltung
- Methodische Gestaltung
- Funktion für die Planung und Durchführung des Unterrichts
- Bilder / Grafiken / Tabellen
- Umgang mit dem politischen Gehalt
- Informationen über Autor/-innen sowie Entstehungsbedingungen

Die Anwendung dieses Rasters sei kurz am österreichischen Geschichtsschulbuch „Durch die Vergangenheit zur Gegenwart" für die Kategorien „sprachliche Gestaltung" und „Bilder/Grafiken/Tabellen" beispielhaft skizziert (vgl. Astleitner, Sams & Thonhauser, 1998). Das Geschichtsschulbuch ist 1995 in erster Auflage im österreichischen Agrarverlag erschienen und ist zugelassen für das Fach Geschichte und Sozialkunde für die siebte Jahrgangsstufe der Hauptschule und der Allgemeinbildenden Höheren Schule. Bei der verwendeten 5-stufigen Ratingskala bezeichnet der Wert 5 das positivste und der Wert 1 das negativste Urteil: (a) In der Kategorie 6, sprachliche Gestaltung, erhält das Geschichtsschulbuch die Bewertung von 4: „Die Verständlichkeit des Textes im Allgemeinen ist gut. Er ist der Sache und den Adressaten angemessen, in (bei einem Schulbuch für die Unterstufen erwartbaren) Grenzen sehen wir ihn auch als attraktiv für Erwachsene an. Da und dort würde man sich etwas mehr sprachliche Eleganz wünschen." (b) In der Kategorie 9, Bilder, Grafiken und Tabellen, erhält es die Bewertung von 3: „Die relativ zahlreichen Abbildungen sind inhaltlich i.d.R. eine gute Ergänzung zum Text. Wir vermissen allerdings die gegenseitigen Verweise. Die Darstellungsqualität der meisten naturalistischen Abbildungen ist höchstens Mittelmaß. Sie dürfte in dieser Hinsicht dem entsprechen, was viele Schüler/innen aus dem billigeren Angebot an Jugendliteratur kennen. Die Bildbeschreibungen hingegen sind i.d.R. gut."

Zur Unterstützung von Schulkonferenzen bei der Auswahl der Schulbücher stellte Bamberger (1995) einen Katalog mit 17 Kriterien auf (Tabelle 3), die jeweils durch Einordnung auf einer 5-stufigen Skala von „trifft absolut zu" bis „trifft überhaupt nicht zu" zu einer Bewertung des Schulbuches beitragen. Diese Kriterien leitete Bamberger aus einer Zusammenfassung der Ergebnisse der internationalen Schulbuchforschung ab.

Das 1988 auf Initiative von Richard Bamberger in Wien gegründete „Institut für Schulbuchforschung und Lernförderung" leistete wichtige Beiträge zur Untersuchung der Qualität von Schulbüchern, insbesondere im Bereich der Lesbarkeitsforschung. Es ist allerdings heute nicht mehr aktiv.

Tabelle 3: Kriterienliste zur Schulbuchbeurteilung von Bamberger (1995)

1. Inhaltliche und methodische Zielsetzung wird in Inhaltsverzeichnis und Vorwort verdeutlicht.
2. Aufbau des Buches zeigt, dass die Lehrfunktionen (z.B. Darbietung, Erarbeitung, Wiederholung) erfüllt werden.
3. Orientierende Einleitung über die Ziele und Wege (Lernstrategien) der Auseinandersetzung mit dem Schulbuch.
4. Schulbuch ist didaktisch vielseitig einsetzbar.
5. Wesentliches – in Begriffen und Fakten – wird deutlich hervorgehoben.
6. Die verschiedenen Strukturelemente sind gut aufeinander abgestimmt.
7. Das Schulbuch weckt Interesse an der Sache und die selbstständige Auseinandersetzung.
8. Lebens- und Praxisbezüge ergeben sich direkt oder indirekt (durch Schlussfolgerung) aus dem Inhalt.
9. Die Schüler/-innen werden kognitiv, affektiv und handlungsorientiert herausgefordert.
10. Besonders sorgfältig werden die Funktionen der Fragen und Aufgaben beachtet.
11. Die Schüleradäquatheit wird in der Sprache, im Inhalt und in den Strukturelementen beachtet.
12. Die sprachliche Schwierigkeit wird beachtet. Dies erfolgt nicht nur durch „Lesbarkeitsformeln", sondern auch durch Analyse des Wortschatzes, der Kohäsionen und der Stilqualität.
13. Für die Gestaltung neuer Schulbücher werden die Erfahrungen mit älteren Schulbüchern genutzt.
14. Die Anforderungen einer „Zukunftspädagogik" werden nach Möglichkeit beachtet (durch gegenwartsbezogene Bildungsinhalte).
15. Die Erkenntnisse der Lernpsychologie werden möglichst genau beachtet.
16. Ein Glossar (Begriffslexikon) wird als wichtig erachtet.
17. Unabdingbar ist ein ausführliches Register. Suchen und Finden sind zu einem Bildungsbegriff geworden.

Der Beitrag der Interkantonalen Lehrmittelzentrale der Schweiz (Wirthensohn in diesem Band) knüpft an diese Kategoriensysteme an. Die Interkantonale Lehrmittelzentrale der Schweiz hat ein eigenes Kategoriensystem zur Beurteilung von Schulbüchern entwickelt und dieses auf einem internetbasierten Portal implementiert, was zu dessen intensiver kumulativer Nutzung bei der Beurteilung von Lehrmitteln in der Schweiz geführt hat.

3. Aktuelle Ansätze empirisch basierter Schulbuchwirkungsforschung

Der Blick auf ausgewählte dominante Forschungsstränge hat gezeigt, dass sich die Schulbuchforschung auf die Inhaltsanalyse und die Analyse der Verständlichkeit von Schulbüchern konzentriert hat und dass eine empirische Schulbuchwirkungsforschung, die immer wieder von wissenschaftlicher Seite gefordert wird (z.B. Fuchs, 2011; Olechowski, 1995; Weinbrenner, 1995), vernachlässigt wurde.

Weinbrenner (1995) legte mit der Unterscheidung von vier Wirkungsebenen einen Grundstein für eine wirkungsorientierte Schulbuchforschung (Tabelle 4).

Tabelle 4: Ebenen wirkungsorientierter Schulbuchforschung (Weinbrenner, 1995)

Wirkung auf die Schülerin/den Schüler

- Ist die Darstellung der Themen im Schulbuch der Verständnisebene des Schülers angemessen?
- Werden durch die Art der Darstellung Bedürfnisse, Situation und Interessenlage der Schüler angesprochen? Werden sie durch das Schulbuch motiviert, sich mit den dort dargestellten Sachverhalten auseinanderzusetzen?
- Ist das Schulbuch als Medium zur selbstständigen Aneignung und kritischen Auseinandersetzung mit Sachthemen des Unterrichts geeignet?

Wirkung auf die Lehrerin/den Lehrer

- Entspricht das Schulbuch der fachlichen sowie didaktisch-methodischen Intention des Lehrers?
- Ist das Schulbuch für den Lehrer Informationsquelle und Lernmedium?
- Haben die im Schulbuch dargestellten Sachverhalte einen Einfluss auf Einstellungen, Denkgewohnheiten und Verhaltensweisen von Lehrern?

Wirkung auf die Öffentlichkeit

- In welcher Weise wird in der Öffentlichkeit auf bestimmte Schulbücher reagiert: seitens der Eltern und ihrer Verbände, der Gewerkschaften und ihrer Verbände, der Parteien, der Massenmedien, und seitens zuständiger Hochschuldisziplinen?
- Gibt es öffentliche Stellungnahmen (z.B. „Schulbuchschelte")?
- Wird in den o.g. Gruppen versucht, Druck auf die Lehrer, Kulturminister, Autoren, Verlage, usw. mit dem Ziel auszuüben, Inhalte des Schulbuchs zu verändern, seinen Gebrauch im Unterricht einzuschränken oder ihnen die Zulassung zu entziehen?

Wirkung auf die internationalen Beziehungen

- In welcher Weise werden andere Länder, Völker, Rassen im Schulbuch dargestellt?
- Sind Vorurteile, Ressentiments, Feindbilder und andere Realitätsverzerrungen in diesen Darstellungen erkennbar?
- Ist das Schulbuch geeignet, die Schüler zu Toleranz, Weltoffenheit, internationaler Solidarität und zur Völkerverständigung zu erziehen?

Allerdings gibt es auch Bedenken zur Realisierbarkeit schulbuchfokussierter Forschungsprogramme (Thonhauser, 1995) aufgrund der angenommenen Wirkungen der weiteren im Unterricht lernwirksamen Faktoren (Thema, Lehrkraft, Komposition der Schulklasse, Sozialform, Unterrichtmethode, etc.), die bei der Nutzung eines Schulbuchs in einer Lernumgebung bedeutsam sind und die mit der Qualität des Schulbuchs und seines Einsatzes im Unterricht in Wechselwirkung treten können. Das Lernen und die Wissensaneignung mit dem Schulbuch (Höhne, 2003) benennen somit einen komplexen Forschungsgegenstand, dessen zentrale Bedingungsmerkmale und Prozesse im Angebots-Nutzungs-Modell der Unterrichtswirksamkeit von Helmke (2003) zusammenfassend dargestellt werden (vgl. Abbildung 1). Die Nutzung und die Wirkungen eines Schulbuchs sind lehrkraft-, klassen- und schülerabhängig und müssen im fachspezifischen Kontext betrachtet werden. Außerdem beeinflussen nicht nur die unterschiedlichen Fächer mit ihren unterschiedlichen Anforderungen und Zielen, sondern auch die unterschiedlichen bildungspolitischen Rahmenbedingungen der Bundesländer die Komplexität.

Abbildung 1: Angebots-Nutzungs-Modell der Unterrichtswirksamkeit (Helmke, 2003)

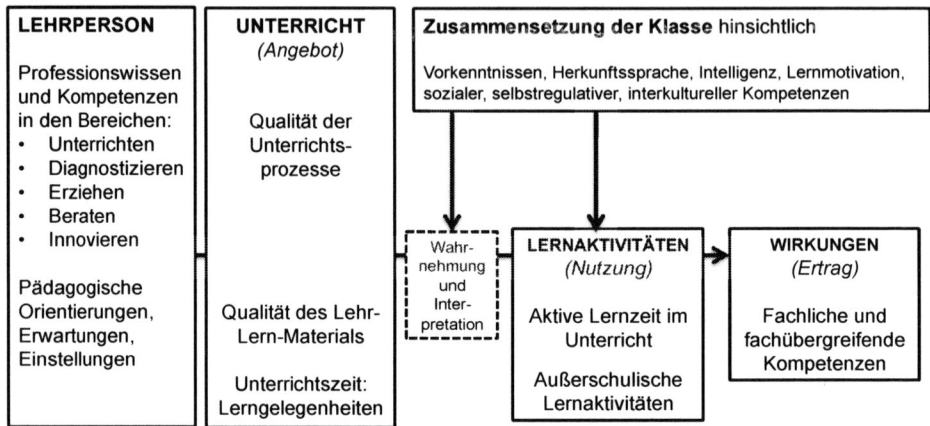

Tabelle 5 zeigt die acht Qualitätskriterien, die aktuell die Vergabe des „Best European Schoolbook Award" leiten und die aus den Prinzipien moderner Lehr-Lern-Theorien abgeleitet wurden (European Educational Publishers Group, o.J.). Innovativ an diesen Qualitätskriterien im Hinblick auf den aktuellen Schulbuchmarkt ist die Forderung nach einem möglichst individuellen Aufgaben- und Textangebot an die Lernenden, nach einem dialogischen strukturierten Lernprozess zwischen Schulbuch und Lernendem und nach der Förderung nicht nur von fachspezifischen, sondern auch von fächerübergreifenden Kompetenzen (z.B. Lernstrategien und Kooperationsfähigkeit). Insbesondere die Prinzipien der Attraktivität, Flexibilität und Partizipation sind kompatibel mit dem Angebots-Nutzungs-Modell von Helmke (2003) und lassen sich als Schulbuchmerkmale deuten, die die Wahrscheinlichkeit der aktiven Auseinandersetzung mit den Texten und Aufgaben eines Schulbuches als Angebot erhöhen. Rezat (2011, S. 156) betont mit der Konzeption der Schulbücher als „kulturelle Werkzeuge", „die ihrem Nutzer einerseits bestimmte Nutzungsmöglichkeiten anbieten, ihn andererseits aber auch mit einer Reihe von Beschränkungen konfrontieren", ebenfalls sowohl die Selbststeuerung der aktiven Nutzung von Schulbüchern als auch die durch die strukturelle Gestaltung (Abschnitte, Textsorten, Aufgaben, Bilder etc.) der Schulbücher begrenzten Nutzungsweisen.

Tabelle 5: Qualitätskriterien der Vergabe des „Best European Schoolbook Reward"

1. Relevanz (relevance: learner centredness, appropriateness)
Werden die Bedürfnisse, Fähigkeiten, Zielvorstellungen und Zielsetzungen der Benutzer (Lerner, Lehrkräfte) im Schulbuch angemessen berücksichtigt? Berücksichtigen die Materialien, Beispiele und Aufgaben die sozialen und kulturellen Merkmale der Lernenden?
2. Transparenz (transparency: clarity of aims, about student achievement, of presentation, of rationale)
Sind die Lernziele deutlich dargestellt, ist der Lernerfolg für die Lerner ersichtlich? Sind Instruktionen und Layout logisch und verständlich aufgebaut und begründet das Schulbuch seinen Ansatz des Lernens?
3. Reliabilität (reliability: internal coherence, methodological integrity, textual integrity, factual integrity, practicality)
Sind die Teile des Schulbuchs sinnvoll miteinander verbunden? Basiert das Schulbuch auf gültigen methodisch-didaktischen Annahmen in der Auswahl von Aufgaben und Übungen? Respektiert das Schulbuch die Authentizität der jeweiligen Textsorte? Präsentiert das Schulbuch korrekte Informationen, Beispiele und authentische soziale Verhaltensweisen? Können die Aufgaben des Schulbuchs von den Lernern erfolgreich bearbeitet werden?
4. Attraktivität (attractiveness: user friendliness, interactivity, variety, sensitivity)
Wird die Lernmotivation gefördert? Ist das Schulbuch benutzerfreundlich gestaltet? Regt das Schulbuch einen Dialog mit den Lernern an, indem es Feedback gibt, Neugier weckt und eine spielerische Atmosphäre induziert? Variiert es in seinen Aktivitäten, Interaktionen und Arbeitsabläufen? Trägt das Schulbuch auch zur Erzeugung einer entspannten Atmosphäre bei?
5. Flexibilität (flexibility: individualisation, adaptability)
Berücksichtigt das Schulbuch individuelle Merkmale der Lerner (z.B. vorangehende Lernerfahrungen, Lernstile und den Wunsch nach Autonomie beim Lernen)? Ist das Material offen und flexibel genug, sodass dem individuellen Lerner Raum gegeben wird, einen bestimmten Inhalt tiefer zu elaborieren?
6. Generativität (generativeness: transferibility, integration, cognitive development)
Regt das Schulbuch den Transfer von Strategien, Fähigkeiten und Inhalten zu unterschiedlichen Kontexten innerhalb und außerhalb der Lehr-Lern-Umgebung an? Knüpft das Schulbuch an bestehendes Vorwissen an und hilft es den Lernern, Konzepte miteinander zu verbinden? Bietet das Schulbuch Lerngelegenheiten, um das Lernen zu lernen (z.B. Lernstrategietraining) und diesen Aspekt den Lernern bewusst zu machen?
7. Partizipation (participation: involvement, personal interest, partnership)
Fördert das Schulbuch die aktive Beteiligung der Lerner am Lernprozess, weckt es persönliches Interesse und macht es den Lernprozess dadurch persönlich bedeutsam? Regt das Schulbuch den Lerner an, Wahlen vorzunehmen und Entscheidungen zu treffen, um so Mitverantwortung für den Lernprozess zu übernehmen?
8. Sozialisation (socialisation: social skills, intercultural awareness)
Fördert das Schulbuch die sozialen Kompetenzen der Lerner (z.B. Kooperationsfähigkeit, Empathie)? Werden Lerner dazu angeregt, über ihr Verständnis der eigenen Kultur und anderer Kulturen zu reflektieren und über ihre diesbezüglichen Einstellungen nachzudenken?

Nachfolgend werden empirische Forschungsprojekte und Ergebnisse zu den folgenden Bereichen der Schulbuchforschung berichtet: zur optimalen Gestaltung und Positionierung von gelösten Lösungsbeispielen in Schulbüchern der Mathematik und Physik, zur Bedeutung des Vorwissens und der Alltagstheorien von Schülerinnen und Schülern für das Lernen aus Schulbüchern der Fächer Chemie und Geschichte, zur Bedeutung des Einsatzes von Fibeln für den Schriftspracherwerb und zu Formen der Schulbuchnutzung einerseits durch Lehrkräfte (der Fächer Erdkunde, Deutsch und Physik) und andererseits durch Schülerinnen und Schüler (in den Fächern Physik und Mathematik).

Der Einfluss von Lösungsbeispielen in Schulbüchern auf einen effektiven Lernprozess ist insbesondere für die Fächer Mathematik und Physik von Renkl, Schworm und Hilbert (2004) bzw. Renkl und Schworm (2002) untersucht worden. Renkl und Schworm (2002) untersuchten Faktoren der Darstellung von bereits gelösten Lösungsbeispielen auf den Wissenserwerb. Die Auswirkungen zweier Faktoren, der „Aufforderung zu Selbsterklärungen" und der „instruktionalen Erklärungen", beim Lernen mit gelösten Lösungsbeispielen, wurden in einer Trainingsstudie mit Lehramtstudierenden zur optimalen Gestaltung von gelösten Lösungsbeispielen getestet. Die 88 Lehramtstudierenden durchliefen ein 3-stündiges Training, das aus einem einführenden Lehrtext über effektive Beispielgestaltung und effektiven Einsatz im Unterricht, einer auf den neu erworbenen Kenntnissen über Beispielgestaltung basierenden Bewertung von Beispielen und einem Nachtest zum Lernerfolg bestand. Bei der Bewertung von Lösungsbeispielen wurden den Studierenden günstige und ungünstige Gestaltungen präsentiert. Günstige Gestaltungen sind Darstellungen von Lösungsbeispielen im „integrativen Format", welches auf eine einheitliche und abgestimmte Gestaltung bei der Kombination von mehreren Informationsquellen (z.B. Bild und Text) achtet, da hierdurch weniger kognitive Ressourcen für die Problemlöseaktivität benötigt werden und diese Ressourcen somit für den weiteren Lernprozess zur Verfügung stehen.

Der Faktor „Aufforderung zur Selbsterklärung" wurde durch die Aufgabe, die Entscheidungen zu begründen, operationalisiert und die „instruktionale Erklärung" erfolgte durch die Möglichkeit, sich auf einer auf einem Computer implementierten Schaltfläche Lösungen einzuholen. Die Lehramtstudierenden wurden per Zufall vier experimentellen Bedingungen zugewiesen:
- ohne Aufforderung zur Selbsterklärung, aber mit instruktionaler Erklärung,
- ohne Aufforderung zur Selbsterklärung und ohne instruktionale Erklärung,
- mit Aufforderung zur Selbsterklärung, aber ohne instruktionale Erklärung, und
- mit Aufforderung zur Selbsterklärung und mit instruktionaler Erklärung.

Es zeigte sich, dass beide Gruppen mit der Aufforderung zur Selbsterklärung im Nachtest besser abschnitten als die ohne. Der Faktor der instruktionalen Erklärung wirkte bei der Kombination mit der Aufforderung zur Selbsterklärung hinderlich und nur bei dessen Abwesenheit förderlich. Die beste Lernleistung erzielte demnach die Gruppe der Lehramtstudierenden, die mit Aufforderung zur Selbsterklärung und ohne instruktionale Erklärung gelernt hatte.

Fazit einer sich hieran anschließenden Erkundungsstudie zu Schulbüchern von Renkl, Schworm und Hilbert (2004) ist, dass das Potential des Lernens aus gelösten Lösungsbeispielen in Schulbüchern nicht ausgeschöpft wird. Denn, obwohl relativ viele Aufgabenbeispiele in Schulbüchern verwendet werden, müsste deren Qualität wesentlich verbessert werden. In dieser Erkundungsstudie wurden 13 Mathematikbücher der neunten Jahrgangsstufe analysiert, die aus der Empfehlungsliste dreier Bundesländer zufällig ausgewählt worden waren. Die 709 gefundenen Aufgabenbeispiele wurden in klassische (93%), illustrative (5%) und heuristische (2%) Lösungsbeispiele kategorisiert und auf ihre Position und Gestaltung hin untersucht. Die meisten Aufgabenbeispiele (69,8%) wurden nach dem neuen Lerninhalt präsentiert und nur 17,4% schon davor. Die übrigen 12,8% konnten nicht eindeutig zugeordnet werden. Die Bewertung der Gestaltung der Aufgabenbeispiele erfolgte auf einer fünfstufigen Ratingskala (ein hoher Wert bezeichnet eine hohe Qualität) für die folgenden fünf Qualitätsmerkmale: Schwierigkeit des Aufgabenbeispiels, instruktionale Erklärung, Nennung der Subziele, Nennung der Prinzipien und integriertes Format. Die Beispielschwierigkeit wurde mit einem Mittelwert von 2,25 am besten bewertet und das Merkmal „Nennung der Subziele" mit 0,52 am schlechtesten. In 83% der Fälle wurde nur eine Beispiellösung präsentiert, was nach Ansicht von Renkl, Schworm und Hilbert (2004) ein großes Defizit ist, da die Lehr-Lern-Forschung gezeigt hat, dass das Aufzeigen mehrerer Lösungsalternativen für einen erfolgreichen Lernprozess von Vorteil ist.

Die Bedeutung des Vorwissens und insbesondere von fehlerhaften Vorstellungen beim Lernen mit Schulbüchern des Faches Chemie ist ein weiterer aktueller Forschungsbereich (Beerenwinkel, 2006; Beerenwinkel & Gräsel, 2005; Beerenwinkel & Parchmann, 2010). Beerenwinkel und Gräsel (2005) untersuchten, welche Merkmale von Chemiebüchern Lehrkräften wichtig sind. In den drei Dimensionen der Lesbarkeit, des Schülerbezugs und der Anregung zur Wissenskonstruktion bewerteten 240 Chemielehrer/-innen die Schulbücher, die sie im Unterricht nutzten, auf einer vierstufigen Skala. Die Lesbarkeit wurde insgesamt positiv eingeschätzt, während bei der Anregung zur Wissenskonstruktion Diskrepanzen zwischen den Bewertungen und den Anforderungen festgestellt wurden. Dies impliziert, dass Verständlichkeit, die auf eine sprachliche und strukturelle Ebene beschränkt bleibt, nicht als Kriterium für ein gutes Schulbuch ausreicht, sondern darüber hinaus auch fach- und themenspezifische Merkmale von Bedeutung sind. Solche Merkmale sind der Umfang und die Qualität des Vorwissens im Fach Chemie. Ein verbesserter Wissenserwerb mit einem Schulbuchtext, der erforderliches Vorwissen direkt anspricht und auf mögliche fehlerhafte Vorstellungen eingeht, die nicht mit der wissenschaftlichen Sicht übereinstimmen, konnte bei einer Stichprobe von 214 Schülerinnen und Schülern der 7. und 8. Jahrgangsstufe des Gymnasiums nachgewiesen werden (Beerenwinkel, 2006). Die Kontrollgruppe arbeitete mit einem in der Einfachheit und Gliederung vergleichbaren Originalschulbuchtext, während die Experimentalgruppe den modifizierten Text (sogenannten Konzeptwechseltext) bearbeitete, der auf die eben genannten Merkmale einging. Es zeigte sich der erwartete Effekt, dass nach der Bearbeitung des Konzeptwechseltextes weniger fehlerhaftes Wissen vorlag als nach Bearbeitung des Originalschulbuchtextes. Als Elemente in Lehrmitteln, die die intendierten kognitiven Konflikte auslösen, werden „Concept Cartoons" (verschiedene Figuren in Kartons äußern unterschiedliche Vorstellungen), Beschreibungen von Experimenten mit unerwarteten Ausgängen und in einer bestimmten historischen Periode auch von wissenschaftlicher Seite vertretene Fehlvorstellungen eingesetzt (Beerenwinkel & Parchmann, 2010).

Auch die geschichtsdidaktische Forschung (Zülsdorf-Kersting, 2006) betont, dass Schulbüchern die Aufgabe zukommt, insbesondere solche Alltagstheorien von Jugendlichen zur Deutung historischer Ereignisse zu thematisieren und zu verändern, die wissenschaftlichen Deutungen widersprechen. Eine besondere Fehlvorstellung über die Erkenntnislogik des Faches Geschichte wird dabei nach von Borries (2006) gerade erst durch die Praxis der Nutzung von Schulbüchern im Geschichtsunterricht induziert. Schulbücher sind im Geschichtsunterricht vor allem Lieferanten von schriftlichen und bildlichen historischen Quellen, während ihre Darstellungstexte seltener genutzt werden. In der Folge beurteilen die Schülerinnen und Schüler die historischen Quellen als objektiv und die Darstellungstexte als eher tendenziös (siehe auch von Borries in diesem Band).

Für Geschichtsschulbücher stellte von Borries (2010) Beispiele empirisch begründeter Befunde der Verstehens- und Lernforschung zusammen, von denen die Schulbuchgestaltung profitieren kann. Mit einer Studie von Beck und McKeown (1994) veranschaulicht von Borries ebenfalls die Bedeutung des Vorwissens für das Lernen aus Geschichtsbüchern und nennt die „Redundanzfalle" (Redundanz als Voraussetzung eines Lernprozesses) und die „Mangel-an-Anknüpfungen-Falle" als Erkenntnisse, die bei der Schulbuchgestaltung zu bedenken sind, wenn ein erfolgreicher Lernprozess angeregt werden soll. Den Befund, dass Begriffe und Kategorien in Schulbüchern nicht verständlich genug eingeführt werden, d.h. Begriffsbildungen nicht explizit gemacht werden und Begriffe als bekannt vorausgesetzt werden, zeigt die Studie von Berti (1994) an Geschichtsschulbüchern für die Grundschule mit Schülerinnen und Schülern der dritten Jahrgangsstufe in Italien auf. Nach Bearbeitung eines Kapitels, das sich mit den Begriffen „Staat", „Regierung" und „Herrschaft" beschäftigte, konnte die Mehrheit der Schülerinnen und Schüler im Interview genau diese Begriffe nicht richtig erklären. Eine Studie zur Schulbuchverständlichkeit und Schulbuchüberforderung an 6.480 Kindern, Jugendlichen und Lehrenden (von Borries, 1992) unterstreicht die Annahme, dass Schulbücher in der Schwierigkeit der in ihnen enthaltenen Texte nicht adäquat auf die Adressaten zugeschnitten sind. Schüler/-innen der 6., 9. und 12. Jahrgangsstufe sowie Lehramtsstudierende hatten Schwierigkeiten bei dem Verstehen eines längeren Schulbuchabschnitts eines Haupt- und Realschulbuchs der 6. Jahrgangsstufe und schnitten in der Lektüreleistung schlecht ab (vgl. auch den Beitrag von von Borries in diesem Band). Von Borries plädiert für die Durchführung von Pilotierungsstudien zur Testung der Qualität neuer Schulbuchelemente (z.B. einer neuen Doppelseite eines Geschichtsschulbuchs) im normalen Unterrichtsgeschehen (vgl. auch den Beitrag von Bollmann-Zuberbühler, Totter & Keller in diesem Band zur Begleitforschung bei der Entwicklung eines Mathematikschulbuches).

Auch empirische Untersuchungen zum Schriftspracherwerb sind insoweit dem Bereich der Schulbuchforschung zuzurechnen, als in ihnen die Leistungsfähigkeit einer herkömmlichen Art des Schulbuchs, der Fibel, oder auch neuerer Formen von Erstlesebüchern im Bereich des Lesen- und Schreibenlernens auf den Prüfstand gestellt werden. Derartige Untersuchungen sind auch deshalb aufschlussreich, weil der Einsatz von Schulbüchern in der Lese- und Schreibdidaktik des deutschen

Sprachraums außerordentlich kontrovers diskutiert wird (Bergk, 2002; Schrüder-Lenzen, 2007). May (2000) verglich im Rahmen der Evaluation des Hamburger Projekts „Lesen und Schreiben für alle" (PLUS) zwei Leselehrmethoden im Hinblick auf ihre Wirkung auf den schulischen Lernerfolg im Anfangsunterricht: die Methode „Lesen und Schreiben" nach Reichen und die auf eine Fibel zurückgreifende Methode. Weinhold (2009) untersuchte im Rahmen einer empirischen Längsschnittuntersuchung in den Klassenstufen 1–4 drei didaktisch-methodische Konzepte zum Lesen- und Schreibenlernen in der Grundschule: die Arbeit mit Fibeln, die Methode „Lesen durch Schreiben" und die „Silbenanalytische Methode". In beiden Untersuchungen erwiesen sich der Einfluss verschiedener Unterrichtskonzepte und der damit einhergehende Einsatz unterschiedlicher Bildungsmedien auf die Lese- und Rechtschreibleistungen der Kinder insgesamt als gering.

Wenige empirische Studien liegen zur Nutzungshäufigkeit, zur Nutzungsweise und zu den Nutzungszielen von Schulbüchern durch Lehrkräfte vor. Thöneböhn (1995) führte mit 53 nordrhein-westfälischen Erdkundelehrkräften der Hauptschule, Realschule und des Gymnasiums leitfadengestützte Interviews zur Untersuchung der Grundüberzeugungen und Stundenrekonstruktionen zur Erfassung der Schulbuchverwendung im Erdkundeunterricht durch. Thöneböhn (1995) identifizierte drei typische Formen der Schulbuchnutzung durch Erdkundelehrkräfte: Typ 1 verwendete das Schulbuch als Leitmedium, Typ 2 als didaktische Leitlinie und Typ 3 als Ergänzungsmedium. Typ 1 kam am häufigsten und Typ 3 am seltensten vor. Thöneböhn schlussfolgerte, dass das Schulbuch im Erdkundeunterricht eine zentrale oder zumindest wichtige Rolle hat. Ein weiteres Ergebnis war die Einteilung der Verwendungszusammenhänge von Erdkundebüchern: Sie wurden sowohl zur langfristigen und kurzfristigen Unterrichtsplanung als auch im Unterricht selbst benutzt.

Killus (1998) untersuchte den Schulbucheinsatz im Deutschunterricht der Sekundarstufe I. Lehrerurteile zur didaktischen und methodischen Qualität von Schulbüchern wurden erhoben und der Stellenwert des Schulbuches in der Unterrichtsrealität wurde, insbesondere im Vergleich mit anderen Medien, untersucht. 1010 Deutschlehrer/-innen der siebten Jahrgangsstufe, die an unterschiedlichen Schulformen (Hauptschule, Realschule, Gymnasium und Gesamtschule) unterrichteten und aus vier Bundesländern (Baden-Württemberg, Berlin, Hessen und Nordrhein-Westfalen) stammten, nahmen an der schriftlichen Befragung teil. Der umfangreiche Fragebogen bestand aus 119 Fragen. Davon waren 34 Fragen auf Merkmale der Lehrkraft, der Klasse und weitere berufliche Merkmale gerichtet und 28 betrafen die Verfügbarkeit und den Einsatz der Schulbücher (wobei zwischen Lese- und Sprachbuch unterschieden wurde). Außerdem beurteilten die Lehrkräfte die verwendeten Schulbücher und deren didaktisch-methodischen Einsatz. Bei der Zustandsbeschreibung des alltäglichen Schulbucheinsatzes im Unterricht wurden drei Bestimmungsfaktoren unterrichtlicher und erzieherischer Praxis mit einbezogen: die administrativen Vorgaben der verschiedenen Bundesländer, die institutionellen Bedingungen der verschiedenen Schulformen sowie die personalen Merkmale der Lehrkräfte. Die Studie stellte eine defizitäre Ausstattung der Schulen in Hinblick auf die Aktualität der vorhandenen Schulbücher fest. Eine zentrale Antwort auf die Frage, ob das Schulbuch noch als Leitmedium im Deutschunterricht fungiert oder einen gravierenden Bedeutungsverlust erlitten hat, liefert das Ergebnis, dass in den vier Wochen der Befragung 40% der Lehrkräfte das Lesebuch und 43% das Sprachbuch nicht ein einziges Mal benutzten. Allerdings lässt sich der Stellenwert des Schulbuches nicht isoliert betrachten, da bestimmte Rahmenbedingungen bei seinem Einsatz eine erhebliche Rolle spielen. Mittels multivariater gestufter Regressionsanalyse führte Killus (1998) eine Zusammenhangsanalyse durch, nach der mehr als die Hälfte der erklärten Varianz der Schulbuchnutzung auf die Faktoren Bundesland und Schulform zurückzuführen war. Hinter dem Faktor Bundesland wird der Effekt der bundeslandspezifischen Schulbuchaktualität vermutet. Bei dem Schulformvergleich zeigte sich, dass Haupt- und Realschullehrer/-innen dem Schulbuch einen relativ großen Stellenwert in ihrem Unterricht zuwiesen, während Gymnasiallehrkräfte das Sprachbuch als Leitfaden eher ablehnten. Killus (1998) sieht als möglichen Grund hierfür, dass je qualifizierter eine Lehrkraft ist, diese umso mehr Wert darauf legt, ihren Unterricht unabhängig oder nur unter gelegentlicher Verwendung von Schulbüchern zu gestalten. Den häufigen Verzicht der Gesamtschullehrkräfte auf die Schulbuchnutzung erklärt die Autorin mit der nicht zu erfüllenden Anforderung an das Schulbuch, differenziertes Lernen in heterogenen Klassen zu ermöglichen.

Schäfer-Koch (1998) analysierte den Medieneinsatz von Fachlehrerinnen und Fachlehrern der Fächer Deutsch und Physik in der gymnasialen Oberstufe. Die kombinierte Interview- (12 Lehrkräfte) und Fragebogenstudie (424 Lehrkräfte) konzentrierte sich nicht auf Schulbücher, sondern auf die Rezeptionsmuster der Lehrkräfte für Materialien, die diese zusätzlich zum Schulbuch im Unterricht einsetzten. Die Interviews zeigten, dass die Unterrichtsvorbereitung berufsbiografisch durch eine zunehmende Routinebildung charakterisiert ist. Die Lehrkräfte verfügen über „einen Handapparat aus Fachbüchern, Studienaufzeichnungen, Schulbüchern und Matrialkonvoluten aus bereits gehaltenen Unterrichtsreihen, die regelmäßig für die erneute Durchführung einer Reihe oder für neue Unterrichtsvorhaben benutzt werden" (Schäfer-Koch, 1998, S. 364). Auswahlkriterien für die Sichtung neuer Unterrichtsmaterialien sind die „fachliche Stimmigkeit", die „Richtlinienkonformität", die „Abiturrelevanz" und die „ökonomische Unterrichtsvorbereitung" mit diesen Materialien. Generell wurde von den Lehrkräften eine ausgeprägte Skepsis gegenüber solchen Unterrichtmaterialien von Hochschulen und Landesinstituten geäußert, die außerhalb des etablierten Schulbuchmarktes angeboten werden. Diese Einrichtungen arbeiten aus Sicht der Lehrkräfte mit einer zu großen Distanz zur Schule, was sich in den angebotenen Materialien widerspiegle. Diese ablehnende Einstellung der interviewten Lehrkräfte ist eine offensichtliche Barriere gegen Versuche von Hochschulen oder Landesinstituten mit neuen Unterrichtsmaterialien innovative Veränderungen etwa bei der Gestaltung von Unterricht anzustoßen (vgl. dagegen die optimistische Position von Nold in diesem Band dazu, mit Innovationen in Englischschulbüchern Professionalisierungsprozesse bei Lehrkräften unterstützen zu können). Zusätzlich dürften auch die Entwicklungen im Bereich der modernen Informations- und Kommunikationstechnologien, die von Jugendlichen außerhalb der Schule intensiv genutzt werden (Horz, 2009; Neuenhausen, 2008), den Lehrerinnen und Lehrern eine höhere Innovationsbereitschaft bei der Nutzung von Lehrmitteln abverlangen.

Bleichroth, Dräger und Merzyn (1987) untersuchten die Einstellungen zu und die Nutzungen von Physikschulbüchern durch Schülerinnen und Schüler. Sie ließen 121 Schülerinnen und Schüler aus je zwei Schulklassen der Klassenstufen 7, 8 und 9 schriftlich Stellung nehmen zu den beiden offen formulierten Fragen, was diese von ihrem Physikschulbuch halten und wie sie es nutzen. Die Befragung zeigte, dass das Physikschulbuch nur wenig genutzt wurde und dass es eher negativ bewertet wurde. Am häufigsten war die Nutzungskategorie „wiederholen", die von 39% der Befragten genannt wurde. Nur 14% gaben an, Aufgaben im Schulbuch bearbeitet zu haben. Bewertende Äußerungen zum Physikschulbuch zeigten Befürworter und Gegner des Schulbuchs und bezogen sich am häufigsten auf die vier Kategorien Verständlichkeit, Gewicht/Handlichkeit, Abbildungen und Preis. Nur die Abbildungen wurden überwiegend positiv bewertet (24% positive versus 3% negative Äußerungen). Mit Bezug zur Verständlichkeit (35% negative versus 17% positive), zum Gewicht/Handlichkeit (28% negative versus 1% positive) und zum Preis (23% negative versus 0% positive) dominierten dagegen negative Bewertungen.

Während in der skizzierten Studie zum Physikbuch von den Schülerinnen und Schülern rückblickend globale Nutzungsweisen genannt wurden, führte Rezat (2009, 2011) eine Nutzerstudie durch, in der das spezifische Nutzungsverhalten einzelner Schulbuchelemente durch Markierungen in den Schulbüchern im Detail protokolliert wurde. Rezat wendet einen handlungstheoretischen Ansatz auf die Analyse der Nutzung von Schulbüchern im Fach Mathematik an. Dieser Ansatz betrachtet Schulbücher als „kulturelle Werkzeuge", die auf Grund ihrer strukturellen Gestaltung und ihres Lesermodells von ihren Nutzerinnen und Nutzern bestimmte Nutzungsweisen erwarten. Allerdings sind Schulbücher komplexe Werkzeuge mit einer Makro-, Meso- und Mikrostruktur, die von ihren Nutzerinnen und Nutzern auch leicht auf andere Weisen als die erwarteten genutzt werden können. Zur Untersuchung der Frage nach erwarteten und unerwarteten Nutzungsweisen von Mathematikschulbüchern führte Rezat (2009, 2011) mit 74 Schülerinnen und Schülern der Jahrgangsstufen 6 und 12 zweier Gymnasien eine Studie zur selbstständigen Nutzung von Mathematikschulbüchern innerhalb und außerhalb des Unterrichts durch. Die Schülerinnen und Schüler markierten über einen Zeitraum von drei Wochen die von ihnen genutzten Buchabschnitte im Mathematikschulbuch und protokollierten zu jedem einzelnen Abschnitt den Nutzungszweck. In diesem Zeitraum wurden insgesamt 504 Nutzungssituationen protokolliert, die sich fünf Nutzungszwecken zuordnen ließen. Nach der Häufigkeit des Auftretens geordnet handelte es sich um die Nutzungsweisen „festigen" (55%), „Aufgabe bearbeiten" (37%), „neuen Inhalt erarbeiten" (4%), „interessemotiviertes Lernen" (3%) und „Lernen zu metakognitiven Zwecken" (1%). Diese Nutzungszwecke wurden am häufigsten dadurch realisiert, dass „Kasten mit Merkwissen" (39,9%), Übungsaufgaben (24,8%) und Lehrtexte (10,5%) genutzt wurden. Alle übrigen Strukturelemente (z.B. Einstiegsaufgaben, Aufgaben mit Lösungen, Testaufgaben, Musterbeispiele) kamen auf Nutzungshäufigkeiten unter 9%. Überraschend ist das Ergebnis, dass nicht wenige Strukturelemente von den Schülerinnen und Schülern entweder kaum verwendet wurden oder wenn, dann zu unerwarteten Zwecken. So wurden insbesondere Strukturelemente, die von den Schulbuchautorinnen und -autoren zum Vorbereiten und Initiieren bzw. zum Weiterführen von Lernprozessen konstruiert worden waren stattdessen als Hilfe zum Bearbeiten von Aufgaben und zum Festigen verwendet. Die Wirkung dieser unerwarteten Nutzungsweisen auf den Lernerfolg ist offen.

Der von Rezat begründete handlungstheoretische Ansatz in der Schulbuchnutzung findet Parallelen in dem Forschungansatz zur Analyse der Internetnutzung durch Schülerinnen und Schüler, der Einstellungs-Verhaltens-Theorien anwendet, um die förderlichen und hinderlichen Bedingungen für die Nutzung moderner Informations- und Kommunikationstechnologien zu untersuchen (Doll, Petersen & Rudolf, 2000). Dabei betrifft eine zentrale Frage die Art der Prozesse, die die Schulbuch- und Internetnutzung steuern. Generell lassen sich zwei Prozessarten unterscheiden (Krieglmeyer, Stork & Strack, 2006), die auch in Mischformen vorkommen können: solche, in denen eine absichtsvolle, kognitiv kontrollierte Auswahl der im Lernprozess zu nutzenden Schulbuchelemente angenommen wird, und eine solche, in der eine eher automatische durch Heuristiken bestimmte Auswahl der Schulbuchelemente im Lernprozess unterstellt wird (vgl. auch den Beitrag von Rezat in diesem Band).

4. Anwendungen von Lehr-Lern-Theorien zur Verbesserung der Qualität ausgewählter Schulbuchelemente

In diesem Abschnitt werden lehr-lern-theoretische Ansätze vorgestellt, aus denen sich Vorschläge für die Verbesserung einzelner Elemente von Schulbüchern ableiten lassen. Da empirische Studien zur Beantwortung der Frage, in welchem Maße diese theoriebasierten Vorschläge tatsächlich zu besseren Ergebnissen beim Lernen mit Schulbüchern führen, unseres Wissens jedoch noch ausstehen, haben wir diese Ansätze in diesem separaten Abschnitt zusammengefasst. Da die Vorschläge für eine Mikroebene von Schulbüchern wie etwa Aufgaben, Bilder oder Bild-Text-Kombinationen formuliert werden (vgl. auch Rezat, 2011, der eine Makro-, Meso- und Mikrostruktur von Schulbüchern unterscheidet), spricht Schiller (2001) auch von der Mikroanalyse von Schulbüchern und schlägt die folgenden vier methodisch-didaktischen Kategorien für derartige Mikroanalysen vor, bei denen er sich vor allem auf Schulbücher für das Fach Wirtschafts- und Arbeitslehre bezieht: Veranschaulichung, Aktualität, Strukturierung und Adressatengemäßheit. Tabelle 6 basiert auf einer Tabelle aus Schiller (2001, S. 204), die um die beiden Kategorien der Thematisierung von Vorwissen und der Aufgabendifferenzierung erweitert wurde.

Für Reformvorhaben im Bildungssystem kommt Aufgaben eine große Bedeutung zu. Aufgaben illustrieren sowohl kompetenzorientierte Bildungsstandards als auch Anforderungen in zentralen Abschlussprüfungen und Vergleichsarbeiten (Maier, Kleinknecht & Bohl, 2010). Aufgaben in Schulbüchern verdeutlichen auch die Kompetenzkonzeption der Schulbuchautorinnen und -autoren (siehe auch den Beitrag von von Heynitz in diesem Band).

Ein aktueller Forschungsbereich zur Verbesserung der Qualität von Schulbüchern beschäftigt sich vor diesem Hintergrund mit der Schwierigkeit der Aufgaben, die in Schulbüchern präsentiert werden sollten, um die didaktisch-methodische Individualisierung des Unterrichts zu unterstützen (auch bereits Moosbrugger, 1984). Astleitner (2009) liefert hierzu mit dem „Aufgaben-Rad-Modell" einen theoretisch-normativen Beitrag. Das „Aufgaben-Rad-Modell" postuliert einen Aufgabenpool mit den drei Schwierigkeitsstufen leicht, mittelschwer und schwer. Ein „Aufgaben-Rad" enthält lehrstoffrelevante Aufgaben mit derselben geschätzten Aufgabenschwierigkeit. Zur jeweiligen Aufgabe gibt es Lösungshilfen (z.B. einzelne Lösungsschritte, Lösungsstrategien oder die komplette Lösung), die den Schülerinnen und Schülern zum Vergleich mit ihren Arbeitsergebnissen zur Verfügung stehen. Der Abgleich der eigenen Ergebnisse mit den Lösungshilfen wird „Lerndiagnose" genannt. Fällt die Lerndiagnose positiv aus, d.h. die Schülerin oder der Schüler hat die Aufgabe erfolgreich bearbeitet, wählt die Schülerin oder der Schüler eine Aufgabe des höheren Schwierigkeitsniveaus. Im Falle einer negativen Diagnose bleibt die bzw. der Lernende bei der gewählten Aufgabenschwierigkeit und bei wiederholter negativer Diagnose wird zu einer Aufgabe des leichteren Rads gewechselt.

Tabelle 6: Kategorien der Mikroanalyse eines Schulbuches (erweitert nach Schiller, 2001, S. 204)

Kategorien	Subkategorien	Elemente
Veranschaulichung	Textelemente	Unterschiedliche Schriftgröße, Fettdruck, Farbdruck, Unterstreichungen, Sperrungen
	Tabellenelemente	Tabellenumfang, Erläuterungen zu Tabellen
	Bildarten	Realistische Bilder, Analogiebilder, logische Bilder
Aktualität	Textaktualität	Zeitbezogene bzw. situative Texte
	Darstellungsaktualität	Zeitbezogene bzw. situative Darstellungen
Strukturierung	Hinführungselemente	Einstiegsfragen (-beispiele), Definitionen, Karikaturen, Prämissen
	Erarbeitungselemente	Texte unterschiedlicher Fachbegriffsdichte
	Ergebniselemente	Zusammenfassungen, Merksätze
Adressatengemäßheit	Art der Fachbegriffe	Anschauliche versus abstrakte Fachbegriffe
	Häufung der Fachbegriffe	Geringe versus hohe Fachbegriffsdichte
Thematisierung von Vorwissen	Fehlvorstellungen Alltagstheorien	Konzeptwechseltexte, „Concept Cartoons" Experimentbeschreibungen mit unerwartetem Ausgang
Differenziertheit der Aufgaben	Schwierigkeit der Aufgaben	Leichte, mittelschwere, schwere Aufgaben
	Sprachlogische Komplexität der Aufgaben	Einfache, mittlere, hohe sprachlogische Komplexität
	Aufgaben, die durch Reproduktion, nahen oder fernen Transfer oder kreative Problemlösung gelöst werden	Offene versus geschlossene Aufgaben; Aufgaben, in denen Fehlvorstellungen angesprochen werden; Aufgaben, die Wissentransformationen von einer Kodierung in eine andere verlangen
	Aufgaben zur kognitiven Entlastung des Arbeitsgedächtnisses	Gelöste Aufgabenbeispiele

Das Modell integriert folgende Prinzipien des Lehrens und Lernens: Selbststeuerung der Lernenden, geordnete Aufgaben (hierarchischer Wissensaufbau), Erfolgsorientierung (Misserfolge werden mit leichteren Aufgabenschwierigkeiten kompensiert) und Variation der Aufgabenschwierigkeit als Förderprinzip. Für die praktische Umsetzung des Modells in Schulbüchern zeigt Astleitner verschiedene Umsetzungsszenarien auf. Kurz- und mittelfristig sieht er die Aufgabe bei den Lehrenden, fehlende Möglichkeiten zur Differenzierung in Schulbüchern durch zusätzliche Materialien zu ergänzen, um in dieser Weise das Aufgaben-Rad-Modell im Unterricht umsetzen zu können. Langfristig ist ein stärkerer Austausch zwischen Lehrkräften, Schulbuchautoren, Vertretern von Schulbuchverlagen und wissenschaftlichen Institutionen wichtig, die im Zusammenhang mit der Qualität von Schulbüchern stehen (vgl. den Beitrag von Bollmann-Zuberbühler, Totter & Keller in diesem Band), um das Differenzierungspotenzial von Schulbüchern nachhaltig zu verbessern.

Maier, Kleinknecht, Metz und Bohl (2010) konzentrieren sich auf Merkmale, die das kognitive Potenzial von Aufgaben charakterisieren. Sie entwickeln ein aus sieben Dimensionen bestehendes fächerübergreifendes Klassifikationssystem, um das kognitive Potenzial von Lern- und Diagnoseaufgaben einschätzen zu können. Dabei knüpfen sie an die Aufgabentaxonomie aus der Kognitiven Psychologie von Anderson und Krathwohl (2001) und an fachdidaktische Klassifikationssysteme an. Bei den sieben Dimensionen handelt es sich (1) um die Wissensarten (Faktenwissen, prozedurales, konzeptuelles und metakognitives Wissen), (2) um die kognitiven Prozesse (Reproduktion, naher Transfer, weiter Transfer und kreative Problemlösung), (3) um die Zahl der zu aktivierenden fachspezifischen Wisseneinheiten, (4) um die Offenheit der Aufgabenstellung, die dadurch festgelegt wird, inwieweit Anfangs- und Zielzustand sowie die dazwischenliegenden Transformationen bekannt sind (definiert und konvergent, definiert und divergent, ungenau definiert und divergent), (5) um den Lebensweltbezug als Relation zwischen domänenspezifischem Fachwissen und der Erfahrungswelt der Lernenden (ohne, konstruierter, authentisch wirkender, realer Lebensweltbezug), (6) um die sprachlogische Komplexität der Aufgabenstellung (einfach, mittel, hoch), und (7) um die Repräsentationsformen des Wissens und hier insbesondere um die Frage, ob zur Aufgabenlösung eine Transformation des Wissens von einer Kodierung in eine andere geleistet werden muss (z.B. von Text in Grafik). Erste exemplarische Anwendungen dieses Klassifikationssystems (Maier et al., 2010, S. 94) auf Aufgabensammlungen aus Schulbüchern ergaben, dass zwei Drittel der analysierten Aufgaben von den Schülerinnen und Schülern Leistungen der Reproduktion oder des nahen Transfers verlangten. Dagegen gab es keine Aufgaben, in denen versucht wurde, metakognitives Wissen zu aktivieren, keine Aufgaben mit komplett offenem Format oder mit realem Lebensweltbezug. Nach diesen ersten Ergebnissen bieten Schulbücher nur eine begrenzte Auswahl konstruierbarer Aufgaben an und dabei insbesondere solche, die ein eher geringes Potenzial für kognitive Aktivierung bieten.

Neben Texten und Aufgaben sind auch die Bilder in Schulbüchern wichtige Elemente zur Anregung von kognitiven und motivationalen Prozessen (vgl. auch den Beitrag von Lieber in diesem Band). Die Forschung (Schnotz, 2006) unterscheidet generell drei Bildarten: realistische Bilder, Analogiebilder und logische Bilder. Naturalistische Gemälde, Fotos, aber auch Piktogramme und Landkarten werden als realistische Bilder bezeichnet, weil sie der dargestellten Realität ähneln. Dagegen haben logische Bilder (z.B. Struktur-, Kreis-, Säulen-, Linien- oder Streudiagramme) keine Ähnlichkeit mit dem Gemeinten, sondern dienen der Veranschaulichung von abstrakten Sachverhalten. Analogiebilder zeigen nicht den gemeinten Sachverhalt, sondern einen, der mit dem gemeinten in einer Analogiebeziehung steht (beispielsweise eine Wasserschleuse, die die Funktionsweise eines Transistors verdeutlicht).

Mit dem Einsatz von Bildern in Schulbüchern können kognitive, motivationale und dekorative Ziele verfolgt werden. Die Ziele bzw. Funktionen von Bildern im kognitiven Bereich sind am stärksten differenziert. Schnotz (2006, S. 163) unterscheidet eine Konkretisierungsfunktion (Bilder veranschaulichen einen verbal beschriebenen Sachverhalt), eine Interpretationsfunktion (Bilder können eine verbal schwer verständliche Beschreibung verständlicher machen), eine Organisationsfunktion (Bilder können einen Überblick über einen komplexen Sachverhalt geben) und eine Transformationsfunktion (Bilder können zur besseren Verankerung von Lerninhalten im Gedächtnis beitragen). Die Motivationsfunktion besteht darin, dass Bilder beim Lernenden Interesse wecken und damit die Wahrscheinlichkeit der kognitiven Verarbeitung des Lerninhalts erhöhen. Die Dekorationsfunktion schließlich bezieht sich darauf, dass Bilder in Instruktionsmaterialien ästhetisch ansprechend wirken können.

Aprea und Bayer (2010) haben ein Kriteriensystem entwickelt, um beurteilen zu können, wie weit die ausschließlich logischen Bilder in Schulbüchern der Wirtschaftslehre für angehende Bankkaufleute so gestaltet sind, dass sie die intendierten Lernprozesse möglichst optimal unterstützen. Dabei unterscheiden Aprea und Bayer (2010) syntaktische, semantische und pragmatische Kriterien der Bildbeurteilung. In den syntaktischen Beurteilungskriterien (z.B. Unterscheidbarkeit der Grafikelemente, Beachtung der Gestaltgesetze) schneiden die analysierten 285 logischen Bilder aus neun Schulbüchern der Wirtschaftslehre sehr gut ab. Auch in den semantischen Bewertungskriterien (z.B. sachgemäße grafische Darstellung, Kompatibilität der Gestaltung von Grafik und Begleittext) fällt die Bewertung insgesamt recht gut aus. Die größten Verbesserungspotenziale finden sich in den pragmatischen Bewertungskriterien. Diese Kriterien beziehen sich darauf, dass die Bildgestaltung der Rezipientin und dem Rezipienten keine falsche Nutzung nahelegt, sondern sie bzw. ihn dem Zweck der Grafik entsprechend leitet. Hier finden sich insbesondere Schwächen in der inhaltlichen und formalen Sparsamkeit der Grafikgestaltung, die wegen der begrenzten Kapazität des Arbeitsgedächtnisses gefordert wird, und in dem Einsatz von textlichen oder bildlichen Steuerungselementen, die die Aufmerksamkeit der Lernenden lenken.

5. Fazit

In Tabelle 6 wurden zentrale Elemente von Schulbüchern als „kulturelle Werkzeuge" auf einer Mikroebene zusammengestellt, die die aktuelle empirische Schulbuchforschung leiten und an deren Optimierung und Wirksamkeitsüberprüfung auch die zukünftige Schulbuchwirkungsforschung ansetzen sollte.

Wenn es um Studien zu Schulbüchern als „Schülerbücher" geht (Rezat, 2011, S. 155), also um die Erforschung der Nutzung von Schulbüchern durch Schülerinnen und Schüler, dann setzt die Protokollstudie von Rezat (2009, 2011) Maßstäbe. Derartige mikroanalytische Nutzerstudien würde man sich für viele weitere Schulbücher wünschen am besten noch erweitert um Maße zum Lernerfolg der teilnehmenden Schülerinnen und Schüler, sodass die Relationen zwischen den Nutzungsweisen und dem Lernerfolg untersucht werden könnte. Allerdings zeichnen die beiden skizzierten schülerbezogenen Nutzerstudien zu einem Physikbuch und zu zwei Mathematikbüchern ein eher ungünstiges Bild hinsichtlich des Nutzungsumfangs und der Nutzungsvielfalt: Während das Physikschulbuch wenig genutzt wurde und in zentralen Merkmalen eher negative bewertet wurde, wurden die Mathematikbücher recht einseitig und teilweise auf eine Weise genutzt, die so nicht von den Autorinnen und Autoren intendiert war. Offenbar ist die adäquate selbstgesteuerte Nutzung von Schulbüchern sowohl durch die Makro-, Meso- und Mikrostruktur dieser Lehrmittel bedingt als auch durch das Nutzungsverhalten der Schülerinnen und Schüler, dessen Aneignung eine eigenständige Lernaufgabe darstellt.

Vergleicht man die empirisch dokumentierten Nutzungsweisen mit den anspruchsvollen Qualitätskriterien und nutzungsbezogenen Annahmen, die beispielsweise der Vergabe des „Best European Schoolbook Reward" (Tabelle 5) zugrunde liegen, dann ist Skepsis angebracht, inwieweit Schulbücher diesen Ansprüchen gerecht werden können. Ausgehend von der intensiven Nutzung moderner Informations- und Kommunikationstechnologien durch Jugendliche (Horz, 2009; Neuenhausen, 2008) sind Nutzungs- und Wirkungsstudien wichtig, in denen zusätzlich zu traditionellen Schulbüchern die Nutzung anderer Lehrmittel thematisiert wird (z.B. konventionelle Schulbücher in E-Book Versionen und/oder konventionelle Schulbücher, die um digitale Elemente erweitert werden, wie etwa digitale Aufgabensammlungen, online-Tests zur Selbstkontrolle, Power-Point-Präsentationen zentraler Buchkapitel oder Verlinkungen zu vertiefenden Materialien im Internet; vgl. auch den Beitrag von Astleitner zur Kombination von Schulbüchern und neuen Medien in diesem Band). Passend zu diesen Vorschlägen hat die Online-Zeitschrift „bildungsforschung" im Jahr 2011 einen Aufruf für ein Themenheft mit dem Titel „Wandel von Lern- und Lehrmaterialien" veröffentlicht (Ebner & Schön, o.J.).

Abschließend soll der Frage nachgegangen werden, wie einer bisher eher als Stiefkind betrachteten empirischen Schulbuchnutzungs- und -wirkungsforschung zu größerer Bedeutung in Universitäten, Landesinstituten und Schulbehörden verholfen werden kann. Forschungsstrategisch würde es zu einem Bedeutungsgewinn führen, wenn einige wenige dominante Forschungsparadigmen entwickelt und zur Fokussierung der momentan weit verstreuten empirischen Schulbuchwirkungsforschung beitragen würden. Weiterhin wäre es wichtig, wenn diese Schulbuchforschung insbesondere bei Lehrkräften und Schulleitungen an Akzeptanz gewinnen würde, sodass sie zu großen Teilen im realen Unterricht an „Forschungsschulen" durchgeführt werden könnte. Der hiermit einhergehende Verlust an interner Validität des jeweiligen Studiendesigns dürfte durch den Gewinn an externer Validität mehr als kompensiert werden.

Schließlich müssten die so erzeugten Forschungsergebnisse zur evidenzbasierten Schulbuchqualität in die Bedingungen und Zyklen der Entwicklung von Schulbüchern einfließen (Mayer, 2001, und Bollmann-Zuberbühler, Totter & Keller in diesem Band). Auch bei der Zulassung, Begutachtung, Korrektur und Empfehlung von Schulbüchern durch ein Ministerium oder Landesinstitut, wie es in einigen Bundesländern der Fall ist, und schließlich auch bei der Auswahl durch die Schulen selbst, sollten Entscheidungen zunehmend auf wissenschaftlichen Erkenntnissen beruhen. Dies setzt die breite Dissemination der Forschungsergebnisse etwa auf einem diesbezüglichen Internetportal voraus. Hierzu hat die Interkantonale Lehrmittelzentrale der Schweiz (vgl. Wirthensohn in diesem Band) vorbildliche Entwicklungen durchgeführt. Zwar werden auf dem schweizerischen Internetportal keine empirischen Forschungsergebnisse zur Wirksamkeit von Schulbuchelementen auf Makro-, Meso- oder Mikroebene präsentiert, jedoch zumindest die kumulativ erhobenen Beurteilungen von Schulbüchern und anderen Lehrmitteln durch Schulbuchexperten mit einem einheitlichen differenzierten Kategorienschema.

Literatur

Anderson, L.W. & Krathwohl, D.R. (Eds.). (2001). *A taxonomy for learning, teaching and assessing. A revision of Bloom's taxonomy of educational objectives*. New York: Longman.

Aprea, C. & Byer, D. (2010). Instruktionale Qualität von grafischen Darstellungen in Lehrmitteln: Kriterien zu deren Evaluation. *Beiträge zur Lehrerbildung. Zeitschrift zur Theorie und Praxis der Aus- und Weiterbildung von Lehrerinnen und Lehrern, 28*(1),73-83.

Astleitner, H. (2009). Eine Didaktik-Theorie zur Inneren Differenzierung in Schulbüchern: Das Aufgaben-Rad-Modell (Forschungsbericht). Fachbereich Erziehungswissenschaft, Universität Salzburg. *Zugriff am 17.01.11 unter www.uni-salzburg.at/ pls/portal/docs /1/562715.PDF*

Astleitner, H., Sams, J. & Thonhauser, J. (1998). *Womit werden wir in Zukunft lernen? Schulbuch und CD-ROM als Unterrichtsmedien. Ein kritischer Vergleich*. Wien: ÖBV Pädagogischer Verlag.

Bamberger, R. (1995). Methoden und Ergebnisse der internationalen Schulbuchforschung im Überblick. In R. Olechowski (Hrsg.), *Schulbuchforschung* (S. 46-94). Frankfurt am Main: Peter Lang.

Bamberger, R. & Vanecek, E. (1984). *Lesen-Verstehen-Lernen-Schreiben*. Wien: Jugend und Volk; Frankfurt am Main: Diesterweg.

Beck, I. J. & McKeown, M. G. (1994). Outcomes of History Instruction. Paste-up Accounts. In M. Carretero & J. F. Voss (Hrsg.), *Cognitive and Instructional Process in History and the Social Scienes* (S. 237-256). N. J.: Hillsdale.

Beerenwinkel, A. (2006). *Fostering conceptual change in chemistry classes using expository texts*. Dissertation. Wuppertal: Fachbereich für Bildungs- und Sozialwissenschaften. Zugriff am 08.12.2010 unter http:/deposit.ddb.de/cgi-bin/ dokserv?idn=981815081.

Beerenwinkel, A. & Gräsel, C. (2005). Texte im Chemieunterricht: Ergebnisse einer Befragung von Lehrkräften. *Zeitschrift für die Didaktik der Naturwissenschaften, 11*, 21-39.

Beerenwinkel, A. & Parchmann, I. (2010). Ansätze zur Berücksichtigung von Lernervorstellungen in Lehrtexten und Schulbüchern zum kontextorientierten Lernen. *Beiträge zur Lehrerbildung, 28* (1), 62-72.

Bergk, M. (2002). Alternative Formen des Schriftspracherwerbs – das Ende der Fibel? In A. Grömminger (Hrsg.): *Geschichte der Fibel* (S. 391-403). Frankfurt am Main, Berlin, Bern, Bruxelles, New York, Oxford, Wien: Lang Verlag.

Berti, A. E. (1994). Children's Understanding of the Concept of the State. In M. Carretero & J. F. Voss (Eds.), *Cognitive and Instructional Process in History and the Social Scienes* (S. 49-75). N. J.: Hillsdale.

Bleichroth, W., Dräger, P. & Merzyn, G. unter Mitarbeit von Appel, T., Juraschek, K. & Polzin, U. (1987). Schüler äußern sich zu ihrem Physikbuch. *Naturwissenschaften im Unterricht Physik (Chemie), 26,* 262-264.

Doll, J & Prenzel, M. (Hrsg.). (2004). *Bildungsqualität von Schule: Lehrerprofessionalisierung, Unterrichtsentwicklung und Schülerförderung als Strategien der Qualitätsverbesserung.* Münster: Waxmann.

Doll, J., Petersen, L. & Rudolf, M. (2000). Determinanten der Internetnutzung von Gymnasiasten und Studenten – eine Anwendung der Theorie geplanten und rollengesteuerten Verhaltens. *Medienpsychologie, 12,* 5-22.

Ebner, M. & Schön, S. (2012). Aufruf für Einreichungen für die Ausgabe 2012 (2) Themenheft „Wandel von Lern- und Lehrmaterialien" der Online-Zeitschrift bildungsforschung. Zugriff am 16.01.2012. Verfügbar unter http://bildungsforschung.org.

European Educational Publishers Group (o.J.). *Best European Schoolbook Award. Evaluation criteria.* Zugriff am 13.12.2010 unter http://www.schoolbookawards.org/index.php?id= 3&language =uk.

Flesh, R.F. (1948). A new Readability Yardstick. *Journal of Applied Psychology, 32,* June, 221-233.

Fuchs, E. (2011). Aktuelle Entwicklungen der schulbuchbezogenen Forschung in Europa. *Bildung und Erziehung, 64*(1), XX-22.

Fuchs, E., Kahlert, J. & Sandfuchs, U. (Hrsg.) (2010). *Schulbuch konkret. Kontexte, Produktion und Unterricht.* Bad Heilbrunn: Klinkhardt Verlag.

Georg-Eckert-Institut für internationale Schulbuchforschung (2007). Schulbuchforschung: Methoden und Analyse. Literatur im Bestand der Bibliothek des Georg-Eckert-Instituts. Zugriff am 11.11.2010 unter http://www.gei.de/fileadmin/bilder/pdf/ Bibliothek/Literaturlisten /schulbuchanalyse.pdf.

Heitzmann, A., Niggli, A., Pauli, C., Reusser, K., Tettenborn, A. & Tremp, P. (Hrsg.). (2010). Lehr- und Lernmedien als Träger von Inhalten und Konzepten – Bedeutung für die Lehrerbildung. Editorial zum Themenheft. *Beiträge zur Lehrerbildung, 28* (1), 3-5.

Helmke, A. (2003). *Unterrichtsqualität – erfassen, bewerten, verbessern.* Seelze: Kallmeyer.

Höhne, T. (2003). *Schulbuchwissen. Umrisse einer Wissens- und Medientheorie des Schulbuches.* Frankfurter Beiträge zur Erziehungswissenschaft. Reihe Monographien. Fachbereich Erziehungswissenschaften der Johann-Wolfgang-Goethe-Universität Frankfurt am Main.

Horz, H. (2009). Medien. In E. Wild & J. Möller (Hrsg.), *Pädagogische Psychologie* (S. 103-134). Heidelberg: Springer.

Imhof, U. (1993). Auswahl und Einsatz von Schulbüchern im Arbeits- und Wirtschaftslehreunterricht. *Wirtschaft – arbeiten und lernen, 3* (12), 22-26.

Kahlert, J. (2010). Das Schulbuch – ein Stiefkind der Erziehungswissenschaft? In E. Fuchs, J. Kahlert & U. Sandfuchs (Hrsg.), *Schulbuch konkret. Kontexte – Produktion – Unterricht* (S. 41-56). Bad Heilbrunn: Klinkhardt Verlag.

Killus, D. (1998). *Das Schulbuch im Deutschunterricht der Sekundarstufe I. Ergebnisse einer Umfrage unter Lehrern aus vier Bundesländern.* Münster: Waxmann.

Krieglmeyer, R., Stork, K. & Strack, F. (2006). Zwei-Prozess/System-Modelle der sozialen Informationsverarbeitung. In H.-W. Bierhoff & D. Frey (Hrsg.), *Handbuch der Sozial- und Kommunikationspsychologie* (S. 388-395). Göttingen: Hogrefe.

Langer, I., Schulz von Thun, F. & Tausch, R. (1981). *Verständlichkeit in Schule, Verwaltung, Politik und Wissenschaft.* München: Reinhardt.
Laubig, M., Peters, H. & Weinbrenner, P. (1986). *Methodenprobleme der Schulbuchanalyse.* Bielefeld: Typoskript.
Maier, U., Kleinknecht, M., Metz, K. & Bohl, T. (2010). Ein allgemeindidaktisches Kategoriensystem zur Analyse des kognitiven Potenzials von Aufgaben. *Beiträge zur Lehrerbildung, 28* (1), 84-96.
May, P. (2000). *Lernförderlichkeit im schriftsprachlichen Unterricht. Effekte des Klassen- und Förderunterrichts in der Grundschule auf den Lernerfolg. Ergebnisse der Evaluation des Projekts „Lesen und Schreiben für alle" (PLUS).* Hamburg: Behörde für Schule, Jugend und Berufsbildung.
Mayer, B. (2001). Schulbuchforschung: Die Theorie zur Praxis der Lehrmittelentwicklung – was kann sie uns bieten? *Interkantonale Lehrmittelzentrale.* Online-Magazin ilz. ch. Zugriff am 16.01.12 http://www.ilz.ch/cms/component/docman/doc_details/13-20011-schulbuchfor-schung-die-theorie-zur-praxis-der-lehrmittelentwicklung-beat-mayer.
Moosbrugger, M. (1984). *Die Qualität der Aufgaben in Lehrbüchern und ihre didaktischen Konsequenzen.* Dissertation. Universität Salzburg.
Moser, M. (2007). *„Ruthenische" (ukrainische) Sprach- und Vorstellungswelten in den galizischen Volksschullesebüchern der Jahre 1871 und 1872.* Wien: Lit Verlag.
Neuenhausen, B. (2008). Jugend und Medien. In B. Rendtorff & S. Burckhart (Hrsg.), *Schule, Jugend und Gesellschaft* (S. 156-165). Stuttgart: Kohlhammer.
Olechowski, R. (1995). Der mehrdimensionale Ansatz in der Schulbuchforschung – Eröffnungsvortrag. In R. Olechowski (Hrsg.), *Schulbuchforschung* (S. 11-20). Frankfurt am Main: Peter Lang.
Prenzel, M. & Doll, J. (Hrsg.). (2002). *Bildungsqualität von Schule: Schulische und außerschulische Bedingungen mathematischer, naturwissenschaftlicher und überfachlicher Kompetenzen.* Weinheim und Basel: Beltz Verlag.
Prenzel, M. & Allolio-Näcke (Hrsg.). (2006). *Untersuchungen zur Bildungsqualität von Schule. Abschlussbericht des DFG-Schwerpunktprogramms.* Münster: Waxmann.
Rauch, M. & Tomaschewski, L. (1986). *Reutlinger Raster zur Analyse und Bewertung von Schulbüchern und Begleitmedien.* O.A., Reutlingen.
Renkl, A. & Schworm, S. (2002). Lernen, mit Lösungsbeispielen zu lehren. In M. Prenzel & J. Doll (Hrsg.), Bildungsqualität von Schule: schulische und außerschulische Bedingungen mathematischer, naturwissenschaftlicher und überfachlicher Kompetenzen. *Zeitschrift für Pädagogik*, 45. Beiheft, 259-270.
Renkl, A., Schworm, S. & Hilbert, T.S. (2004). Lernen aus Lösungsbeispielen: Eine effektive, aber kaum genutzte Möglichkeit, Unterricht zu gestalten. In J. Doll & M. Prenzel (Hrsg.), *Bildungsqualität von Schule: Lehrerprofessionalisierung, Unterrichtsentwicklung und Schülerförderung als Strategien der Qualitätsverbesserung* (S. 77-92). Münster: Waxmann.
Rezat, S. (2009). *Das Mathematikbuch als Instrument des Schülers. Eine Studie zur Schulbuchnutzung in den Sekundarstufen.* Wiesbaden: Vieweg+Teubner.
Rezat, S. (2011). Wozu verwenden Schüler ihre Mathematikschulbücher? Ein Vergleich von erwarteter und tatsächlicher Nutzung. *Journal für Mathematik-Didaktik, 32,* 153-177.
Sandfuchs, U. (2010). Schulbücher und Unterrichtsqualität – historische und aktuelle Reflexion. In E. Fuchs, J. Kahlert & U. Sandfuchs (Hrsg.), *Schulbuch konkret. Kontexte – Produktion – Unterricht (*S. 11-24). Bad Heilbrunn: Klinkhardt Verlag.

Schäfer-Koch, K. (1998). Bedingungen des Medieneinsatzes in der Gymnasialen Oberstufe. Ergebnisse einer vergleichenden Studie an Gymnasien in den alten und neuen Bundesländern. *Zeitschrift für Pädagogik, 44* (3), 361-378.

Schiller, G. (2001). Mit dem Schulbuch arbeiten. In G. Schweizer & H.M. Selzer (Hrsg.), *Methodenkompetenz lehren und lernen – Beiträge zur Methodendidaktik in Arbeitslehre, Wirtschaftslehre, Wirtschaftsgeographie* (S. 199-206). Dettelbach: Verlag Röll.

Schnotz, W. (2006). *Pädagogische Psychologie. Workbook.* Weinheim: BeltzPVU.

Schrüder-Lenzen, A. (2007). Methoden des Schriftspracherwerbs zwischen Programmatik und Empirie. In A. Schrüder-Lenzen (Hrsg.), *Schriftspracherwerb und Unterricht. Bausteine professionellen Wissens. Handbuch* (2. Aufl.) (S.133-179). Wiesbaden: Verlag für Sozialwissenschaften.

Stein, G. (1977). *Schulbuchwissen, Politik und Pädagogik. Untersuchungen zu einer praxisbezogenen und theoriegeleiteten Schulbuchforschung.* Kastellaun: Aloys Henn Verlag.

Stiftung Warentest (2007). Nicht ohne Tadel. Schulbücher. *Test* 10.

Süddeutsche Zeitung (2010, 6. Dezember). „Das perfekte Schulbuch kann es nicht geben". *Süddeutsche Zeitung,* Nr. 282, 32.

Thöneböhn, F.L.L. (1995). *Rezeption und Verwendung des geographischen Schulbuchs in der Sekundarstufe I.* Dissertation an der Fakultät für Geowissenschaften der Ruhr-Universität Bochum.

Thonhauser, J. (1995). Das Schulbuch im Spannungsfeld zwischen Wissenschaft und Ideologie. In R. Olechowski (Hrsg.), *Schulbuchforschung* (S. 175-194). Frankfurt am Main: Peter Lang.

Thorndike, E. (1921). *The Teacher's Word Book.* New York: Teachers College.

v. Borries, B. (1992). *Kindlich-jugendliche Geschichtsverarbeitung in West- und Ostdeutschland 1990. Ein empirischer Vergleich.* Pfaffenweiler: Centaurus.

v. Borries, B. (2006). Schulbucherwartungen und Schulbuchpraxis bei Lehrern und Schülern. In H. Dolezel & A. Helmedach (Hrsg.), *Die Tschechen und ihre Nachbarn. Studien zu Schulbuch und Schülerbewusstsein* (S. 13-33). Hannover: Georg-Eckert-Institut.

v. Borries, B. (2010). Wie wirken Schulbücher in den Köpfen der Schüler? Empirie am Beispiel des Faches Geschichte. In E. Fuchs, J. Kahlert & U. Sandfuchs (Hrsg.), *Schulbuch konkret. Kontexte – Produktion – Unterricht* (S. 102-117). Bad Heilbrunn: Klinkhardt Verlag.

Weinbrenner, P. (1995). Grundlagen und Methodenprobleme sozialwissenschaftlicher Schulbuchforschung. In R. Olechowski (Hrsg.), *Schulbuchforschung* (S. 21-45). Frankfurt am Main: Peter Lang.

Weinhold, S. (2009). Effekte fachdidaktischer Ansätze auf den Schriftspracherwerb in der Grundschule. Lese- und Rechtschreibleistungen in den Jahrgangsstufen 1-4. *Didaktik Deutsch, 27,* 53-73.

Wiater, W. (2003). Das Schulbuch als Gegenstand pädagogischer Forschung. In W. Wiater (Hrsg.), *Schulbuchforschung in Europa – Bestandsaufnahme und Zukunftsperspektive.* Bad Heilbrunn: Klinkhardt Verlag.

Willke, I. (1965). *ABC-Bücher in Schweden. Ihre Entwicklung bis Ende des 19. Jahrhunderts und ihre Beziehungen zu Deutschland.* Lund: Bonniers.

Zülsdorf-Kersting, M. (2006). Jugendliche und das Thema „Holocaust" – empirische Befunde und Konsequenzen für die Schulbuchkonstruktion. In S. Handro (Hrsg.), *Geschichtsdidaktische Schulbuchforschung* (S. 105-119). Berlin: LIT Verlag.

Bodo von Borries

Erwartungen an, Erfahrungen mit und Wirkungen von Geschichtsschulbüchern – empirische Befunde

Zusammenfassung
Neben weiter erwünschten Schulbuchanalysen sind empirische Forschungen zum Umgang mit und Verständnis von benutzten Schulbüchern nötig. Dazu müssen verschiedene Forschungsmethoden, vor allem Befragungen (auch von Lehrenden!), Experimente und die Methode „Nachträglichen Lauten Denkens" kombiniert werden. Dargestellt werden vier jeweils zuvor pilotierte eigene empirische Studien (durchgeführt 1990, 1992, 1995, 2002), bei denen Befunde zu einzelnen Problemfeldern vernetzt werden konnten. So wurden 1992 (ostdeutsch und westdeutsch) und 1995 (europaweit) Schulbuchbeliebtheit, wahrgenommene Schulbuchzuverlässigkeit, wahrgenommene Schulbuchleichtigkeit und geschätzte Schulbuchnutzungshäufigkeit repräsentativ (1992 auch in verschiedenen Klassenstufen) abgefragt und verglichen (1992 zudem mit einem Test der tatsächlich geleisteten Informationsaufnahme aus einem Schulbuch und anschließender weiterführender Überlegungen). 2002 wurde daran angeschlossen, indem das Verhältnis zwischen Schulbuchideal, Schulbuchbewertung (des tatsächlich eingesetzten Buches), Art der Schulbuchnutzung und Einsicht in fundamentale Kategorien („Quelle" und „Darstellung") verbunden wurden. Außerdem wurde erneut das Verständnis erfasst, operationalisiert nicht nur als Informationsentnahme, sondern zusätzlich als kritische Verarbeitung (jetzt auch qualitativ durch Kurzessays und Nachbefragungen). Zu den elementaren Befunden gehören z.B. der Beleg eines viel zu hohen Schwierigkeitsgrades der geläufigen Geschichtsschulbücher für große Teile der Schülerschaft sowie die empirische Bestätigung der theoretischen Unterscheidung von historischen Re-Konstruktionsleistungen (Produktion eigener Geschichtsnarrationen) und historischen De-Konstruktionsleistungen (Prüfung fremder fertiger Geschichtsnarrationen).

Schlüsselbegriffe
Beliebtheit des Schulbuchs, wahrgenommene Zuverlässigkeit des Schulbuchs, wahrgenommene Leichtigkeit des Schulbuchs, (tatsächliche) Verständlichkeit des Schulbuchs, geschätzte Häufigkeit der Schulbuchbenutzung, Schulbuchideal, Schulbuchbewertung, Schulbuchnutzung, Schulbuchverständnis und -verarbeitung

1. Vorbemerkung

Schulbuchanalysen gehören im Fach Geschichte, auf dem nicht umsonst ein Schwerpunkt des „Georg-Eckert-Instituts für Internationale Schulbuchforschung" in Braunschweig liegt, zu den „Klassikern" fachdidaktischer Forschung. Dabei ist – aus teils guten, teils schlechten Gründen – eine Konzentration auf fachwissenschaftliche Fragen (z.B. Zurückbleiben hinter dem Forschungsstand), auf strikte Richtlinientreue (z.B. Eignung für Zulassung im Bundesland X oder Y) und auf friedenspädagogisch-friedenspolitische Aktivitäten (z.B. „Entgiftung" von Vorurteilen zwecks Versöhnung mit ehemals feindlichen Nachbarn) üblich; lern- und schülerbezogene Fragestellungen (z.B. Verständlichkeit, Motivationskraft, Arbeitsmöglichkeiten) sind eher selten. Zudem handelt es sich stets um „Inhaltsanalysen" der Inputseite, während Befragungen, Beobachtungen und Experimente zum Output weitgehend fehlen.[1]

Über Schulbuchnutzung und Schulbuchwirkung im Fach Geschichte ist deshalb sehr wenig bekannt. Wie die meisten Fachdidaktiken hat sich die Geschichtsdidaktik – vielleicht mit Ausnahme von Hamburg – bisher im Wesentlichen nicht als empirisch arbeitende Wissenschaft verstanden. Gerade an der Universität Hamburg wurden jedoch seit 1980 systematische Versuche qualitativer und seit 1988 auch solche quantitativer Empirie zum Geschichtslernen – nicht nur im Geschichtsunterricht – unternommen.

2. „Das Geschichtsbewusstsein Jugendlicher" in Deutschland

Seit 1992 wissen wir durch eine repräsentative Befragung von 6.480 Kindern und Jugendlichen aus 6., 9. und 12. Klassenstufen (einschließlich beruflicher Schulen), dass Schulbücher nach Lehrerauskunft deutlich seltener benutzt werden als nach Schülerauskunft und dass Schulbücher weniger beliebt sind als manch andere Unterrichtsmedien des Geschichtsunterrichts (v. Borries, 1995, S. 104ff., S. 312ff.). Insgesamt scheinen Schulbücher in deutschen Schulklassen das Geschichtslernen nicht zu dominieren: Aber was nutzt diese Kenntnis wirklich? Und wie werden sie im Einzelnen wirklich verwendet und mit welchem Effekt?

Doch zunächst einige methodische Merkmale der Studie von 1992: Die meisten Befragungsitems hatten ein geschlossenes Format und die Einschätzungen wurden auf fünfstufigen Antwortskalen (jedoch ohne explizite Zahlenbezeichnung im Fragebogen), z.B. von „*nein, gar nicht*" (ausgewertet als -2) über „*eher nein*" (-1), „*teils-teils*" (0) und „*eher ja*" (+1) bis „*ja, sehr*" (ausgewertet als +2), vorgenommen, so dass Mittelwerte deutlich über 0 eine mehr oder weniger starke Zustimmung, solche unter 0 milde oder lebhafte Ablehnung erkennen lassen. Vielfach wird jedoch nicht mit Einzelitems argumentiert, sondern mit Skalen, d.h. mit einer Zusammenfassung mehrerer Einzelfragen, die inhaltlich wie statistisch Ähnliches messen.[2] Von den Befunden können nur ganz wenige – eben direkt schulbuchbezogene – erwähnt werden.

---

1 Da in allerletzter Zeit ein einschlägiger Aufsatz (v. Borries, 2010) mit umfassender Darstellung deutscher wie ausländischer Befunde erschienen ist, der leicht eingesehen werden kann und hier nicht wiederholt werden soll, wird im Folgenden eine Kurzfassung der eigenen Hamburger Forschungen zu Geschichtsschulbuch-Erwartungen, -Erfahrungen und -Wirkungen geliefert.
2 Eine Besonderheit gibt es noch dadurch, dass gelegentlich „Faktoren" statt „Skalen" gewählt werden müssen. Auch dabei sind mehrere Items gebündelt, aber die Werte sind hier – aus technischen Gründen – notwendig „standardisiert", d.h. die Durchschnitte sind keine absoluten Werte auf fünfstufigen Skalen, sondern stellen den Vergleich zum Gesamtmittelwert und zur Standardabweichung her.

Abbildung 1: Bewertung von vier Medien im Geschichtsunterricht

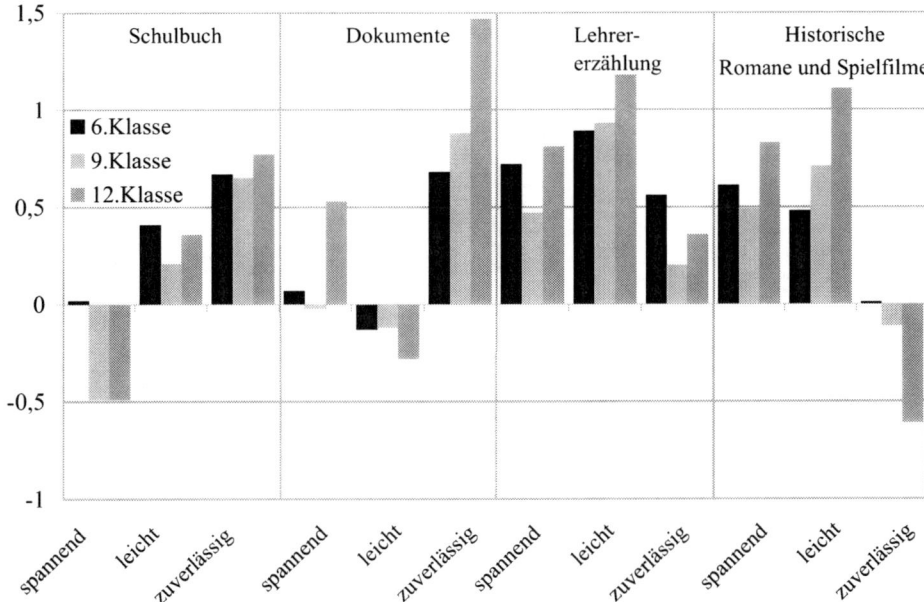

Anmerkung: Datenerhebung in Hamburg, NRW und Sachsen im Jahr 1991, N = 993, 5-stufige Antwortskalen; bei Spaß: „sehr langweilig" (-2), „etwas langweilig" (-1), „mittelmäßig" (0), „etwas spannend" (+1) und „sehr spannend" (+2); bei Verständlichkeit: „sehr schwierig" (-2), „eher schwierig" (-1), „mittelmäßig" (0), „eher leicht" (+1) und „sehr leicht" (+2); bei Vertrauen „sehr fragwürdig" (-2), „etwas fragwürdig" (-1), „mittelmäßig" (0), „etwas zuverlässig" (+1) und „sehr zuverlässig" (+2) (v. Borries, 1995, S. 107)

Was also ist der zentrale Befund (v. Borries, 1995, S. 104-108)? Das Geschichtsschulbuch ist bei Sechst-, Neunt- und Zwölftklässlern eher unbeliebt (niedrigste Motivationskraft). Es gilt weder als besonders vertrauenswürdig (Zurückbleiben hinter „Dokumenten") noch als besonders gut verständlich (Rückstand hinter „Lehrererzählung" und „historischen Romanen" und „Spielfilmen"). Faszination geht von ihm also nicht aus. „Lehrererzählung", „Quellen" und „Fiktionales" (historischer Roman und Spielfilm waren da leider zusammengefasst) kommen – im Mittel der drei Kriterien – deutlich besser weg.

Abbildung 2: Merkmale des Geschichtsunterrichts aus Schüler- und Lehrersicht

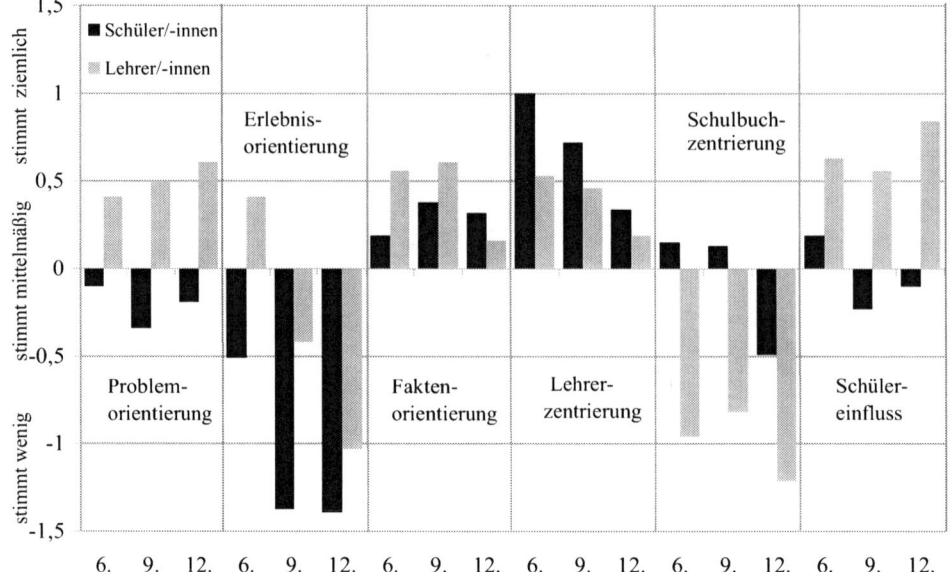

Anmerkung: Datenerhebung im Jahr 1992, N = 6.480, Antwortkategorien: „stimmt überhaupt nicht" (-2), „stimmt wenig" (-1), „stimmt mittelmäßig" (0), „stimmt ziemlich" (+1), „stimmt ganz genau" (+2)

Lehrende beschreiben den Geschichtsunterricht als etwas „*problemorientiert*" im Sinne der Geschichtsdidaktik nach 1968/70 gestaltet, was u.a. häufige Quellenbenutzung, „*Hinterfragen und Kritisieren von Schulbuchdarstellungen*" sowie „*Nachdenken über persönliche und Zukunftsbedeutung*" einschließt, aber gar keine „*Schulbuchzentrierung*" und wenig „*Lehrerzentrierung*" bedeutet. Gerade von den Lehrenden der Sechstklässler wird zudem „*erlebnisorientierte*" Gestaltung beansprucht, allerdings auch eine gewisse „*Faktenorientierung*" eingeräumt, aber ein noch höherer „*Schülereinfluss*" behauptet (v. Borries, 1995, S. 278-281).

In den Augen der Lernenden sieht es völlig anders aus (v. Borries, 1995, S. 108-116): Von „*Problemorientierung*" – einschließlich „*Quellenanalysen*" und „*Schulbuchkritik*" – haben sie nicht viel bemerkt. Das Schulbuch wird – außer in der Oberstufe (bes. berufliche Schulen!) – als für die Unterrichtspraxis doch relativ dominant wahrgenommen (weit bedeutsamer jedenfalls als von den Lehrenden), dagegen der Schülereinfluss als viel marginaler. Am ausgeprägtesten ist der Unterschied allerdings bei der mit der Klassenstufe rückläufigen Erlebnisorientierung. Nur bei „*Lehrerzentrierung*" und „*Faktenorientierung*" bleibt der Wahrnehmungsunterschied erträglich und verringert sich im Laufe der Jahre. Im Ganzen stehen zwei Bilder des Geschichtsunterrichts gegeneinander (v. Borries, 1995, 312-315), wovon noch die Rede sein wird.

Tabelle 1: Schulbuchverständnis und Leseleistung (Informationsentnahme) –
Prozentsatz korrekter Antworten

Item	Jahr	6. Klasse (7. Kl.)	9. Klasse	12. Klasse (11. Kl.)	Studierende
Karte „Polnische Teilungen"	1990	28	49	64	-
Bild „Hexenverbrennung"	1990	53	64	67	-
Schulbuch „Fugger"	1990	44	69	77	-
Schulbuch „Einmarsch in Schlesien"	1990	41	53	62	-
Sachbuch „Opiumkrieg"	1990	52	64	79	-
Sachbuch „Amerikanischer Sezessionskrieg"	1990	43	57	67	-
Schulbuch „Erster Kreuzzug"	1992/ (2001)	33	46	53	(75)
Schulbuch A „Bonifatius"	2002	39	46	52	73
Schulbuch B „Bonifatius"	2002	39	48	54	74
Schulbuch C „Bonifatius"	2002	51	52	68	88

Anmerkung: 33% Ratewahrscheinlichkeit; Datenerhebung 1990, N = 1.915; Datenerhebung 1992, N = 6.480 (Nacherhebung 2001: Studierende N ≈ 40), Datenerhebung 2002, N = 838 Schüler/-innen und Studierende; (v. Borries , 1992, S. 164; v. Borries, 1995, S. 120, S. 123-127; v. Borries, Fischer, Leutner-Ramme & Meyer-Hamme, 2005, S. 76-79) [Nachbefragung 2001 unpubliziert]

Obwohl das Geschichtsschulbuch den Lernenden noch als einigermaßen leicht erscheint (vgl. Abbildung 1), muss diese optimistische Schülereinschätzung keineswegs zutreffen, wenn man die tatsächlichen Lernergebnisse betrachtet (vgl. Tabelle 1). Beim Schulbuchverständnis werden verschiedene Ebenen unterschieden, die interdependent sind. Relativ leicht messbar sind Genauigkeit und Zuverlässigkeit der Informationsentnahme (v. Borries, 1995, S. 120, S. 123-127). Diese wird von den Schülerinnen und Schülern, für die die jeweiligen Schulbücher bestimmt sind, nur höchst unzureichend geleistet (ähnlich schon v. Borries, 1992, S. 63ff., S. 92-95; für Details vgl. Abschnitt 5). Sie kommen über die Ratequoten, die sich aus dem Aufgabenformat „multiple choice" ergeben, nicht wesentlich hinaus. Dieses Ergebnis kann und muss man auch umdrehen und nicht nur gegen die Lernenden, sondern auch gegen die Medien wenden: Verständlichkeit wird von den Schulbüchern nur höchst unzureichend erzielt. Sie kommen für ihre eigentlichen Adressaten über eine „Chaospräsentation" nicht hinaus. Auch für Geschichtsstudierende sind Hauptschulbücher, wenn man genaues und kritisches (d.h. detailliert prüfendes und reflektierendes) Lesen verlangt, nicht trivial.

Tabelle 2: Affekte sowie Empathiefähigkeit und -bereitschaft zur großen Hexenverfolgung

Item	6. Klasse	9. Klasse	12. Klasse	Studierende
Betroffenheit bei Hexenverfolgung	+0.66	+0.80	+0.83	+0,86
Faszination durch Hexenverfolgung	-0.66	-0.83	-1.16	-0,63
Protest gegen Hexenverfolgung (als Zeitgenosse/-in)	+0.40	+0.44	+0.51	-0,01
Akzeptanz von Hexenverfolgung (als Zeitgenosse/-in)	-0.60	-0.71	-0.80	-0,36

Anmerkung: Datenerhebung in Sachsen, Schleswig-Holstein und Hamburg in 1990: N = 1.915 und Hamburg 2002: N = 15 Studierende; Mittelwerte nach Klassenstufe [nur Gymnasium und Polytechnische Oberschule/Erweiterte Oberschule], ausnahmsweise 4-stufige Skala: „unbedingt nein" (-1,5), „eher nein" (-0,5), „eher ja" (+0,5) und „unbedingt ja" (+1,5) (v. Borries, 1992, S. 58ff.; v. Borries, 2006, S. 68)

Schulbuchverständnis im tieferen Sinne wird erst durch Synthese- und Analysenleistungen nachgewiesen, die in der Geschichtsdidaktik besonders als „Herstellung (Re-Konstruktion) eigener Narrationen" und „Prüfung (De-Konstruktion) fremder Narrationen" auftreten. Noch am ehesten mit geschlossenen Itemformaten lässt sich die Empathie testen, d.h. die Fähigkeit und Bereitschaft, „in den Schuhen des Anderen zu gehen, mit den Augen des Anderen zu sehen" und nicht umstandslos-unhistorisch eigene Emotionen und Werte zu übertragen. Dabei ist der Andere oder Fremde natürlich der Frühere, Vor-uns-Lebende, für dessen Verständnis gilt: „history is a foreign country". In diesem Fall (vgl. Tabelle 2) ging es darum, sich die Denk- und Handlungsmöglichkeiten eines zeitgenössischen Richters im 17. Jahrhundert bei einem auf ihn zukommenden Hexenprozess vorzustellen. Um es kurz zu sagen: Fähigkeit und Bereitschaft zur Empathie mit dem zeitgenössischen Richter – gemessen unmittelbar nach Schulbuchlektüre – fehlen den Jugendlichen und das in der 12. Klassenstufe noch deutlich mehr als in der 6. Klassenstufe (v. Borries, 2006, S. 68).[3] Erst Studierende des Faches Geschichte haben sie einigermaßen erlernt.[4] Freilich lässt sich hier ein „spezifisches Schulbuchverständnis" von einer „allgemeinen Geschichtskompetenz" kaum noch trennen.

3. „Youth and History" in Europa

1995 wurden im Projekt „*YOUTH and HISTORY*" über 31.500 Neuntklässler – meist mit klassenweise gezogenen Zufallsstichproben – in fast allen Teilen Europas nach ihrem Geschichtsbewusstsein befragt, dazu ihre mehr als 1.250 Lehrenden. Schulbücher und Unterrichtsmethoden standen dabei nicht im Vordergrund, son-

---

3   Der Befund wurde zu verschiedenen Zeiten (1990, 1992, 1995, 2002) und mit verschiedenen Themen (Angriffskrieg, Kreuzzugsmassaker, Zwangsheirat, Missionarsmartyrium) repliziert (v. Borries, 1992, S. 63ff., 70ff., 76ff., 1995, S. 141-147, 1999, S. 190-197, S. 235, 2005, 88ff.).
4   Das hat gravierende Konsequenzen. Es führt z.B. zur Einsicht einer Umkehr (Umdrehung) der Erklärungsleistung: Nicht Gegenwart wird aus der Vergangenheit erklärt (wie Historiker denken, ja zur Legitimation des Faches maßgeblich heranziehen), sondern Geschichte wird – wenn auch fälschlich – aus Gegenwartserfahrungen und heutigen Alltagstheorien verstanden; so haben es auch schon Roth (1968) und Küppers (1966) – beide Psychologen – vor vielen Jahrzehnten gesehen. Darüber wundern können sich eigentlich nur Fachspezialisten.

dern wurden als eine Art „erweiterte Sozialdaten" mit erhoben (Angvik & v. Borries, 1997; v. Borries et al., 1999).[5]

Es war aber doch sehr spannend,
- die Schüler- und die Lehrereinschätzungen zu vergleichen,
- die Meinungen der Lernenden zur Vertrauenswürdigkeit und Unterhaltsamkeit verschiedener Medien einander gegenüberzustellen,
- die Nutzungshäufigkeit verschiedener Medien bzw. Methoden herauszufinden und
- die Beliebtheit, die Verwendung, die Zuverlässigkeit und die Verständlichkeit nebeneinander zu halten.

Lehrende und Lernende beschreiben auch in dieser Studie die Praktiken in ihrem gemeinsamen Unterricht verschieden, in Europa ebenso wie in Deutschland (v. Borries, 1999, S. 58-65, S. 88-89). Wenn man – gleichsam mit ethnologischem Blick – das Sozialsystem „Schule" betrachtet, muss man sich klar machen, dass da zwei Personengruppen mit ganz verschiedenen Kulturen und Wahrnehmungen zusammenleben und sich nur scheinbar missverständnisfrei in einer gemeinsamen Sprache unterhalten; bei Männern und Frauen in vielen „Naturvölkern" – einschließlich „Industrieländern" – gilt das ja auch.

Deshalb ist die primäre Frage auch nicht, wer von beiden Seiten „Recht" hat. Abweichende Konzepte sind selbst eine wichtige soziale Tatsache. Freilich können „neutrale" Dritte (Expertinnen und Experten) sich durchaus ein eigenes Bild machen; methodisch nennt man das „Triangulation". Lehrerinnen und Lehrer stellen ihr Tun deutlich als vielfältiger, abwechslungsreicher und moderner dar, als die Schülerinnen und Schüler es anerkennen. Vieles – auch feinere empirische Ergebnisse – (v. Borries, 1995, S. 313f.) spricht dafür, dass beide Seiten ihre abweichenden normativen Vorstellungen und Interessenlagen (z.B. Arbeitsaufwand) einfließen lassen und dass eine „objektive" Beschreibung eher in der Mitte liegt.

Lernende aus 9. Klassen in Europa haben zum Geschichtsschulbuch im Mittel etwas mehr Vertrauen als zu historischen Spielfilmen und Romanen (vgl. Abbildung 4; v. Borries, 1999, S. 51-58, S. 86-87). Freilich gilt in Ländern wie Russland, der Ukraine, Ungarn, der Türkei, arabischem Israel und Palästina 1995 das Gegenteil. Vor allem ist der Abstand zwischen Schulbuch und Spielfilm (auch Roman) hinsichtlich der unterstellten Zuverlässigkeit ausgesprochen gering (oft nur etwa eine viertel oder halbe Skalenstufe, selten mehr als eine ganze); und das Schulbuch kommt nur wenig über eine neutrale Einschätzung hinaus.

---

5   Methodisch wurde ein englischsprachiger Fragebogen (Englisch als Projektsprache) in 24 Sprachen übersetzt (und durch unabhängige Rückübersetzung kontrolliert). Erneut wurden nur geschlossene Items, vorwiegend im Format fünfstufiger Likertskalen eingesetzt, die allerdings diesmal zahlenmäßig als „-2.0" („not at all") bis „+2.0" („completely yes") kodiert wurden.

Abbildung 3: Häufigkeit von Quellenarbeit in Europa aus Sicht der Lernenden und der Lehrenden

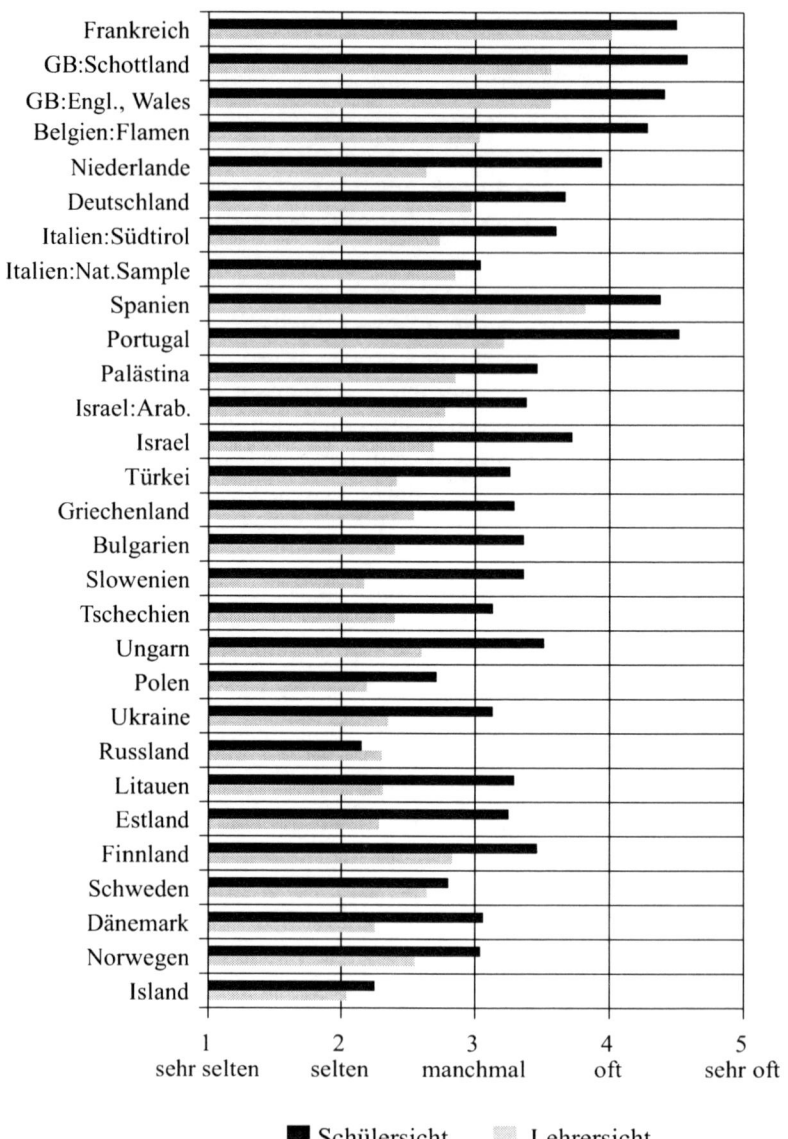

■ Schülersicht ▨ Lehrersicht

Anmerkung: Datenerhebung im Jahr 1995 in 9. Klassenstufe, N > 31.500 Lernende, N > 1.250 Lehrende, 5-stufige Häufigkeitsskala: „sehr selten" (1), „selten" (2), „manchmal" (3), „oft" (4) und „sehr oft" (5) (v. Borries, 1999, S. 89)

Abbildung 4: Vertrauen von Lernenden zu Geschichtsschulbuch und Geschichtsspielfilm in Europa

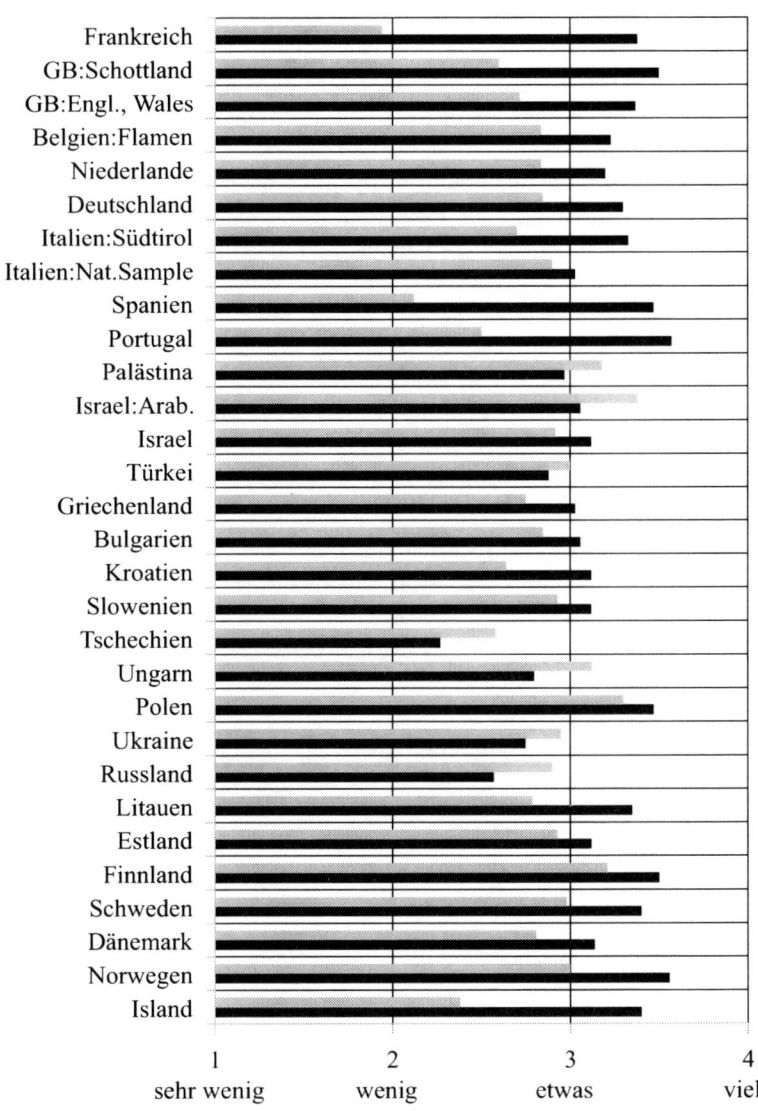

Anmerkung: Datenerhebung im Jahr 1995 in 9. Klassenstufen, N > 31.500, 5-stufige Antwortskala: „sehr wenig" (1), „wenig" (2), „etwas" (3), „viel" (4) und „sehr viel" (5) (v. Borries, 1999, S. 87)

Letztlich scheinen die Schülerinnen und Schüler von der Frage nach der Zuverlässigkeit überrascht, wenn nicht überfordert zu sein. Das ist offenkundig kein im Unterricht ausdrücklich erörterter Aspekt. Es ist aber auffällig, dass z.B. „Dokumente", „Museen", „Lehrererzählungen" und „Fernsehdokumentationen" europaweit viel mehr Vertrauen genießen als ausgerechnet „Geschichtsschulbücher" (v. Borries, 1999, S. 52, S. 54ff.), die ja in vielen Ländern weithin aus „Dokumenten" bestehen. Da hat offenbar eine explizite Klärung niemals stattgefunden.

Wenn man den Jugendlichen glaubt, benutzen die Lehrenden – außer in Frankreich und Israel – im Unterricht häufig die Geschichtsschulbücher (vgl. Abbildung 3), obwohl diese den Lernenden keinen Spaß machen. Bei audiovisuellen Medien und Schüleraktivitäten ist es genau umgekehrt (v. Borries, 1999, S. 65-67, S. 90): Sie sind bei den Lernenden besonders beliebt, aber bei den Lehrenden besonders verpönt. Nun muss man im Lehrerberuf nicht jeder Marotte und Vorliebe von Schülerinnen und Schülern gleich nachgeben. Aber man sollte wissen, was man tut, sollte gute Gründe haben und sollte sie auch offen kommunizieren. In allen drei Punkten liegt es nachweislich im Argen. Denn die Lehrenden beschreiben ihren Unterricht ja ganz anders als die Schülerinnen und Schüler. Im Sinne von „Handlungsorientierung" und „Teilhabe an der Geschichtskultur" müssen die Massenmedien (so steht es inzwischen auch in manchen Richtlinien) ausdrücklich analysiert werden. Und schließlich: Was die Schulbücher sind und wollen, wird den Lernenden ja gar nicht klar.

Tabelle 3: Unterhaltsamkeit, Zuverlässigkeit und Verständlichkeit von historischen Medien sowie Nutzungshäufigkeit im Unterricht

	Nutzungshäufigkeit im Unterricht		Spaß, Motivationskraft		Vertrauenswürdigkeit, Zuverlässigkeit		Leichtigkeit
	Europa	*Dtl.*	**Europa**	*Dtl.*	**Europa**	*Dtl.*	*Dtl.*
Schulbücher	3.65	*4.37*	2.43	*2.20*	3.18	*3.31*	*3.08*
Hist. Spielfilme*	1.87	*1.97*	3.73	*3.95*	2.81	*2.79*	*4.06*
Hist. TV-Dokumentationen*	1.87	*1.97*	3.39	*3.63*	3.64	*3.78*	*3.86*
Hist. Dokumente/ Quellen	2.69	*2.99*	3.14	*2.88*	3.93	*3.73*	*2.80*
Erzählungen des Lehrenden	3.43	*3.51*	3.34	*3.17*	3.48	*3.41*	*3.57*

*Anmerkung: Datenerhebung in 1995 in 9. Klassenstufen, N > 31.500, Mittelwerte auf Skalen von 1 bis 5 (v. Borries, 1999, S. 52, S. 62); * = hinsichtlich der unterrichtlichen Nutzung nicht getrennt abgefragt Antwortkategorien für „Spaß" und „Vertrauen": „sehr wenig" (1), „wenig" (2), „etwas" (3), „viel" (4) und „sehr viel" (5); Antwortkategorien für „leicht zu verstehen": „sehr schwer" (1), „schwer" (2), „mittel" (3), „leicht" (4) und „sehr leicht" (5); Antwortkategorien der Nutzungshäufigkeit: „sehr selten" (1), „selten" (2), „manchmal" (3), „oft" (4), „sehr oft" (5).*

Leider konnte die Frage nach der Zugänglichkeit (auch Verständlichkeit, Leichtigkeit) 1995 nur in Deutschland gestellt werden. Es ist wie schon 1992 (vgl. Abbildung 1) keineswegs so, dass geringe Motivationskraft und (angeblich) bescheidene Zuverlässigkeit durch ausgesprochene Leichtigkeit aufgewogen oder ausgeglichen würden (v. Borries, 1999, S. 52). Auch in dieser Hinsicht schneiden die Geschichtsschulbücher eher bescheiden ab. Lehrererzählungen, Museen, Fernsehdokumentationen kommen in diesem Punkt deutlich besser weg. Nur historische „Dokumente" und „Romane" gelten als noch schwieriger zu verstehen.

Wenn man also die drei Gesichtspunkte mittelt, erweist es sich, dass die Schulbücher als besonders schlecht beurteilt werden. Sie nehmen unter den insgesamt acht abgefragten Medien („Museen und historische Stätten", „historische Romane" und „Erzählungen anderer Erwachsener über Geschichte" werden nicht in Tabelle 3 genannt) den zweitletzten Platz nur vor „Romanen" ein, während „Fernsehdokumentationen", „Museen und historische Stätten" sowie „Spielfilme" die Stars ausmachen (fast eine Skalenstufe oberhalb der Schulbücher). Und das gilt, obwohl gerade die Bücher dieses Faches in der letzten Generation radikal ihren Charakter geändert haben. Die enormen Bleiwüsten mit allenfalls dem Portrait eines „großen Mannes" auf jeder dritten Seite haben sich in eine Art Illustrierte verwandelt. Die Textriemen sind sehr bescheiden geworden (meist in schmalen Spalten). Bildquellen, Grafiken, Tabellen, Rekonstruktionen haben einen sehr großen Anteil gewonnen. In den Hauptschulbüchern dürften sie überwiegen, in den Gymnasialbüchern 40% erreichen.[6]

4. „Schulbuchverständnis und Reflexionsprozesse im Geschichtsunterricht" in deutschsprachigen Schulen

Das war der Stand, als die Entscheidung zugunsten einer Studie fiel, die das Schulbuch und die Schulbuchnutzung ins Zentrum stellte. Sie war wieder auf Sechstklässler, Neuntklässler und Zwölftklässler angelegt, allerdings nicht auf Deutschland oder Europa ausgerichtet, sondern auf den deutschsprachigen Raum (mit Österreich, ungarn-deutscher Minderheit, deutsch-belgischer Minderheit). Leider ist die Stichprobe (N = 1291 Lernende, N = 70 Lehrende) nicht repräsentativ, weil ein Drittmittelantrag nicht bewilligt wurde und deshalb die Pilotstudie zu einer Hauptstudie mit Konvenienzstichprobe ausgeweitet werden musste. Das bedeutet: Es handelt sich auf Grund von Selbstselektion und Freiwilligkeit um „Schokoladenlehrerinnen und -lehrer" und „Schokoladenklassen". Hauptschulen sind stark unterrepräsentiert.

Methodisch gab es zwei große Neuerungen: Zum einen wurden diesmal Lernende und Lehrende – neben zahlreichen Sozialdaten und Hintergrundvariablen wie Kenntnissen, Werten, Mittelalterstereotypen und Religionsbegriffen – ausdrücklich und ausführlich (differenziert) gefragt nach:
- den Erwartungen an Geschichtsschulbücher,
- den Urteilen über die (jeweils eingeführten) Geschichtsschulbücher,
- den Nutzungsarten der Geschichtsschulbücher,
- der Begriffsbildung zu „historischen Quellen" und „historischen Darstellungen" (nur Lernende, aber auch Lehramtsstudierende),
-

---

6 Diese Bewegung war 1995 zur Zeit der Befragung bereits weit vorangeschritten. Inzwischen haben die Bücher sich zweifellos – nach dem Vorbild der Hypertext-Strukturen im Computer/Internet – weiterentwickelt. Die Befragung von 2002 (v. Borries, 2006) liefert jedoch kein wesentlich günstigeres Bild als die Vorgänger von 1990, 1992 und 1995.

- dem konkreten Verständnis dreier Geschichtsschulbücher zum gleichen Thema (nur Lernende, aber auch Lehramtsstudierende) und
- einem Vergleich und der Weiterverarbeitung der drei Versionen (nur Lernende, aber auch Lehramtsstudierende).

Zum anderen wurden wesentliche Teile des Fragebogens, nämlich der gesamte Umgang mit den drei Schulbuchversionen (verschiedenen Typs), in zwei Varianten vorgelegt: einerseits mit offenen Fragen („Kurzessays") und andererseits mit geschlossenen Items („Ankreuzungen"). Zusätzlich wurden einige Probanden nach dem Ausfüllen interviewt („Nachträgliches Lautes Denken", „Stimulated Recall"). Damit handelt es sich um eine kombinierte quantitativ-qualitative Studie mit dem Anspruch einer „*Methoden-Triangulation*". Wenn dieser Zugriff – mangels Geld – auch weit entfernt vom Möglichen und Wünschenswerten bleibt, handelt es sich doch um die differenzierteste Studie im deutschen Sprachraum. Im Folgenden wird meist auf der Ebene von Skalen und ohne eine Differenzierung für Ost-, Nord- und Süddeutschland sowie Österreich und (deutschsprachiges) Ungarn argumentiert.

Tabelle 4: Erwartungen an ein ideales Geschichtsschulbuch

Skala (S) bzw. Item (I)	6./7. Kl.	9. Kl.	11./12. Kl.	Studierende	Lehrende
Schulbuch als leicht-angenehmes Wirklichkeitsabbild (S)	4,22	4,08	3,83	2,90	2,93
Schulbuch als methodisch-pluraler Denkanstoß (S)	3,83	3,80	4,03	4,47	4,26
Schulbuch als begrifflich-anspruchsvolle Herausforderung (I)	3,29	3,09	3,09	2,89	2,97

Anmerkung: Datenerhebung in 2002, N = 838 Lernende, N = 70 Lehrende, Mittelwerte auf Skala von „nein, gar nicht" (1), „eher nein" (2), „teils-teils" (3), „eher ja" (4) und „ja, genau" (5); (v. Borries, 2006, S. 63)

Es überrascht nicht (vgl. Tab. 4), dass Jugendliche verschiedenen Alters, wenn auch mit dem Alter etwas abnehmend, das Schulbuch sehr lebhaft als „leicht-angenehme Wirklichkeitsabbildung" einfordern (7 Items, Cronbachs alpha = .79), obwohl das per se – angesichts des unvermeidlich konstruktiven und narrativen Charakters der Historie – eine Illusion ist (v. Borries et al., 2005, S. 61-64). Das wird an Items wie, das Schulbuch solle „*... klar und eindeutig zeigen, wie es eigentlich gewesen ist*" und „*... die Geschehnisse jeweils aus dem richtigen Blickwinkel betrachten*", ganz deutlich. Deshalb ist es auch nicht erstaunlich, dass Geschichtsstudierende und Lehrende sich hier deutlich zurückhaltender äußern, wenn auch nur neutral und keineswegs heftig ablehnend. Gerade diese unprofessionelle (?) Neutralität, statt theoretisch gebotener Zurückweisung, verdient es, festgehalten zu werden.

Als zweite Skala ergibt sich das „Schulbuch als methodisch-pluraler Denkanstoß" (6 Items, Cronbachs alpha = .73). Von den Lernenden wird das fast ebenso intensiv wie die „Wirklichkeitsabbildung" verlangt (allerdings mit der Klassenstufe etwas zunehmend statt abnehmend). Bei den Studierenden und den Lehrenden stellt dieses Konstrukt das eigentliche Schulbuchideal dar, mehr noch als bei den Lernenden und fast anderthalb Skalenstufen stärker als die erste Forderung. Wenn man z.B.

die beiden Items bedenkt, das Schulbuch solle „*... die Besiegten und Machtlosen ebenso ausführlich vorkommen lassen wie die Sieger und Herrschenden*" und „*... die Leser(innen) zu einem eigenen Urteil befähigen und ermutigen*", ist das auch ganz verständlich. Das moderne und theoretisch abgesicherte Schulbuchideal ist also Lernenden wie Lehrenden bekannt. Vermutlich haben die Lehrenden diese Programmatik an die Lernenden hinübergebracht.

Tabelle 5: Beurteilungen des jeweils eingeführten Geschichtsschulbuches

Skala (S) bzw. Kurzskala (K)	6./7. Kl.	9. Kl.	11./12. Kl.	Studierende (ehemalige Bücher)	Lehrende
Schulbuchlob (S)	3,41	3,15	2,99	2,89	2,85
Schulbuchlob wegen Zugänglichkeit (K)	3,56	3,01	2,92	2,96	3,06
Schulbuchtadel (S)	3,24	3,11	2,98	2,89	3,08
Schulbuchtadel wegen Überforderung (K)	3,14	2,99	2,82	2,41	2,93

Anmerkung: Datenerhebung in 2002, N = 838 Lernende, N = 70 Lehrende; Antwortkategorien: „trifft nicht zu" (1), „trifft eher nicht zu" (2), „teils-teils" (3), „trifft eher zu" (4) und „trifft voll zu" (5); (v. Borries et al., 2005, S. 66).

Natürlich ist es spannend, auch das Urteil über die tatsächlichen statt idealen Schulbücher zu erfragen und zu vergleichen (v. Borries et al., 2005, S. 64-68). Angesichts der Schulbuchfülle und Internationalität konnte nicht erhoben und nicht berücksichtigt werden, auf welches Schulbuch die Daten sich jeweils konkret bezogen. Hier geht es – und das ist eine methodische Schwäche – um ein virtuelles Gesamt- und Durchschnittsschulbuch aus dem Jahr 2002. Es hätte dabei nahegelegen, die gleichen Items wie in der Vorgruppe zu benutzen und nur jeweils das Verb im Indikativ („lässt vorkommen") statt des Optativ („soll vorkommen lassen") zu benutzen. Darauf wurde aber verzichtet, um keine Langeweile und Ermüdung bei den Probanden aufkommen zu lassen. Die Vergleichbarkeit wurde durch einige recht nahe Formulierungen gesichert.

Es ergibt sich eine Skala „Schulbuchlob" – man könnte auch „Schulbuchzufriedenheit" sagen – (8 Items, Cronbachs alpha = .71). Dieses Konstrukt ist bei den Lernenden positiv ausgeprägt, wenn auch sehr schwach und mit steigender Klassenstufe rückläufig, bei den Studierenden und Lehrenden leicht negativ. Erstaunlich ist allerdings, dass Meinungen überhaupt nicht lebhaft oder gar leidenschaftlich geäußert werden, sondern überaus verhalten. Dieser Trend zur Neutralität ist nicht leicht zu interpretieren. Die Nachinterviews sprechen dafür, dass Geschichtsschulbücher eben – wie Sonne und Regen – unbeeinflussbares Schicksal sind, das weitgehend emotionslos hingenommen werden muss.[7]

---

[7] Auch sonst ergeben sich – quantitativ und qualitativ – ziemlich viele Hinweise auf eine eher entfremdete und entfremdende Lernweise des Faches Geschichte, sogar in den befragten „Schokoladenklassen" bei den befragten „Schokoladenlehrern". Das scheint eine bessere Terminologie als die beliebte Bezeichnung „Bulimielernen".

Dem steht eine andere Skala „Schulbuchtadel" – oder „Schulbuchunwohlsein" – gegenüber (7 Items, Cronbachs alpha = .71). Hier sind die Äußerungen der Lernenden wie der Studierenden und Lehrenden sogar noch neutraler, geradezu stereotyp unentschieden, gleichgültig, so als sei über diese Fragen noch nie intensiv nachgedacht oder empfunden worden. Es ist höchst auffällig, dass nicht der Gegensatz „*naiver Wirklichkeitsabbildung*" zu „*methodischem Denkanstoß*" bei der Skalenbildung durchschlägt, sondern die schlichte Dichotomie von „*positivem*" und „*negativem*" Urteil (als zwei Dimensionen, nicht zwei Polen!), wobei Argumente der „*Eindeutigkeit und Eingängigkeit*" und solche der „*Pluralität und Differenzierung*" jeweils gemischt sind, z.B. *Lob wegen Wertungsvorgabe* und *Lob wegen Abdruck gegensätzlicher Positionen* sowie *Tadel wegen Abstraktheit* und *Tadel wegen Einseitigkeit*.

Das Ergebnis zum Ist-Zustand weicht also weit von dem zum Soll-Zustand ab. Die Schulbücher bleiben vor allem in der Dimension des „*methodisch-pluralen Denkanstoßes*" weit hinter den Forderungen der Lehrenden – und sogar der Lernenden – zurück. Für die Studierenden fallen bei „eigenem Urteil" und bei „leichter Verständlichkeit" z.B. Anspruch und Wirklichkeit um etwa zwei volle Skalenstufen auseinander (v. Borries et al., 2005, S. 106)! Aber das wird – von Lernenden wie Lehrenden – merkwürdig gelassen (eben „schicksalsergeben") hingenommen. Da fragt man sich doch, ob diesem Rückstand der Geschichtsschulbücher bei ihrer Unterrichtsverwendung Rechnung getragen wird.

Tabelle 6: Alltägliche Schulbuchnutzung

Skala (S) bzw. Item (I)	6./7. Kl.	9. Kl.	11./12. Kl.	Studierende (ehem. Praxis)	Lehrende
Schulbuchbenutzung im Unterricht (S)	3,32	3,09	2,73	2,57	3,08
Schulbuchbenutzung zu Hause (S)	3,05	2,56	2,62	3,04	2,32
Arbeitsblätter (auch Filme) statt Schulbuchbenutzung (I)	3,14	3,36	3,52	3,50	4,03
Freiwillige häusliche Lektüre (I)	2,30	2,06	2,17	2,72	2,45

Anmerkung: Datenerhebung in 2002, N = 838 Lernende, N = 70 Lehrende, 5-stufige Häufigkeitsskala: „sehr selten" (1), „ziemlich selten" (2), „teils-teils" (3), „ziemlich häufig" (4) und „sehr häufig" (5); (v. Borries et al., 2005, S. 70)

Die Art der Schulbuchnutzung ist vermutlich nicht weniger wichtig als ihr Umfang. Z.B. ist es durchaus möglich, dass Lehrwerke ganz anders als gedacht oder gar im Widerspruch zu deren Absicht gebraucht werden. Dazu habe ich in zwei großen Drittmittelprojekten umfangreiche Erfahrungen sammeln können. Sie sprechen dafür, dass – ähnlich der Lage bei neuen Richtlinien – die Einführung neuer Schulbücher ohne umfangreiche Lehrerfortbildung ziemlich riskant ist. Zurzeit könnte wegen der gewünschten Orientierung an Kompetenzen und Standards wieder einmal eine solche unklare Übergangssituation bestehen.

Es ist ein großer Unterschied, ob Geschichtsschulbücher zu Hause zur Vorbereitung (Hausaufgabe, Präsentationsauftrag) oder zur Nachbereitung (Wiederholung, Klassenarbeiten), ob sie im Unterricht als Informationsgrundlage (Autorennarration, Quellenmaterial) oder als Problematisierungsgegenstand (Widersprüche, Orientierungszumutungen) benutzt werden (v. Borries et al., 2005, S. 68-71). Aus den 11 verwendeten Items ergeben sich zwei vertretbare Skalen „Schulbuchnutzung im Unterricht" (sechs Items, Cronbachs alpha = .78) und „Schulbuchnutzung zu Hause" (drei Items, Cronbachs alpha = .64).[8]

Die Benutzung im Unterricht wird von den Lernenden als nicht besonders intensiv dargestellt, zudem mit dem Alter abnehmend. Lehrer- und Schülerangaben entsprechen sich fast perfekt. Viel wichtiger ist, was wir über die Art der Schulbuchnutzung, d.h. die *geläufigen methodischen Operationen*, erfahren: Die Lehrerinnen und Lehrer – übrigens auch die Studierenden – stellen die *Arbeit mit Bildquellen* und *Arbeit mit Textquellen* aus dem Schulbuch ganz an die Spitze, danach die *gemeinsame Durcharbeitung einiger Absätze*. Bei den Schülerinnen und Schülern führt eben diese Beschreibung vor den Bildquellen und Textquellen.

Welche methodischen Operationen im Unterricht liegen auf den hinteren Plätzen? *Erarbeitung der Autorentexte* (d.h. Darstellungen), *Klärung von Schwierigkeiten und Widersprüchen im Schulbuch* und schon gar *Kontrolle und Kritik des Schulbuchs* (mit anderem Material) bleiben weit zurück (in allen Gruppen letzter Platz). Mit anderen Worten: Die Unzufriedenheit mit den Schulbüchern führt, selbst bei den untersuchten „*Schokoladenlehrerinnen und -lehrern*" und „*Schokoladenklassen*", vorwiegend an Gymnasien nicht zu methodischen Konsequenzen im Unterricht. Die als unzureichend empfundene Verständlichkeit wie die ebenfalls als unzureichend empfundene Multiperspektivität/Pluralität – überhaupt Methodenorientierung – wird nicht unterrichtlich ausgeglichen, kompensiert. Man kann an ganz ähnlich lautenden Items im Detail zeigen, dass die Ideale kaum oder keine Folgen für die Art der Schulbuchnutzung haben, und das auf Lehrerseite (v. Borries et al., 2005, S. 115ff.) wie auf Schülerseite (v. Borries et al., 2005, S. 107f.). Das ist am Übergang zu Kompetenzen und Standards ein wichtiger Befund.

Die „Schulbuchbenutzung zu Hause" wird von Lernenden aller Altersstufen und Lehrenden deutlich skeptischer eingeschätzt (eine Ausnahme bilden nur die Studierenden, die vermutlich einer überdurchschnittlich motivierten Minderheit angehört haben). Der „Überblick für die nächste Klassenarbeit" steht in allen fünf befragten Gruppen an der Spitze (bei kleinen Abständen). Selbst die „Wiederholung" nach den Stunden liegt noch – außer beim Rückblick der besonders interessierten Studierenden – stets vor der „Vorbereitung" für die nächste Stunde. Das macht es verständlich, dass „gemeinsame Durcharbeitung einiger Absätze" im Unterricht dominant sein muss; eine wesentliche Hilfe von häuslicher (Vorweg-)Arbeit liegt nicht mehr vor, kann es angesichts des überhöhten Schwierigkeitsgrades und des Verfalls der Hausaufgabenkultur wahrscheinlich auch nicht mehr. Für eine realistische Didaktik ist das ein wichtiger Gesichtspunkt.

---

8   Auch die beiden nicht in eine Skala aufgenommenen Items sind ausgesprochen spannend. *Freiwillige* (zusätzliche) *Lektüre zu Hause* wird von den Lernenden ziemlich deutlich zurückgewiesen; auch Studierende und Lehrende glauben nicht an sie. *Arbeitsblätter statt Schulbuchbenutzung* werden von den Studierenden und Lehrenden ziemlich lebhaft behauptet und auch von den Lernenden – mit steigendem Alter verstärkt – als vorkommend anerkannt.

Tabelle 7: Quellen- und Darstellungsbegriff von Schülerinnen, Schülern und Studierenden

Faktoren	6./7. Kl.	9. Kl.	11./12. Kl.	Studierende
Naiv-objektivistischer Quellenbegriff und naiv-subjektivistischer Darstellungsbegriff	.40	.27	-.15	-.91
Affirmativ-methodischer Quellenbegriff und positivistischer Darstellungsbegriff	-.18	-.08	.06	.34
Kritisch-methodischer Quellenbegriff und konstruktivistischer Darstellungsbegriff	.01	-.26	-.06	.57

Anmerkung: Datenerhebung in 2002, N = 838 Lernende, Mittelwerte von Factorscores; (v. Borries et al., 2005, S. 74)

Deutsche Geschichtsschulbücher sind seit Jahrzehnten quellenorientiert und arbeitsunterrichtlich gestaltet. Sie gehen von der neuerdings heftig relativierten[9] Position aus, Jugendliche müssten vor allem lernen, wie Darstellungen nur aus Quellen entstehen können („Wissenschaftsorientierung"). Praktisch lässt man die Jugendlichen aus vor-geprüften, gekürzten, übersetzten, eng-selektiven Dokumentensplittern die „richtigen" Informationen entnehmen („belegte vergangene Gegeben- und Begebenheiten"). Diese neigen sie dann – mangels expliziter Reflexion und Methode – mit den „kontextualisierenden Narrationen" und den „gegenwartsbezogenen Orientierungen", soweit solche überhaupt bemerkt werden, zu verwechseln. Das geschieht fast automatisch (quasi „suggestiv"), obwohl weder retrospektive Narrationen noch zukunftsbezogene Orientierungen schon in den – gleichzeitigen – Quellen stehen können, sondern eine analytische Leistung bei der Synthese darstellen.

Schon auf Grund früherer Befragungen bestand der Verdacht, dass „Quellenunterricht" tendenziell das Gegenteil von dem erreichen dürfte, was er bezweckt, nämlich Wissenschaftsorientierung, Methodenkritik und Forschungsnähe. Aus acht Items zum Quellen- und Darstellungsbegriff – sie wurden leider den Lehrenden nicht vorgelegt – ergeben sich drei Faktoren (vgl. Tabelle 7), bei denen nicht die absolute Höhe der Ausprägung, sondern nur der Vergleich mit dem Durchschnittswert und der Standardabweichung der Gesamtstichprobe vorgestellt werden kann.

Es gibt einen „naiv-objektivistischen Quellenbegriff bei naiv-subjektivistischem Darstellungsbegriff" (z.B. „Quellen enthalten alle wichtigen Tatsachen; der Rest ist Interpretation und ziemlich beliebig"). Diese Überzeugung ist ziemlich stark ausgeprägt und geht nur langsam zurück, so dass nur die Studierenden hier kräftig gegen den Rest der Gruppen stehen (v. Borries et al., 2005, S. 71-75). Daneben gibt es einen „affirmativen Quellenbegriff bei positivistischem Darstellungsbegriff" (Vertretungsitem „Quellen sind der Rohstoff, Darstellungen das Ergebnis der Geschichtsschreibung"). Diese Position wird von Anfang an ebenso entschieden vertreten, aber mit steigendem Alter heftiger (statt zögernder). Sie wird mithin bis ins Studium hinein erlernt, wenn auch nicht in dramatischem Tempo.

---

9 Die Kritik an der didaktischen Monokultur der Quellenorientierung und besonders der fehlenden Narrativität ging gerade auch von prominenten Befürwortern der Umstellung vor jetzt fast vierzig Jahren, z.B. Schneider (1994) und Pandel (2006), aus (zur Abhilfe vgl. v. Borries, 2008, S. 241-252).

Schließlich findet sich auch – bei allen, es handelt sich ja um Faktoren, also querstehende Dimensionen – ein „kritisch methodischer Quellenbegriff bei konstruktivistischem Darstellungsbegriff"; ein typisches Item lautet hier „Quellen sind durchaus lückenhaft; das müssen Darstellungen berücksichtigen und ausgleichen". Hier handelt es sich offenkundig um richtige (theoriekonforme) Einsichten in die Erkenntnislogik der Historie. Umso spannender ist das Ergebnis: Diese Items sind bei den Lernenden (bei Schwanken der Zwölftklässler) deutlich weniger beliebt als die beiden bisherigen Gruppen; dagegen haben die Studierenden sie mit den „affirmativ-methodischen" bzw. „positivistischen" gleichauf.

In der Faktorenlösung bedeutet das absurderweise, dass diese „triftige" Position zunächst „verlernt" wird (die 9. Klasse liegt weit unter der 6. und selbst die 12. Klasse noch ein wenig), bevor erst im Studium diese Position/Einsicht durchdringt. Als Grund kann man vermuten, dass zu Beginn des Fachunterrichts die Logik, wenn auch elementarisiert, durchaus eingeführt und sogar teilweise begriffen wird. Dann allerdings scheint nie mehr davon die Rede zu sein und Quellen werden bis in die Oberstufe meist naiv als „Informationen" betrachtet. Die Befürchtung, dass der „quellenorientierte" Geschichtsunterricht mit „quellenstrotzenden Arbeitsbüchern" ziemlich schief läuft (wenn man nicht von einem „Cannae" oder „Offenbarungseid" sprechen will), hat sich also bestätigt.

5. Schulbuchbearbeitung im Experiment des Schulbuchvergleichs

Die Studie von 2002 (vgl. Tabelle 1 untere Reihen) beschränkte sich – wie schon 1992 – nicht auf eine Befragung, sondern bezog ein Experiment, d.h. eine versuchsweise Schulbuchbenutzung in Form eines Vergleichs dreier themengleicher Versionen („Bonifatius") für die unteren Klassen der Sekundarstufe I (nicht nur gymnasial!) ein. Wie schon früher sollte mit den Schulbuchauszügen während der Teststunden gearbeitet werden. Dabei kam es uns nicht nur auf das direkte Textverständnis (Informationsentnahme), sondern auch auf die selbstständige Weiterarbeit an. Deshalb wurden mehrere, zum Teil abweichende, zum Teil sogar offen widersprüchliche Text- und Bildversionen angeboten. Die gleichen Fragen konnten also in Abhängigkeit vom Schulbuchtext verschieden zu beantworten sein: „nach Buch A richtig", „nach Buch B falsch" und „nach Buch C nicht entscheidbar". Derartige offene Gegensätze, konnten sich viele Befragte – auch noch Studierende – offenbar überhaupt nicht vorstellen, obwohl doch früher ein mittelmäßiges Vertrauen zu Schulbüchern bekundet worden war (vgl. Abbildung 1). Diese Fragen erwiesen sich also als besonders schwierig (v. Borries et al., 2005, S. 76-79).[10]

---

10 Buch C war ein Nachzügler der älteren Generation von Leitfäden und Novellenbüchern, Buch B ein klassisches quellenorientiertes Arbeitsbuch und Buch A ein früher Vertreter der neuen Methodenorientierung (wenn noch nicht Kompetenzorientierung). Bei den Lernenden kam Buch A auch am besten, Buch C am schlechtesten weg. Aber Buch C wurde auch am besten, Buch A am schlechtesten verstanden. Dass die Befunde von 2002 auch noch für heutige Lernende und Geschichts-Schulbücher gelten, kann man nicht beweisen, aber, gerade wegen der Streuung der Buchtypen A, B und C, stark vermuten.

Insgesamt liefert die quantifizierende Testung ein reliables Bild vom (korrekten) Leseverständnis (vgl. Tabelle 1): Die Sechstklässler übertreffen mit 43% korrekten Antworten etwas die Ratewahrscheinlichkeit von einem Drittel, die Neuntklässler mit 49% und die Zwölftklässler haben mit 55% nur sehr bescheidene Verbesserungen erreicht. Die Studierenden mit 75% zeigen da ein anderes Kaliber, ohne dass sie keinerlei Probleme mit den Schulbüchern der unteren Klassen mehr hätten. Sehr schön kommt auch heraus, dass Buch C (eine reine Autorenerzählung) etwas leichter zu verstehen war als die beiden „quellenorientierten" Bücher A und B. So etwas liefert Hinweise zur Plausibilität und Inhaltsvalidität des Experiments.

Die beträubliche Einsicht, dass Geschichtsschulbücher – jedenfalls für die einsame selbstständige Benutzung – deutlich zu schwer sind, wurde allerdings selbst bei diesen überdurchschnittlichen Leserinnen und Lesern bestätigt. Sie war nach den eigenen Befragungen, nach PISA 2000 (Artelt et al., 2001) und nach einzelnen qualitativen Studien (Beilner, 2002; Langer-Plän, 2003) nicht mehr überraschend, hat sich nur bei Lehrenden, Richtlinienmachern, Schulbuchverlagen und Geschichtsdidaktikern noch kaum herumgesprochen. Hier ergibt sich eine wichtige Konsequenz, die provokativ klingt, aber nicht rein ironisch gemeint, sondern ernsthaft zu erwägen ist: *Die besten Hauptschulbücher sollten für Gymnasien zugelassen und benutzt werden, zugleich wären dringend neue Hauptschulbücher zu erstellen.*[11]

Der im Experiment vorgenommene Versuch, den weiteren prüfenden Vergleich der drei Schulbuchversionen, also eine Art De-Konstruktion der Schulbuchauszüge, mit geschlossenen Items abzutesten (N = 838), kann nur als misslungen bezeichnet werden. Es gibt zwar nur geringe Datenausfälle, aber keine interpretierbaren Ergebnisse (v. Borries et al., 2005, S. 88-104). Persönlich glaube ich, dass das nicht auf Ungeschicklichkeit der Itemformulierungen beruht, sondern dass hier Grenzen geschlossener Aufgabenformate erreicht werden. Bei den Ergebnissen zur anderen Version des Fragebogens (offene Variante mit „Kurzessays") sah es ganz anders aus (N = 453), obwohl es auch da ungeahnte Probleme gab (v. Borries et al., 2005, S. 121-123).[12]

---

11 Ein Sonderproblem werden – vor allem bei rascher Durchsetzung der (formellen) Zweigliedrigkeit des Schulwesens – die zunehmend beliebten bilingualen Schulen und Springer-Klassen (11 jähriges Abitur!) als geheime „neue Gymnasien" – neben den Stadtteil- oder Regelschulen (mit Inklusion) – darstellen.

12 Sie bestanden insbesondere darin, dass die Probanden nicht genau hinsahen (sorgfältig lasen) und sich nicht an die Einzel-Aufgaben – sowie deren klare semantische Unterschiede – hielten. Deshalb glaubten sie schon bei vagen Ähnlichkeiten, bestimmte Fragen schon beantwortet zu haben. Im Endeffekt ließ sich die Trennung der acht Fragen nicht durchhalten, sondern alle Kurzessays mussten jeweils zusammen codiert und geratet werden. Ein krasses Beispiel: Die ausdrückliche Frage nach „Gefühlen/Empfindungen bei der Lektüre" wurde fast regelmäßig und automatisch mit einem Kurzgutachten über die „didaktische Qualität" (Bebilderung, Quellenbenutzung) beantwortet. Gefühle hat es eben im Unterricht nicht zu geben; die darf man sich weder selbst eingestehen noch äußern. Ein zweiter aufregender Befund: Wenn die Möglichkeit eines Widerspruchs von Buch A, B und C nicht im Fragestamm einiger Items direkt vorgegeben war, sank die Chance von dessen Entdeckung praktisch auf Null (selbst bei Studierenden): Schulbücher können sich nicht widersprechen, können keine Fehler haben (obwohl man doch nur mäßiges Vertrauen zu ihnen hat).

Tabelle 8: De-Konstruktion und Re-Konstruktion als Dimensionen der Bearbeitung von drei Schulbuchversionen in Kurzessays (Klassifikation/Codierung der Kurzessays zu drei Schulbuchversionen über „Bonifatius")

Skala (S), Item (I)	6./7. Kl.	9. Kl.	11./12. Kl.	Studierende
De-Konstruktion (S)	**1,09**	**1,48**	**1,67**	**2,46**
Unterschiede der Inhalte (I)	1,13	1,45	1,65	2,39
Asymmetrie der Quellenlage (I)	1,00	1,24	1,41	1,94
Perspektivität (I)	1,19	1,81	2,10	2,87
Tendenz (I)	1,08	1,48	1,63	2,62
Formale Absicht (I)	1,06	1,42	1,56	2,46
Re-Konstruktion (S)	**1,42**	**1,99**	**2,36**	**2,60**
Gemeinsamkeiten der Inhalte (I)	1,38	1,69	2,19	2,63
Unterschiede in der Gestaltung (I)	1,42	2,31	2,34	2,91
Traditionale Sinnbildung (I)	1,53	2,09	2,54	3,01
Bedeutung Bonifatius' in der Geschichte (I)	1,31	1,92	2,65	2,20
Empathieversuch (I)	1,73	2,33	2,78	3,06
Historisch-moralisches Spannungsfeld (I)	1,14	1,58	1,64	1,76

Anmerkung: N = 453, 5-stufige Skala der Rater: „Nein, nicht einmal von ferne/ nicht erwähnt" (1), „erahnt/erwähnt" (2), „ansatzweise erkannt/ausdrücklich erwähnt" (3), „differenzierte Explikation versucht" (4) und „Ja, qualitativ/argumentativ hochwertig" (5); (Meyer-Hamme in v. Borries et al., 2005, S. 123, S. 132, S. 145)

Dennoch sind die Befunde überaus spannend (v. Borries et al., 2005, S. 124-146).[13] Es ließ sich eine fünfstufige Gesamtskala „Essayqualität" herstellen, bei der auch ein beträchtlicher Lerngewinn festzustellen ist (6./7. Klasse M=1,57, 9. Klasse M=2,47, 12. Klasse M=2,90, Studierende M=3,72). Aber wichtiger war, dass die abgerufenen Leistungen – je einzeln durch Rating der Kurzessays quantifiziert – durchaus nicht alle in einer Dimension lagen. Mithilfe einer Faktorenanalyse wurden vier Faktoren festgestellt, von denen hier nur die beiden ersten zu erläutern sind und mit einem Durchschnitt mehrerer Einzelskalen zusammengefasst werden. „De-Konstruktions-Leistungen" und „Re-Konstruktions-Leistungen" sind wirklich zweierlei. Für diese elementare theoretische Einsicht gab es zuvor keine empirischen Beweise (oder auch nur Belege).

Die De-Konstruktion wird deutlich später und langsamer erlernt (6./7. Klasse M=1,09, 9. Klasse M=1,48, 11./12. Klasse M=1,67, Studierende M=2,46) als die Re-Konstruktion (6./7. Klasse M=1,42, 9. Klasse M=1,99, 11./12. Klasse M=2,36, Studierende M=2,60). Die Re-Konstruktionsfähigkeiten scheinen den de-konstruktiven ungefähr um drei Lernjahre vorauszugehen. Höchst aufschlussreich ist, dass die Studierenden bei Re-Konstruktion praktisch nichts mehr dazugelernt haben, während sie bei der De-Konstruktion einen großen Sprung vorwärts gemacht haben. Das ist

---

13 Dargestellt wird der Vergleich der vier Altersgruppen. Die Kontraste werden noch wesentlich schärfer, wenn man stattdessen Cluster bildet, also mit statistischen Mitteln „Lernertypen" bildet, z.B. – grob gesprochen – die aufgeklärtesten Fast-Abiturienten zur Masse der Studierenden und die schwächsten Neuntklässler bei der Mehrheit der Anfänger einordnet (vgl. v. Borries et al., 2005, S. 280-293; Meyer-Hamme, 2007).

jedenfalls die Lage vor ein paar Jahren gewesen; sie ist vermutlich nicht reifungstheoretisch determiniert (und insofern unveränderlich), sondern sozialisationstheoretisch durch die üblichen Praktiken im Geschichtsunterricht (aber auch im Fernsehen oder in Ausstellungen) erzeugt und gefestigt worden, ließe sich wahrscheinlich aber auch ändern.

6. Schlussbemerkung

Zeit und Platz verbieten es, näher in Einzelheiten einzutreten. Stattdessen sollen einige abschließende und bewusst provokante Thesen formuliert werden:
1. Empirische Studien zu Schulbucherwartungen, Schulbuchnutzung und Schulbuchwirkung sind noch immer ausgesprochen selten. Was wir – aus qualitativen und quantitativen Studien – zuverlässig wissen bzw. als sehr wahrscheinlich erschließen können, ergänzt sich allerdings zu einem wenig erfreulichen Bild. Dabei können hilfsweise auch diverse internationale Schulleistungsvergleiche (PISA, Civic Education) und Untersuchungen aus anderen Ländern (Großbritannien, Italien, Spanien, USA) herangezogen werden (vgl. v. Borries et al., 2005, S. 80-85; v. Borries, 2008, S. 47-80). Geschichtsschulbücher sind – angesichts 20% Analphabeten und „Risikogruppe" noch unter den Fünfzehnjährigen in Deutschland – für die Elf- bis Sechzehnjährigen schlicht zu schwierig. Auch im Gymnasium dürfte mindestens ein Drittel von den dort geläufigen Lehrwerken eindeutig überfordert sein. Das gilt natürlich in erster Linie für selbstständige und zusammenhängende Lektüre, weniger für ein mühsames gemeinsames Entschlüsseln einiger weniger Sätze im Klassenkollektiv. Gerade darin könnte aber das Problem bestehen: im stillschweigenden Verzicht auf großflächiges Lesen ganzer Bücher auch bei „Gebildeten". Über das Verhältnis zwischen „Geschichtsunterricht als Erwerb historischer Kompetenz" und „Geschichtsunterricht als spezifische Form der Förderung von Lesekompetenz" ist dringend nachzudenken.
2. Wenn Geschichtsschulbücher praktisch nicht allein fließend gelesen werden können, bildet das eine weitere Grenze für Individualisierung und Differenzierung von Geschichtslernen und Geschichtsunterricht als Mittel zur Berücksichtigung leistungsheterogener Lerngruppen. Man sollte ohnehin darauf nicht zu stark setzen. Geschichte ist ein kommunikatives Fach; Historie ist ja nicht nur narrativ strukturiert, sondern verwirklicht ihre Funktion auch nur im Austausch. Über die Kontextualisierungen wie die Orientierungsangebote – und ihre jeweiligen Alternativen – muss im Unterricht verhandelt werden („negotiation of meaning"). Geschichte ist ja – nach Jan Assmann (1992, S. 139) – stets identitätskonkret, d.h. Geschichte für bestimmte Personengruppen (Nankinger haben andere Geschichte(n) als Hamburger, Frauen andere als Männer), kann aber – angesichts Demokratie und Pluralismus – nicht mehr einfach verordnet werden. Dann muss aber jede(r) die Chance haben, ihre/seine Geschichte zu entwickeln, anzubieten, zu revidieren und neu zu erzählen (wenn auch immer nach Kriterien der Triftigkeit).

3. Die verabsolutierte Quellenorientierung des Geschichtsschulbuches ist ein Auslaufmodell (v. Borries, 2008, S. 241-252), weil es gar nicht das Ziel sein kann, jede/-n Wahlberechtigte/-n zum kleinen Geschichtsprofessor heranzubilden. Das *Erzählen eigener wahrer Geschichts-Geschichten* zu erlernen, also kompetenztheoretisch „*Re-Konstruktionskompetenz*", ist ein wichtiges Ziel, gerade in der Einwanderungsgesellschaft, die sich zudem entnationalisiert, europäisiert und globalisiert. Aber die Aufgabe, das *Prüfen und Umgestalten fremder und vorgefertigter angeblich wahrer Geschichtsgeschichten* vorzuführen und einzuüben, ist mindestens ebenso bedeutsam, und auch das unter den Bedingungen von Massenmigration und Europäisierung – übrigens auch zum Abbau von Ost-West-Vorurteilen – in noch einmal gesteigertem Maße. Man kann das – mit guten Gründen – „*De-Konstruktionskompetenz*" nennen, aber der Terminus soll geschenkt sein. Die Schulbücher – soweit sie noch methodische Monokulturen im Sinne des „*Quellen, Quellen, Quellen*" sind – leisten dazu fast nichts. Zur *Teilhabe an der Geschichtskultur* könnten sie deutlich mehr beitragen (Hilfen bieten), ohne noch schwieriger zu werden; sie würden sogar näher an die Lebenswirklichkeit der Lernenden herankommen.

4. Welche Zukunft hat das Schulbuch? Inwieweit wird es bald durch Angebote im Internet und/oder DVDs ersetzt? Der empirisch erfragte und beobachtete Umgang der Jugendlichen mit den Schulbüchern (und mit dem Internet) zeigt recht geringe domänenspezifische Methodensicherheit und Kritikfähigkeit. Der elementare fachlogische Unterschied von „Quelle" und „Darstellung" ist – in der Tiefendimension – nicht bekannt.[14] Zahlreiche Experimente und Erfahrungen haben mir gezeigt, dass selbst anspruchsvolle DVDs in der Regel noch schlechter gestaltet sind als Schulbücher, obwohl sie – wegen des beliebigen Umfangs und der mehrdimensionalen Vernetzung durch Links – überlegen sein könnten. Zwischen den drei Ebenen der unbezweifelten und unreflektierten, autoritativen – aber in dieser Funktion geheimgehaltenen! – Darstellung, der (schlecht nachgewiesenen, unkommentierten und unerschlossenen) Text-, Bild-, Audio- und Film-"Quellen" sowie der Listen eines Bibliografie-, Biografie-, Begriffs-Lexikon- und Datenteiles pflegt es keinerlei sinnvolle Beziehungen zu geben. Es fehlt also eine didaktische Strukturierung, die De-Konstruktions- und Re-Konstruktions-Leistungen (wie auch Fragestellungen und Orientierungsüberlegungen) anleiten würde. Die Forderungen nach Multiperspektivität, Kontroversität und Pluralität werden dadurch kaum ansatzweise eingelöst, eigene Urteile nicht herausgefordert und angeleitet. Damit wird die eigentliche Stärke des – ja auch mengenmäßig praktisch unbegrenzten – Hypertexts verschenkt. Entsprechend hilflos und kompetenzarm fällt die Bearbeitung bei Schülerinnen und Schülern – und noch bei Studierenden – aus. Bessere DVDs zu produzieren, ist möglich, wird aber recht teuer. Es genügt eben nicht, alles zusammenzuschustern, wofür der Verlag/das Museum Rechte hat. Es muss strukturiert und sinnvoll – nicht mechanisch – vernetzt werden. Dabei müssen Kontraste und Meinungsverschiedenheiten auf allen Ebenen (Quellen, Darstellungen, Orientierungen) explizit zur Sprache gebracht

---

14 Nicht selten bieten selbst Schulbücher und Verlage das Wort „Quelle", wo es zwingend „Fundstelle" heißen müsste. Das Internet wird oft als „Quelle" angegeben, wo es „historisch" ausschließlich um „Darstellungen" geht.

werden (Multiperspektivität, Kontroversität, Pluralität). Dahin haben Schulbücher noch einen weiten, DVDs und Internet einen sehr, sehr weiten Weg. Von einer Ablösung des Geschichtsschulbuchs kann also nicht die Rede sein, hoffentlich aber bald von dessen verbessertem Einsatz für eine kluge Benutzung von DVDs und Internet.

Abschließend ergibt sich eine Reihe von Ratschlägen für die Gestaltung der Geschichtsschulbücher und des Geschichtsunterrichts:
- Realitätsbewusster, aber verantwortlich!
- Weniger, aber gründlich!
- Bedürfnis- und lernstandsgerechter, aber leistungsdifferenzierend!
- Einfacher, aber multiperspektivisch, d.h. auch kontrovers und plural!
- Bescheidener, aber methodenorientiert, d.h. reflexiv und kompetenzfördernd!
- Lebensweltbezogener, aber vorsichtig-sensibel!

Literatur

Angvik, M. & v. Borries, B. (Eds.). (1997). *YOUTH and HISTORY. A Comparative European Survey on Historical Consciousness and Political Attitudes among Adolescents. Volume A: Description, Volume B: Documentation* (containing the Database on CD-ROM). Hamburg: edition Körber-Stiftung.

Artelt, C., Stanat, P., Schneider, W. & Schiefele, U.(2001). Lesekompetenz: Testkonzeption und Ergebnisse. In Deutsches PISA-Konsortium (Hrsg.), *PISA 2000. Basiskompetenzen von Schülerinnen und Schülern im internationalen Vergleich* (S. 69-137). Opladen: Leske & Budrich.

Assmann, J. (1992). *Das kulturelle Gedächtnis. Schrift, Erinnerung und politische Identität in frühen Hochkulturen.* München: Beck.

Beilner, H. (2002). Empirische Zugänge zur Arbeit mit Textquellen in der Sekundarstufe I. In B. Schönemann & H. Voit (Hrsg.), *Von der Einschulung bis zum Abitur. Prinzipien und Praxis des historischen Lernens in den Schulstufen* (S. 84-96). Idstein: Schulz-Kirchner.

Küppers, W. (1966). *Zur Psychologie des Geschichtsunterrichts. Eine Untersuchung über Geschichtswissen und Geschichtsverständnis bei Schülern* (2. erg. Aufl.). Bern/ Stuttgart: Huber/Klett..

Langer-Plän, M. (2003). Problem Quellenarbeit. *Geschichte in Wissenschaft und Unterricht, 54,* 319-336.

Meyer-Hamme, J. (2005). Schulbuchverständnis und Schulbuchvergleich zu Bonifatius II – Erhebung mittels Kurzessays. In B. v. Borries, C. Fischer, S. Leutner-Ramme & J. Meyer-Hamme, *Schulbuchverständnis, Richtlinienbenutzung und Reflexionsprozesse im Geschichtsunterricht. Eine qualitativ-quantitative Schüler- und Lehrerbefragung im Deutschsprachigen Bildungswesen 2002* (S. 121-157) (Bayerische Studien zur Geschichtsdidaktik 9). Neuried: ars una.

Meyer-Hamme, J. (unter Mitarbeit von Borries, B. v.) (2007). Konzepte von Geschichtslernen und Geschichtsdenken. Empirische Befunde von Schülern und Studierenden. In G. Henke-Bockschatz (Moderation), *Geschichtsdidaktische empirische Forschung* (S. 84-107). Schwalbach/Ts.: Wochenschau (= Zeitschrift für Geschichtsdidaktik 6. Jg. (Jahresband)).

Pandel, H.-J. (2006). Was macht ein Schulbuch zu einem Geschichtsbuch? Ein Versuch über Kohärenz und Intertextualität. In S. Handro & B. Schönemann (Hrsg.), *Geschichtsdidaktische Schulbuchforschung* (S. 15-37). Berlin: Lit-Verlag.

Roth, H. (1968). *Kind und Geschichte. Psychologische Voraussetzungen des Geschichtsunterrichts in der Volksschule* (5. erg. Aufl.). München: Kösel.

Schneider, G. (1994). Über den Umgang mit Quellen im Geschichtsunterricht. *Geschichte in Wissenschaft und Unterricht, 45,* 73-90.

v. Borries, B. (unter Mitarbeit von Dähn, S., Körber, A. & Lehmann, R. H.) (1992). *Kindlich-jugendliche Geschichtsverarbeitung in West- und Ostdeutschland 1990. Ein empirischer Vergleich* (Geschichtsdidaktik. Studien, Materialien. Neue Folge 8). Pfaffenweiler: Centaurus.

v. Borries, B. (unter Mitarbeit von Weidemann, S., Baeck, O., Grześkowiak, S. & Körber, A.) (1995). *Das Geschichtsbewußtsein Jugendlicher. Erste repräsentative Untersuchung über Vergangenheitsdeutungen, Gegenwartswahrnehmungen und Zukunftserwartungen in Ost- und Westdeutschland.* Weinheim, München: Juventa.

v. Borries, B. (unter Mitarbeit von Körber, A., Baeck, O. & Kindervater, A.) (1999). *Jugend und Geschichte. Ein europäischer Kulturvergleich aus deutscher Sicht* (Schule und Gesellschaft 21). Opladen: Leske & Budrich.

v. Borries, B. (2006). „Fremdverstehen" – „Empathieleistung" – „Abenteuerfaszination"? Zu Chancen und Grenzen interkulturellen Geschichtslernens (S. 65-84). In M. Boatcă, M., Neudecker, C. & Rinke, S. (Hrsg.), *Des Fremden Freund, des Fremden Feind. Fremdverstehen in interdisziplinärer Perspektive.* Münster: Waxmann.

v. Borries, B. (2008). *Historisch Denken Lernen – Welterschließung statt Epochenüberblick. Geschichte als Unterrichtsfach und Bildungsaufgabe* (Studien zur Bildungsgangforschung 21). Opladen & Farmington Hills: Barbara Budrich.

v. Borries, B. (2010). Wie wirken Schulbücher in den Köpfen der Schüler? Empirie am Beispiel des Faches Geschichte. In E. Fuchs, J. Kahlert & U. Sandfuchs (Hrsg.), *Schulbuch konkret. Kontexte – Produktion – Unterricht* (S. 102-117). Bad Heilbrunn: Klinkhardt.

v. Borries, B., Fischer, C., Leutner-Ramme, S. & Meyer-Hamme, J. (2005). *Schulbuchverständnis, Richtlinienbenutzung und Reflexionsprozesse im Geschichtsunterricht. Eine qualitativ-quantitative Schüler- und Lehrerbefragung im deutschsprachigen Bildungswesen 2002* (Bayerische Studien zur Geschichtsdidaktik 9). Neuried: ars una.

Gabriele Lieber

„Ich mag es, wenn ich noch selbst überlegen kann." – Schulbuchillustration, Leerstellen und kindliches Bildinteresse

Zusammenfassung
Farbige Illustrationen nehmen in Schulbüchern im Grundschulbereich immer mehr Raum ein und beeinflussen die Gestaltung dieser didaktischen Materialien entscheidend. Schulbuchanalysen zeigten, dass die Quantität der Bilder im Schulbuch jedoch wenig über ihre Qualität aussagt. Wichtige Funktionen, die Schulbuchillustrationen in einer immer heterogener werdenden Mediengesellschaft in Lehr-Lern-Arrangements übernehmen könnten, werden nicht annähernd ausgeschöpft. Desweiteren konnte in qualitativ empirischen Studien zum kindlichen Bildinteresse gezeigt werden, dass eine stärkere Adressatenorientierung bei der Bildauswahl und Schulbuchgestaltung immer wichtiger wird, wenn Schulbücher nachhaltige Lernprozesse initiieren sollen. Von Erwachsenen geprägte Vorstellungen von kindgemäßen Bildern prägen immer noch das Gesicht vieler Lehr-Lern-Medien. Statt Komplexität und Möglichkeiten zum Differenzerleben stehen immer noch Einfachheit und Eindeutigkeit im Mittelpunkt der Gestaltungskriterien.

Der Beitrag plädiert anhand aktueller Erkenntnisse zum kindlichen Bildinteresse für einen Paradigmenwechsel hinsichtlich der Auswahl und Gestaltung von Schulbuchillustrationen sowie für Bildliteralität als Schlüsselkompetenz in einer modernen Informationsgesellschaft.

Schlüsselbegriffe
Funktionen von Schulbuchillustrationen, Bildliteralität, kindliches Bildinteresse, Differenzerleben, Leerstellen

1. Einleitung

Bilder sind aus schulischen Zusammenhängen nicht wegdenkbar, auch wenn Schule von Anfang an eine Schule der Schrift war und ist. Historisch betrachtet, beobachtet man einen gezielten Einsatz von Bildern als Medien des Erziehungsprozesses spätestens seit dem Orbis sensualium pictus von Johann Amos Comenius (1658). Allerdings verdrängen heutzutage digitale Medien und das Internet allmählich die klassischen didaktischen Materialien. In der Folge entstehen Hybridformen.

In Schulbüchern wird die ästhetische Dimension von Bildern bislang kaum berücksichtigt. Gerade im Grundschulbereich – so meine These – kann häufig ein überkommener Begriff des „Kindgemäßen" bei der Gestaltung und Auswahl der Illustrationen beobachtet werden. Inhaltlich Heikles, darstellerisch Komplexes, nicht Buntes oder Heiteres etc. wird ausgeschlossen. Viele Schulbücher manifestieren das Bestreben ihrer Autoren/-innen nach Eindeutigkeit. Perspektivenvielfalt suchen wir in didaktischen Materialien oft vergeblich (Duncker, 2005). Schnittstellen zu aktuellen, mediendominierten kindlichen Bildwelten kommen eher vereinzelt vor. Erwachsene (Eltern, Erziehende und Lehrende) legen fest, was gut für Kinder ist und was nicht. Durch diese Einflussnahme bestimmen wir unbewusst die spätere Teilhabe der Kinder an der (visuellen) Kultur. Wir bieten Einstiegsmöglichkeiten an oder verschließen mögliche Zugänge.

Traditionell kamen Bildern überwiegend die Funktionen der Visualisierung, Dokumentation und Dekoration zu. Viele andere Bildungspotentiale von Bildern wurden aus diesem Grund aus den Augen verloren oder vergessen. Diese Versäumnisse dokumentieren sich in der Lehrerbildung und in konkreten didaktischen Materialien.

In der ästhetischen Bildung und der konstruktivistischen Didaktik bemüht man sich darum, die Welt neu sehen zu lernen. Aufklärungs- und Verarbeitungsprozesse werden angestoßen, die u.a. den Aspekt der ästhetischen Darstellung der Wirklichkeit produktiv aufnehmen können. Ein „Denken in Bildern" meint in diesem Sinne, zu versuchen, die Welt nicht nur darzustellen „wie sie ist" oder zu sein scheint, sondern auch, wie sie aus unterschiedlichen Perspektiven und Positionen gedacht und interpretiert werden könnte. Phantasie und Imagination werden zu konstitutiven Elementen einer Auseinandersetzung mit den Themen des Unterrichts.

Mehrere Studien zeigen (u.a. Charlton & Neumann, 1990; Fahle, 2007; Paus-Haase & Keuneke, 2000; Ströter-Bender, 2000; Thiele, 2004; Wieler, 1999), dass Vielfalt, Art und Auswahl der (bild-)literalen Impulse, die ein Kind erhält, vom sozialen und ästhetischen Verhalten der erwachsenen Bezugspersonen abhängen, deren kulturellen Lebensstile und Bildpräferenzen die kindlichen Gewohnheiten und Vorlieben bestimmen. Das Elternhaus ist in der für die menschliche Entwicklung entscheidenden Kindheit für den späteren Zugang der Kinder zur literalen und visuellen Kultur verantwortlich (Thiele, 2004, S. 38).

Meine Forschungsbewegungen im Bereich der Schulbuchforschung wurden initiiert durch das universitäre Forschungsprojekt „Bildliteralität und Ästhetische Alphabetisierung", an dem ich seit einigen Jahren mit Ludwig Duncker an der Justus Liebig Universität Gießen zusammen arbeite und wurden anlässlich des Life-Long-Learning(LLP)-Projektes „imago2010" konkretisiert und weiterentwickelt.

Ich möchte im Folgenden zuerst auf die Funktion von Schulbuchillustrationen generell eingehen, um dann den Fokus exemplarisch auf die Bedeutung von Differenzerleben und Leerstellen zu richten und um abschließend unsere aktuellen Erkenntnisse zum kindlichen Bildinteresse in Bezug zu didaktischen Herausforderungen an die Auswahl und Gestaltung von Schulbuchillustrationen vorzustellen.

2. Zur Funktion von Schulbuchillustrationen

Die Gestaltung didaktischer Materialien, insbesondere von Schulbüchern, unterliegt aufwendigen Zulassungsprozessen. Die Aufmerksamkeit liegt hier zunächst auf den abgedruckten Texten. Erkenntnisse der Printmedienforschung (Rager, Hartwich-Reick & Pfeiffer, 1998, S. 491) sowie der Infologie (Pettersson & Billmayer, 2008) zeigen, dass die dargestellten Inhalte nicht nur über die Schriftsprache, sondern gerade auch in der komplexen Kombination von Text, Bild und Layout vermittelt werden. Ob didaktische Materialien zum Lesen und Weiterlesen anregen, hängt nicht zuletzt von ihrer ästhetischen Gestaltung ab. Dieser Bereich ist in der Schulbuchforschung noch kaum bearbeitet (Heinze & Matthes, 2010). Schulbücher weisen in der Regel ästhetische Eindeutigkeit auf (Besand, 2005, S. 191). Kinder und Jugendliche sollen durch die ausgewählten Bilder „angeregt und motiviert, aber möglichst nicht irritiert, emotionalisiert oder überwältigt werden" (Besand, 2005). Gunter Otto (1998, S. 247) geht so weit, dass er behauptet: „Bilder, die für Zwecke von Unterricht hergestellt wurden, haben zunächst einmal eine Eigenart, von jedermann sofort als Lehrmittel erkannt zu werden". Der von den Schulbüchern favorisierte eindeutige Bildeinsatz hat immer dann Berechtigung, wenn es sich um die Vermittlung von Fakten oder Begriffen wie bspw. im naturwissenschaftlichen Unterricht handelt. Bilder können jedoch mehr (Hamrodi & Lieber, 2008, S. 188). Sie können bspw. Kontexte herstellen, verfremden, verdichten, Perspektiven herausarbeiten, metaphorisieren etc. All diese Bildungspotentiale werden in vielen von uns analysierten Schulbüchern (insbesondere handelte es sich um Fibeln) nicht ausgeschöpft.

Im Folgenden werde ich kurz einige zentrale Funktionen von Schulbuchillustrationen aufzeigen.

2.1 Kommunikationsanlässe

Bilder werden im Schulunterricht hauptsächlich in Phasen der Einführung in ein neues Thema (77%) oder als Diskussionsanlass (67%) eingesetzt. Dabei steht der verbale Zugang zu Bildern (81%) im Mittelpunkt (Kremling, 2010). Ästhetische Zugangsweisen (zeichnen, malen, spielen, basteln, vertonen, ...) zu Bildern nehmen mit zunehmendem Alter der Schülerinnen und Schüler ab.

Gerade wenn man den Fokus auf die Schulanfänger legt, können Bilder zu Türöffnern werden. Im Projekt „Schule für alle im Landkreis Gießen" konnten Studierende Erfahrungen mit Kindern aus bildungsfernen Familien und/oder mit Migrationshintergrund in diesem Bereich sammeln. Es zeigte sich, dass Bilder Sprache auf den Weg bringen können – vom einfachen Wortschatzerwerb und der Wortschatzerweiterung bis hin zum komplexen Spracherwerb. So konnte bspw. auch Jerome Bruner (2002) nachweisen, dass mehrmaliges Vorlesen eines Bilderbuchs den sprachlichen Lerneffekt bei sprachlich weniger kompetenten Kindern deutlich steigert. Bilderbücher sind reich an Kommunikationsanlässen, initiiert durch Bilder, Texte und Gespräche über dieselben. Sie bieten daher vielfältige Lernimpulse an. Ein gut gemachtes Bild oder Bilderbuch ermöglicht zahlreiche ästhetische Zugangs- und Sichtweisen auf die in Bildern und teilweise auch in Texten erzählte Geschichte. Im Fokus steht die Art und Weise der Aktivierung des Kindes, die im Laufe des Bilderbuchbetrachtungsprozesses dazu führen sollte, dass das Kind selbst zum „Geschichtenerzähler" wird, dass es seine Freiheiten entdeckt, eigene Erfahrungen besteuert, frei assoziiert. Je intensiver sich das Kind mit dem Bild und der Geschichte beschäftigt, desto höher ist das Potential für die Entwicklung seiner Literalität und v.a. auch seines Interesses für Bücher.

2.2 Dekoration

Bilder sind häufig schmückende, dekorative Elemente auf Schulbuchseiten und haben dann keine didaktische Bedeutung. Dies kann zum ästhetischen Gesamteindruck des Schulbuches beitragen und kann, wenn die Kinder ihr Schulbuch „schön" finden, auch nachhaltig motivierende Wirkung haben. Andererseits können dekorative Elemente auch Lernen be- oder verhindern. Dieser Effekt kann aus unterschiedlichen Gründen hervorgerufen werden. Da wäre bspw. eine Überfrachtung einer Lehrbuchseite mit gestalterischen Elementen, die eine Konzentration auf das Wesentliche verhindern, oder aber das Unterlegen von Text mit Bildern, das gerade Leseanfängern das Lesen schwer machen kann. Dazu kommen schwer leserliche oder lesbare Elemente, die dadurch irritieren und die Aufmerksamkeit auf sich ziehen, aber nichts zum Lernprozess beitragen. Pettersson und Billmayer (2008) plädieren für eine klare und verständliche Gestaltung von Informationen. Für sie gehören dekorative Elemente nicht in ein Schulbuch.

2.3 Unterstützung des Sinnverständnisses

Gerade Kinder mit nicht deutscher Muttersprache, Leseanfänger oder schwächere Schülerinnen und Schüler können in ihrem Lernen durch didaktisch sinnvoll ausgewählte Bilder unterstützt und gefördert werden. Bilder können den „Kern" eines Problems auch für Kinder fassbar machen, die die Verkehrssprache noch nicht fließend sprechen (Hiller, 1998). Die Kinder bekommen den roten Faden und können so „mitdenken" und versuchen, ihre Ideen im fremden Sprachsystem zu formulieren. Gerade komplexe Handlungsanweisungen oder Prozessdarstellungen sind häufig in visueller Form einfacher zu erfassen. Dies sollte Prinzip jedes Schullehrwerks sein und wird in der Regel für kongruente Text-Bild-Verbindungen in Fremdsprachen- oder Sachunterrichtsbüchern eingesetzt.

2.4 Aufmerksamkeit wecken

Bilder finden schnelle Wege ins Gehirn. Das bedeutet, wenn wir ein Bild sehen, haben wir in der Regel seinen Inhalt oder besser das, was dargestellt wird, gesehen oder verstanden. Dies wird zum Beispiel bei Zeitschriften und Zeitungen verwendet: Mit Hilfe von Bildern sollen die Leserinnen und Leser Interesse am Text bekommen. Bilder, die sich dafür eignen, können einerseits Stereotypen sein, andererseits Bilder, die emotional oder inhaltlich ansprechen. In der Regel handelt es sich dabei um leicht lesbare Bilder.

Gleichzeitig wissen wir jedoch, dass Bilder, wenn sie unsere Aufmerksamkeit wecken sollen, unsere Wahrnehmung stören müssen. Dies geschieht gleichsam dadurch, dass Gewohntes durchbrochen wird. Eine Erwartung wird durchkreuzt, indem eine Irritation ausgelöst und so ein Anlass geschaffen wird, genauer hinzusehen und den Ursachen der Irritation auf die Spur zu kommen. Dies markiert ein Nachdenken und die Chance für eine Erweiterung oder gar Änderung dessen, was man vermutet hat oder zu wissen glaubte.

Leicht lesbare, eindeutig interpretierbare und v.a. bereits bekannte, d.h. in unserem individuellen Bildarchiv abgelegte Bilder, besitzen kaum mehr Potential als zu einem flüchtigen Hin- und gleich wieder Wegschauen.

2.5 Unterstützung des Gedächtnisses

Bildhafte und verbale Informationen sind nicht einfach austauschbar, daher lassen sich bildhafte Informationen auch nicht ohne Informationsverlust verbalisieren. Bilder werden anders memoriert als Sprache. Dies liegt u.a. an der Grundstruktur eines Bildes im Vergleich zur Sprache. Bilder haben simultanen, synchronen Charakter, während Sprache linear nacheinander und sequentiell angeordnet ist (Anderson, 1989).

Daraus folgt, dass das Denken sowohl in Bildern als auch verbal ablaufen muss, um einen optimalen Informationsfluss zu gewährleisten. Im Hinblick auf Bildung bedeutet das nun, dass bildhafte Impulse und Informationen gleichberechtigt mit verbalen sein sollen und daher auch in gleichem Maße geübt und ausgebildet werden müssen.

Verbale Kommunikationsinhalte werden nicht im genauen Wortlaut, sondern als Bedeutung der Botschaft abgespeichert. Visuelle Details werden als bedeutungshaltige Interpretation eines Bildes abgelegt. Mehrere Experimente zum Bildgedächtnis konnten zeigen, dass die Bedeutung des Bildes, und nicht das Bild selbst, im Gedächtnis abgespeichert wird (Anderson, 1989).

So enthält das Gedächtnis anfangs visuelle und verbale Details. Informationen zu diesen Details werden jedoch sehr schnell, etwa innerhalb der ersten Minute nach der Reizdarbietung, verworfen, d.h. vergessen. Mandler und Ritchey (1977) zeigten in einem Experiment, dass Merkmalsveränderungen an Bildern zwar weniger ins Gewicht fallen als Typusveränderungen, aber trotz der Präsentation von Ablenkungsbildern 77% der Probanden das Originalbild rasch identifizieren konnten. Bei der Abspeicherung von Bildern fallen nur bildbedeutsame Details ins Gewicht.

2.6 Visualisieren von Abwesendem und Unsichtbarem

Bei der Visualisierung handelt es sich um ein ästhetisches Prinzip der Veranschaulichung. In Schulbüchern und Unterrichtsmaterialien ist sie oft unverzichtbar und deshalb weit verbreitet. Sie übersetzt eine allgemeine Aussage in einen bildhaften Ausdruck, wobei das Bild eine illustrierende Funktion übernimmt. Es hat Beispielcharakter und vertritt über die exemplarische Darstellung das allgemein Bedeutsame. Bilder konkretisieren das, worauf es ankommt, über die Abbildung eines Falls, der stellvertretend für das Prinzipielle und Übertragbare gezeigt wird. Es geht dann gar nicht um das darin abgebildete Besondere und die Einzelheiten, sondern um das Repräsentative und Stellvertretende. Insofern spielt das Individuelle und Besondere des Bildes für den Gesamtzusammenhang der didaktischen Intention eine nur untergeordnete Rolle. Es steht für viele andere Möglichkeiten, das Allgemeine zu konkretisieren und beispielhaft zu verdeutlichen.

Ein Problem der Veranschaulichung liegt darin, dass das gezeigte Beispiel wie ein Beweismittel wirken kann und damit die allgemeine Aussage, die es illustrieren und verdeutlichen soll, unanfechtbar macht.

Visualisierung führt aber noch zu ganz anderen Formen. Ein weites Feld sind grafische Abbildungen, Diagramme und Tabellen, in denen komplexe Zusammenhänge übersichtlich dargestellt werden

2.7 Weltbilder aufbauen – Problem der Perspektivenvielfalt

Mit dem didaktischen Prinzip einer Entfaltung von Literalität und Bildliteralität eng verbunden ist eine ständige Übung im Umgang mit Perspektivität und Perspektivenvielfalt. Dies fördert die intellektuelle Beweglichkeit, da ständig Standpunkte identifiziert, gesucht und gefunden werden müssen und in ihrer Relation für die Sichtweisen und Perspektiven, die aus ihnen resultieren, erprobt, geprüft und entdeckt werden müssen. Dies geschieht nicht allein in der begrifflichen Abstraktion, sondern bereits in visuellen und symbolisch-bildhaften Verweisen. Wer nachhaltig gelernt hat, Bilder als Ergebnis einer bestimmten Sicht von Wirklichkeit zu begreifen, wird nicht mehr auf die Idee kommen, Bilder als reine Abbildung der Wirklichkeit zu sehen.

Wo Bildung bedeutet, dass Kinder schrittweise in die Lage versetzt werden, sich mit neuen Perspektiven auf die Wirklichkeit spielerisch zu befassen und dabei ihre eigene Sicht der Dinge zu erproben, dort entsteht ein anregungsreiches Lernumfeld, das die Kinder dazu befähigt, sich neugierig und interessiert auf die Welt einzulassen. Nicht zuletzt entstehen neue Wege zur Partizipation an einer mehr und mehr medial geprägten Wirklichkeit, die zunehmend solche Menschen ausschließt und an den Rand drängt, die nicht oder nur unzureichend in der Lage sind, die Bedeutungszusammenhänge symbolisch und bildhaft vermittelter Aussagen zu durchschauen und ihnen eigene Ausdrucksweisen entgegenzusetzen.

3. Differenzerleben und Leerstellen

Hans Dieter Huber (2002) stellt in seinem Buch „Ästhetik der Irritation" heraus, dass Bilder ihre Beobachter und Beobachterinnen durch das Offenlassen zahlreicher näherer Bestimmungen irritieren. Er nimmt dabei Bezug auf Thesen der Rezeptionsästhetik. Von Interesse ist hierbei Ingardens (1931) Theorie der Unbestimmtheitsstellen, die von Iser (1976) zu Leerstellen modifiziert und von Kemp (1992) in den Bereich der bildenden Kunst übertragen wurden.

3.1 Die Schnittstelle zwischen Werk und Betrachter/-in im Fokus

Kemp (1992) spricht von piktoralen Leerstellen und exemplifiziert dies am Beispiel des Gemäldes „Der Tod des Marshall Ney" von Léon Gérôme aus dem Jahre 1868, in dem er die Wand als Leerstelle definiert. Sie wird an dieser Stelle von Kemp als „innerbildliche Entsprechung des Vorfeldes" betrachtet. Der Künstler reduziert Geschichte oder Geschehenes auf eine malerisch gestaltete Fläche. Diese muss von den Betrachtern und Betrachterinnen selbst gefüllt werden.

Iser geht davon aus, dass erst die Leerstellen einen Anteil am Mitvollzug und an der Sinnkonstitution des Geschehens ermöglichen. Kemp überträgt dies auf die bildende Kunst, indem er davon spricht, dass ein ästhetischer Gegenstand durch den kommunikativen Akt gekennzeichnet werde. Der Künstler Marcel Duchamp (1887–1968) drückt dies so aus: „Ein Werk wird erst vollständig von denen gemacht, die es betrachten." Diese und ähnliche Ansätze legen nahe, die Schnittstelle zwischen dem Werk und den Betrachtern und Betrachterinnen zu untersuchen. Im Fokus stehen daher die Rezipienten und Rezipientinnen mit ihren Erfahrungs- und Erwartungshorizonten. Somit ist eine der Hauptthesen der Rezeptionsästhetik, dass der Sinn des Bildes in einem „dialogischen Kommunikationsprozess" erzeugt wird.

3.2 Entschlüsseln und Enträtseln – „Ich mag es, wenn ich noch selbst überlegen kann."

Ich möchte meine Ausführungen zu dieser Frage mit kurzen Einblicken in unsere Forschungen zum kindlichen Bildinteresse verbinden.

Kindergartenkindern wurde folgendes Bild vorgelegt (Abbildung 1).

Ein Junge äußerte dazu: „Ich habe auch so ein ähnliches Männchen zuhause, das kann laufen und blinkt. So was kann nur ein Roboter." Der Junge sucht nach Vergleichbarem in seinem internen Bildarchiv. Er erkennt ein Männchen und bildet eine Referenz. Wenn man Kinder beim Betrachten von Bildern beobachtet, sieht man sehr häufig, dass sie zunächst versuchen, Bekanntes im Bild zu identifizieren. Also bspw. einen Kopf, Füße, einen Hut, etc. Wir können davon ausgehen, dass dieses Wiedererkennen eine Überlebensstrategie darstellt und daher ganz früh in der Evolution des Menschen stehen muss. Es ist aber auch nicht auszuschließen, dass es sich um eine antrainierte Bildbegegnungsweise handeln könnte. Gerade beim Betrachten erster Bilder wird den Kindern häufiger die Frage gestellt: *Was ist das?*

Weiterhin findet der Junge eine Schnittstelle zu seiner Lebenswelt, da er einen kleinen Roboter zuhause hat. Das Bild ist für ihn von subjektiver Bedeutsamkeit (Dem Jungen war nicht bekannt, in welchem Kontext das Bild ursprünglich stand.).

Diese Schnittstelle könnte man auch als Naht (franz. suture) oder Scharnier (W. Kemp) bezeichnen. Der Junge füllt eine Unbestimmtheitsstelle (Ingarden) oder Leerstelle (Iser, Kemp), indem er eine Assoziation zu einem Spielzeug bildet.

Bei Grundschulkindern im Alter von 9-10 Jahren sieht das schon etwas anders aus, obgleich sich zunächst vergleichbare Strategien der ersten Bildbegegnung beobachten lassen. Auch sie versuchen zunächst Bekanntes in dem Bild zu identifizieren. Der Kontext des Bildes war diesen Kindern bekannt. Für das folgende Bild (Abbildung 2) sah das so aus:

„Der hat auch keinen Kopf, ich seh keinen Kopf."

„Und der hat ne Hand hier und der hat den Fuß hier und der hat hier Achselhaare."

„Achso da ist der Kopf."

„Hä?"

„Guck, ma das ist der Hals."

„Hä? Ach! Hä? Achso ja!"

„Hä, iiihh! Das soll der Fuß sein?"

(...)

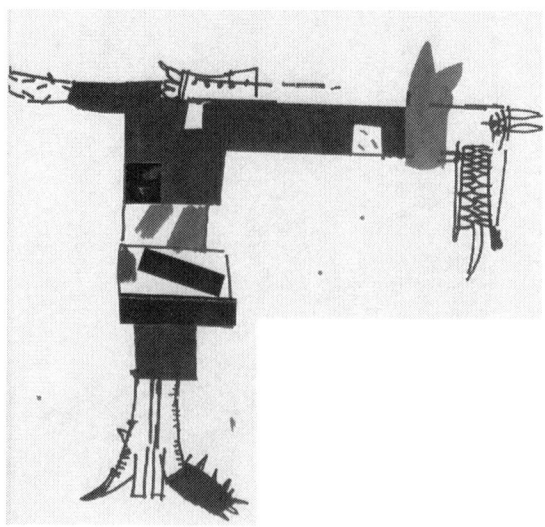

Offensichtlich haben sich bei den Kindern bestimmte Bildbegegnungsstrategien etabliert. Während der Junge im ersten Beispiel ein Objekt aus seiner Lebenswelt heranzieht und dieses quasi als Einheit mit dem vorgelegten Bild vergleicht, gehen die Grundschulkinder stärker analytisch vor. Sie haben das Bild eines Wolfes vor ihrem inneren Auge und versuchen im Abgleich mit dem im vorgelegten Bild Vorgefundenen einzelne Bestandteile zu identifizieren. Verwirrend ist die Körperhaltung des Wolfes. Viele der befragten Kinder sehen zunächst eine Vogelscheuche in dem Bild. Dies wird plausibel und nachvollziehbar, wenn man die Kinder bittet nachzuspielen, wie der Wolf da steht. Die ursprüngliche Idee der Körperhaltung einer Vogelscheuche wird schnell verworfen, wenn die Kinder erst einmal den Wolf und seinen Schwanz identifiziert haben.

Obwohl die Illustration Kveta Pacovskas (*1928) zunächst für viele der Kinder schwer zu entschlüsseln ist, zeigen doch viele Kinder Interesse an diesem Bild. Neben der Vogelscheuche werden von den Kindern weitere Assoziationen wie die einer Windmühle, eines Wegweisers oder eines Krans gebildet. Auch stören sich einzelne Kinder an bestimmten Details, wie den mutmaßlichen Stöckelschuhen oder dem roten Halstuch. Ein Kind nimmt an, dass der Wolf rauche.

Eine bedeutende Rolle spielt die Kontextualisierung als Illustration des Märchens vom Rotkäppchen für das Bildinteresse. Lehnen die einen das Bild (Abbildung 3) ab, weil offenbar das Differenzerleben zu hoch ist, mit Begründungen wie: *„Also für mich ergibt das (Bild) keinen Sinn."*, motiviert dieses andere Kinder: *„Ich hab das Bild verstanden." „Da muss man voll gut nachdenken."*

Im Folgenden möchte ich unseren empirischen Forschungsansatz zum kindlichen Bildinteresse skizzieren, um im Anschluss daran Schlussfolgerungen für eine didaktisch sinnvolle Gestaltung und Auswahl von Schulbuchillustrationen abzuleiten.

4. Kindliches Bildinteresse

Bei der Erforschung kindlicher Bildinteressen, die als multidimensional zu betrachten sind (Aissen-Crewett, 1997), zeigt sich, dass es eine Reihe häufig auftretender Bedingungsfaktoren für kindliches Bildinteresse gibt, die aber von bestimmten Rahmenbedingungen abhängig sind. Hierbei konnten wir in einer Reihe von qualitativen empirischen Studien die Stärke des Interesses und ein die Präferenz bestimmendes Kriterium feststellen (diese Kriterien werden im Abschnitt 4.1 erläutert). In unseren Studien zum kindlichen Bildinteresse beziehen wir uns insbesondere auf die Studien von Hermann Hinkel (1972) und Johannes Eucker (1990) sowie von Constanze Kirchner (1999) und Bettina Uhlig (2005, 2008a, 2008b). Die bei Kirchner und Uhlig für die Rezeption zeitgenössischer Kunst bestimmenden Kriterien können in unseren Studien mit erweitertem Bildmaterial (Werbung, Bilderbücher, Schulbuchillustrationen, Kindermedien, o.ä.) weitgehend bestätigt werden. Die Gewichtung der einzelnen Kriterien ist bei jeder Präferenzentscheidung unterschiedlich, auch können genau die genannten Kriterien in einem anderen Kontext ebenso zur Ablehnung eines Bildes führen.

Zunächst zum methodischen Vorgehen:

Auf der Basis der Hinkel-Studie (1972) und ihrer Kritik haben wir ein dreistufiges Modell (s.u.) der Erforschung kindlicher Bildpräferenzen entwickelt. Zum Bilderkanon gehören je nach spezifischem Forschungsfokus Bilder aus Bilderbüchern und Schulbüchern, aus der zeitgenössischen Kunst und Kunstgeschichte sowie Bilder aus der kindlichen Alltagswelt (wie z.B. Werbung, Comic und Manga, Kindermarken). Bisher liegt unser Forschungsfokus ausschließlich auf stehenden Bildern.

Zu Beginn des Interviews findet in jeder Gruppe von zwei bis maximal vier Kindern ein kurzes einführendes Briefing statt. Der Forschungsfokus liegt auf Kindern im Vor- und Grundschulalter. Die Datenerhebung erfolgt mittels digitalem Diktiergerät und Fotografien. Videoaufnahmen können meist nicht durchgeführt werden, da viele Eltern keine Bildaufnahmen ihrer Kinder zulassen. Den Kindern werden jeweils drei Bilderserien mit jeweils sechs bis acht Bildern vorgelegt. Die Anzahl der Bilder wird altersspezifisch reduziert oder erweitert. Die Reihenfolge ist gleichbleibend. Im ersten Schritt äußern sich die Kinder spontan zu den vorgelegten Bildern. Wir setzen hier auf die Methode des „Lauten Denkens" (Peez, 2006). Danach wählt jedes Kind das Bild aus, das es am interessantesten findet. Für die erste Betrachtung verwenden wir ein halboffenes, leitfadenorientiertes Interview. Im zweiten Schritt wählen die Kinder das Bild, das sie am wenigsten interessiert. Der Fokus der Untersuchung liegt auf dem kindlichen Interesse, da dieses einen Auseinandersetzungsprozess voraussetzt, der den Einsatz und die Beteiligung der Rezipienten erfordert und sich nicht nur wie bei einem Fokus auf das Gefallen auf ein momentanes ästhetisches Urteil beschränkt. Im dritten Schritt geht es um ästhetische Zugangsweisen zu einem der Bilder aus den drei Serien, das von den Kindern frei ausgewählt wird. Bisher wurden ästhetische Prozesse und Produkte von Kindern so nicht in die bestehenden Präferenzforschungen einbezogen. In diesem Schritt arbeiten wir mit teilnehmender Beobachtung und analysieren die entstandenen ästhetischen Objekte mit bildhermeneutischen Methoden (Bätschmann,

2009). Es wird jeweils mit einer Kontrollgruppe gearbeitet. Die so erhobenen Daten werden anhand der Kategorien Alter, Geschlecht und zuvor festgelegten, wechselnden Kriterien ausgewertet. Die empirischen Studien unterliegen einem kontinuierlichen Verbesserungsprozess, in dem wir auf der Grundlage unserer Erkenntnisse und Erfahrungen forschungsmethodische und inhaltliche Anpassungen vornehmen. Inzwischen liegen qualitative Studien zu ca. 350 Kindern vor.

4.1 Kindliches Bildinteresse wird geweckt ...,

4.1.1 ... wenn ein Bild für ein Kind subjektiv bedeutsam ist.

Diesem Kriterium folgen bereits viele von uns analysierte Grundschulbücher. Es werden Themen ausgewählt, die viele Kinder interessieren. Dazu gehören Klassiker wie bspw. Tiere oder Sport, aber auch erst später dazu gekommene Themen wie bspw. Computer.

Häufig konnten wir bei Kindern beobachten, dass sie bei freier Auswahl gerne zuerst auf Bekanntes zurückgreifen und dann auf Dinge, die sie kennen, mögen und interessieren.

Obwohl es nicht produktiv ist, jedem Trend zu folgen, sollten Schulbücher auch aktuellen Interessen der Kinder gerecht werden und ggf. klassische, aber leicht angestaubte Themen ad acta legen.

4.1.2 ... wenn formal-ästhetische Kriterien das Interesse des Kindes wecken.

Hierbei handelt es sich häufig um Fragen der Gestaltung, wie bspw. Farbe, Stil, Technik, bildgebendes Verfahren, etc. Gerade im Bereich der formal-ästhetischen Kriterien kommt das ästhetische Urteil der Kinder zum Tragen, das in der Regel stark von ihren Bildgewohnheiten geprägt ist. So kann bspw. eine gut gemachte Zeichnung die Kinder mehr interessieren, weil sie sich zu der Zeit mit der Verbesserung des eigenen Zeichnens beschäftigen, als ein Farbfoto. Ein ungewohnter grafischer Stil kann jedoch zur Ablehnung führen, weil er mit den ästhetischen Vorerfahrungen der Kinder nicht in Einklang zu bringen ist. Schulkinder haben ein besonderes Bewusstsein dafür, dass sie zu den „Großen" gehören. Häufig werden allzu niedlich und kindlich gestaltete Illustrationen daher abgelehnt. Für Grundschulbücher eher ungewöhnliche Abbildungen, wie beispielsweise ein Steinrelief des Hl. Martin, sind für die Grundschulkinder häufiger interessanter als die gewohnten farbigen Schulbuchillustrationen (Lieber & Savas, 2010).

4.1.3 ... wenn Differenzerleben bzw. Differenzerfahrung möglich wird.

Wie wir mit erweitertem Bildmaterial bestätigen konnten, interessieren sich Kinder häufig für Bilder, in denen etwas Unerwartetes, Neues oder Fremdes vorkommt. Hier kommt der Begriff der Leerstelle aus der Rezeptionsästhetik wieder ins Spiel. Bilder sind dann von Interesse, wenn sie die Möglichkeit zum Dialog mit den Betrachtern und Betrachterinnen schaffen. Es ist offenbar die Leerstelle, die interessiert und die gefüllt werden will. Bilder, die so gestaltet sind, beinhalten jedoch immer noch gewisse Schnittstellen zu den Vorerfahrungen der Kinder. Sind diese Schnittstellen nicht vorhanden, ist das Differenzerleben zu groß bzw. die Leerstellen können nicht gefüllt werden und in der Konsequenz werden Bilder abgelehnt. Das Differenzerleben kann sich aus einer unbekannten Bildtechnik oder einem bildgebenden Verfahren entwickeln, es kann das Thema oder das Motiv des Bildes sein, etc.

Dieser Bereich wird in den analysierten Fibeln bisher nur ganz wenig genutzt. Häufig finden wir einfach lesbare Bilder, die eindeutig zu interpretieren sind. Dies macht Sinn, wenn es sich um das Vermitteln von Wissen bspw. in einem Herbarium geht. Es macht aber wenig Sinn, wenn es darum geht mit einem Bild zu arbeiten, in einen Dialog mit dem Bild, etc. zu kommen. Kinder arbeiten konzentrierter mit Bildern, die eine eigene Botschaft haben, wenn es etwas zu enträtseln oder zu entdecken gibt und sie nicht nur Illustration des Textes oder Dekorationselemente sind.

4.1.4 ... wenn Bilder humorvoll gestaltet sind.

Kinder schätzen humorvolle Bilder. Allerdings sollte dabei berücksichtigt werden, dass Kinder einen ganz anderen Humor haben als Erwachsene. Kinder lachen gerne, aber sie lachen nicht unbedingt, wenn wir es erwarten.

4.1.5 ... in Abhängigkeit von der Kontextualisierung.

In der Bildpragmatik (Sowa, 2003) wird klar, dass es auf den Ort, den Zeitpunkt und die Gestaltung der Begegnung zwischen Bild und Betrachtern und Betrachterinnen ankommt, wie ein Bild sich im Kopf des Betrachters schließlich formt. Dies gilt auch und in besonderem Maße für Kinder und ist sowohl für die Rezeption als auch die Produktion von Bildern entscheidend. Es spielt eine erhebliche Rolle, in welchem Kontext ich ein Bild betrachte oder gestalte. Ein und dasselbe Bild kann daher in unterschiedlichen Kontexten zu Interesse oder Desinteresse führen. In unseren Forschungen zeigte sich, dass dies schon bei sehr kleinen Kindern eine wichtige Rolle spielt. Zu der Kontextualisierung gehört bei der Schulbuchgestaltung auch das Zusammenspiel von Text, Bild und Layout.

Inzwischen haben sich unsere Forschungsbewegungen daher in dem Sinne verändert, dass wir Bilder in ihrem Kontext zum Forschungsgegenstand machen.

5. Schulbuchillustration als didaktische Herausforderung

Beschäftigt man sich mit den möglichen Funktionen von Schulbuchillustrationen wird klar, dass Bildern eine wichtige Rolle zukommt, die unseren Analysen zufolge noch nicht angemessen wertgeschätzt wird.

Eine zweite wichtige Perspektive auf diese Thematik besteht in der Einbeziehung der Sicht der Kinder auf ihre Schulbücher. Wie können wir didaktische Materialien optimieren, um Lernprozesse nachhaltig zu fördern und gleichzeitig den Interessen der Kinder nachzukommen?

Um den kindlichen Bildinteressen nahe zu kommen und komplexe Bildkompetenzen bzw. langfristig Bildliteralität anbahnen zu können, sollten sich didaktische Materialien und damit auch Schulbücher an kindlichen Bildwelten orientieren. Die Rezeptionswirklichkeit ist dabei jeweils die bild-ästhetische Lernsituation. Prozesse der Bildrezeption bzw. -produktion sind möglichst offen zu gestalten. Perspektivenvielfalt ist ein didaktisches Muss. Dies hat Konsequenzen für die Rolle der Lehrenden sowie für die Auswahl der Medien und Methoden des Schulunterrichts.

Damit haben wir prinzipiell noch nichts Neues vorliegen, jedoch ergibt sich u.a. ein Paradigmenwechsel hinsichtlich:
- der Auswahl des Bildmaterials und der Bildthemen (Sowa, 2003),
- der Differenzierung der kindlichen Bildwelten und dem kindlichen Bildgebrauch als einer eigenständigen Kultur von unserem Verständnis von Kunst und Kultur (Sowa, 2003),
- den Aufgaben der Lehrkraft (forschende Haltung) (Lieber, Jahn & Danner, 2009),
- der Auswahl von didaktischen Materialien in allen Schulfächern (Professionalisierung) (Lieber, 2011),
- der Einbeziehung von Schülerinnen und Schülern in die Auswahl, Beurteilung und ggf. Gestaltung didaktischer Materialien in allen Schulfächern,
- der Bedeutung der Zusammenhänge von literaler und bildliteraler Entwicklung der Kinder (Lieber, 2010),
- der Gestaltung ästhetischer Lernarrangements (Lieber, Duncker & Billmayer, 2010; Sowa, 2003),
- der Berücksichtigung der Leerstellen und Randgebiete didaktischer Settings,
- eines achtsamen Umgangs mit kindlichen Bildumgangsweisen und Bildbegegnungsstrategien und
- der Befähigung der Kinder zur Partizipation an Prozessen und Produkten von Kultur und Gesellschaft.

Einen guten Hinweis auf eine ästhetisch elaborierte und didaktisch sinnvolle Gestaltung von Bildern in Schulbüchern können auch gute zeitgenössische Bilderbücher geben (Lieber, 2008, 2010, 2011).

Literatur

Aissen-Crewett, M. (1997). Kunst-Rezeption bei Kindern. Zur psychologisch-pädagogischen Grundlegung. *Potsdamer Studien zur Grundschulforschung 15.* Universität Potsdam.

Anderson, J. R. (1989). *Kognitive Psychologie. Eine Einführung* (2. Aufl.). Heidelberg: Springer Verlag.

Bätschmann, O. (2009). *Einführung in die kunstgeschichtliche Hermeneutik. Die Auslegung von Bildern* (6. Aufl.). Darmstadt: Wissenschaftliche Buchgesellschaft (WGB).

Besand, A. (2005). EIN-deutig, ZWEI-deutig, DREI-deutig. Das Problem der Eindeutigkeit bei der ästhetischen Gestaltung von Lernmaterialien und -medien. In L. Duncker, W. Sander & Surkamp, C. (Hrsg.), *Perspektivenvielfalt im Unterricht* (S. 189-200). Stuttgart: Kohlhammer.

Bruner, J. (2002): *Wie das Kind sprechen lernt.* Huber: Bern.

Charlton, M. & Neumann, K. (1990). *Medienrezeption und Identitätsbildung. Kulturpsychologische und kultursoziologische Befunde zum Gebrauch von Massenmedien im Vorschulalter.* Schriftenreihe: SkriptOralia, Bd. 28. Tübingen: Narr.

Comenius, J. A. (1658 / 1978). *Orbis sensualium pictus.* Dortmund: Harenberg.

Duncker, L. (2005). Professionalität des Zeigens. Mehrperspektivität als Prinzip der allgemeinen Didaktik. In L. Duncker (Hrsg.), *Perspektivenvielfalt im Unterricht* (S. 9-20). Weinheim: Juventa.

Eucker, J. (1990). Kunst des 20. Jahrhunderts im Unterricht. *Kunst + Unterricht,* 145, 2-5.

Fahle, M. (2007). Wie kommen Bilder in das Gehirn. Die Sicht der Hirnforschung. In J. Thiele & E. Hohmeister (Hrsg.), *Neue Impulse der Bilderbuchforschung* (S. 48-69). Baltmannsweiler: Schneider Verlag Hohengehren,

Hamrodi, D. & Lieber, G. (2008). Was Schulbücher aus modernen Bilderbüchern lernen könnten. In G. Lieber (Hrsg.), *Lehren und Lernen mit Bildern. Ein Handbuch zur Bilddidaktik* (S. 183-197). Baltmannsweiler: Schneider Verlag Hohengehren.

Heinze, C. & Matthes, E. (Hrsg.) (2010). *Das Bild im Schulbuch.* Bad Heilbrunn: Klinkhardt.

Hiller, G.G. (1998). Lehren und Lernen mit Bildern – Mediendidaktische Erwägungen zu Formen der ikonischen Repräsentation im Sachunterricht. In L. Duncker & W. Popp (Hrsg*.), Kind und Sache. Zur pädagogischen Grundlegung des Sachunterrichts* (S. 257-275). (3. Aufl.). Weinheim und München: Juventa.

Hinkel, H. (1972). *Wie betrachten Kinder Bilder? Untersuchungen und Vorschläge zur Bildbetrachtung.* Gießen: Anabas-Verlag.

Huber, H. D. (2002). Ästhetik der Irritation. Vortrag am 06.05.2002. auf: www.khm.de/kmw/pdf/huber.pdf. Zugriff am 19.06.2011.

Ingarden, R. W. (1931). *Das literarische Kunstwerk. Eine Untersuchung aus dem Grenzgebiet der Ontologie, Logik und Literaturwissenschaft.* Halle, Saale: Niemeyer.

Iser, W. (1976). *Der Akt des Lesens. Theorie ästhetischer Wirkung.* München: Fink.

Kemp, W. (Hrsg.). (1992 / 1985). *Der Betrachter ist im Bild. Kunstwissenschaft und Rezeptionsästhetik.* Berlin: Dietrich Reimer Verlag.

Kirchner, C. (1999). *Kinder und Kunst der Gegenwart. Zur Erfahrung mit zeitgenössischer Kunst in der Grundschule.* Seelze: Kallmeyer.

Kremling, C. (2010). Mit Bildern lernen – eine Fragebogenerhebung. In EU-Projekt imago2010 (Hrsg.), *Lernen mit Bildern. EU-Projekt imago2010: Anregungen zur Arbeit im Vor- und Grundschulalter* (S. 26-30). Zugriff am 09.08.2011. Verfügbar unter www.imago2010.eu.

Lieber, G. (Hrsg.) (2008). *Lehren und Lernen mit Bildern. Ein Handbuch zur Bilddidaktik.* Baltmannsweiler: Schneider Verlag Hohengehren.

Lieber, G. (2010). Bildliteralität in Schullehrwerken. – Moderne Bilderbücher als Wegweiser einer zeitgemäßen Schulbuchillustration?. In E. Matthes & C. Heinze (Hrsg.), *Das Bild im Schulbuch. Beiträge zur historischen und systematischen Schulbuchforschung* (S. 57-73). Bad Heilbrunn: Klinkhardt.

Lieber, G. (2011). Kindliche Bildpräferenzen – An kindlichen Interessen orientiertes Zeigen als didaktisches Upgrade. *Zeitschrift für Grundschulforschung,* 4(1), 139-151.

Lieber, G. & Savas, L. (2010). Facelifting für Schulbuchillustrationen – Wie Grundschulkinder Bilder in Schulbüchern sehen. In S. Ehlers (Hrsg.), *Empirie und Schulbuch* (S. 275-290). Frankfurt a. M.: Peter Lang.

Lieber, G., Duncker, L. & Billmayer, F. (2010). Bildkompetenz und Literalität im Grund- und Vorschulalter. In EU-Projekt imago2010 (Hrsg.), *Lernen mit Bildern. EU-Projekt imago2010: Anregungen zur Arbeit im Vor- und Grundschulalter* (S. 6-25). Zugriff am 09.08.2011. Verfügbar unter www.imago2010.eu.

Lieber, G., Jahn, I. & Danner, A. (Hrsg.). (2009). *Durch Bilder bilden. Empirische Studien zur didaktischen Verwendung von Bildern im Vor- und Grundschulalter.* Baltmannsweiler: Schneider Verlag Hohengehren.

Mandler, J. M. & Ritchey, G. H. (1977). Long-term memory for pictures. *Journal of Experimental Psychology. Human Learning and Memory,* 3, 380-396.

Otto, G. (1998). Der didaktische Apfel. In G. Otto (Hrsg.), *Lernen und Lehren zwischen Didaktik und Ästhetik. Band 1* (S. 247-256). Seelze: Kallmeyer,

Paus-Haase, I. & Keuneke, S. (2000). Symbolangebote und kindliche Ästhetik. Zur spezifischen Welt- und Selbstwahrnehmung auf der Basis von Medieninhalten. In N. Neuß (Hrsg.), *Ästhetik der Kinder. Interdisziplinäre Beiträge zur ästhetischen Erfahrung von Kindern* (S.235-250). Frankfurt a. M.: GEP Buch.

Peez, G. (2006). *Fotografien in pädagogischen Fallstudien. Sieben qualitativ-empirische Analyseverfahren zur ästhetischen Bildung.* Baltmannsweiler: Schneider Verlag Hohengehren.

Pettersson, R. & Billmayer, J. (üb.) (2008). Aspekte der Verwendung von Bildern in Lehrbüchern. In G. Lieber (Hrsg.), *Lehren und Lernen mit Bildern. Ein Handbuch zur Bilddidaktik* (S. 134-145). Baltmannsweiler: Schneider Verlag Hohengehren.

Rager, G., Hartwich-Reick, R. & Pfeiffer, T. (1998). Themeninszenierungen in Tageszeitungen. In H. Willems & M. Jurga (Hrsg.), *Inszenierungsgesellschaft* (S. 489-506). Opladen: Westdeutscher Verlag.

Sowa, H. (2003). Bildhandeln, Bildgebrauch, Bildspiel. Bildpragmatische Aspekte der Kinderzeichnung. In K.-P. Busse (Hrsg.), *Kunstdidaktisches Handeln. Dortmunder Schriften zur Kunst, Bd. 1.* (S. 110-127). Norderstedt: Books on Demand.

Ströter-Bender, J. (2000). „Mondstein, flieg und sieg!" Zur ästhetischen Sozialisation durch die Kultserie Sailor Moon. In N. Neuß (Hrsg.), *Ästhetik der Kinder* (S. 221-234). Frankfurt a. M.: GEP Buch.

Thiele, J. (2004). Aspekte der bildnerischen Sozialisation. In J. Thiele & J. Steitz-Kallenbach (Hrsg.), *Handbuch Kinderliteratur. Grundwissen für Ausbildung und Praxis* (S. 37-52). (2. Aufl.). Freiburg i. Br.: Herder.

Uhlig, B. (2005). *Kunstrezeption in der Grundschule. Zu einer grundschulspezifischen Rezeptionsmethodik*. München: kopaed.

Uhlig, B. (2008a). Welche Bilder interessieren Kinder? – Eine Revision angeblich kindgemäßer Bilder. *Impulse. Kunstdidaktik, 4,* 3-13.

Uhlig, B. (2008b). Bild-Rezeption von Kindern. Fallstudie eines siebenjährigen Kindes zur Auswahl von Bildern, deren Wahrnehmung und zu deren zeichnerischer Repräsentation. In G. Lieber (Hrsg.), *Lehren und Lernen mit Bildern – Ein Handbuch zur Bilddidaktik* (S. 268-276). Baltmannsweiler: Schneider Verlag Hohengehren.

Wieler, P. (1999). *Vorlesen in der Familie. Fallstudien zur literarisch-kulturellen Sozialisation von Vierjährigen*. Weinheim, München: Juventa.

Abbildungsnachweis

Abbildung 1-3: aus: Grimm, Gebrüder / Pacovska, Kvéta (2007): Rotkäppchen. Minedition Bargteheide.

Angelika Redder

Rezeptive Sprachfähigkeit und Bildungssprache – Anforderungen in Unterrichtsmaterialien

Gisela Brünner zum Geburtstag

Zusammenfassung
Welche rezeptiven Fähigkeiten werden in Schulbüchern oder Unterrichtsmaterialien konkret erwartet, ja als gegeben unterstellt? Diese Frage wird anhand eines kleinen textuellen Fallbeispiels empirisch aufgegriffen, mit einer Konzentration auf diejenigen rezeptiven Fähigkeiten, die mit der sogenannten Bildungssprache einhergehen. Die Diskussion wird vor einem sprachtheoretischen und einem angewandt linguistischen Forschungshintergrund geführt. Der exemplarischen Detailanalyse schließen sich Konsequenzen für die Lehrmaterialbewertung und -erstellung an.

Schlüsselbegriffe
Sprachliche Kompetenzen, Basisqualifikationen, Bildungssprache, linguistische Lehrwerkkritik

1. Forschungskontext

Eine begriffliche Klärung der konjunkturgemäß unter ‚Bildungssprache' subsumierten sprachlichen Phänomene erfordert wissenschaftliche Kenntnisse der konkreten sprachlichen Praxis in und der gesellschaftlichen Aufgabe von Bildungsinstitutionen. Innerhalb der *„Forschungsinitiative Sprachdiagnostik und Sprachförderung* (FiSS)" wird vom BMBF das transdisziplinäre und aus drei Teilprojekten bestehende Verbundprojekt „Bildungssprachliche Kompetenzen (BiSpra)" gefördert (Projektleitung: Sabine Weinert (Bamberg), Petra Stanat (Berlin) und Angelika Redder (Hamburg)). Im Hamburger Teilprojekt wurden zwecks linguistischer Analyse bildungssprachlicher Kompetenzen von Schülerinnen und Schülern der Primarstufe je vier aufeinanderfolgende Unterrichtseinheiten zu einem naturwissenschaftlichen Thema an Hamburger Schulen videographiert. Damit liegen nun insgesamt 56 Stunden Aufnahmen aus sechs 4. Klassen von Grundschulen, drei 5. Klassen aus Gesamtschulen und vier aus Gymnasien vor. Dieser Fundus an authentischem Unterrichtsdiskurs, der aufwendig transkribiert wird, um für sprachliche Detailanalysen zur Verfügung zu stehen, ist flankiert durch die Erhebung der jeweils genutzten Unterrichtsmaterialien. Auf dieser Materialgrundlage kann das konkrete sprachliche Handeln unter den Bedingungen der Institution Schule – systematisch unternahmen dies bereits Ehlich und Rehbein (1986) – im Einzelnen analysiert werden. Um Zugang zu ihren individuellen Fähigkeiten zu erhalten, wurden in Hamburg zudem von 206 Schülerinnen und Schülern insgesamt 618 mündliche Einzelerhebungen vorgenommen, und zwar in Form von elizitierten Erklärungen "stummer" Videoclips zu naturwissenschaftlichen Experimenten. Ergänzend wurden von 186 Schülerinnen und Schülern insgesamt 250 vergleichbare schriftliche Aufgabenbearbeitungen erhoben.

Allgemein wird so der institutionell wichtige Übergang von der Primarstufe zur Sekundarstufe I mit Blick auf die Rezeption und Produktion sogenannter „Bildungssprache" im naturwissenschaftlichen Unterricht verfolgt. Im Besonderen werden auf der Basis einer Handlungstheorie von Sprache, wie die Funktionale Pragmatik sie bietet (im Überblick: Redder, 2008), folgende sprachliche Mittel untersucht:

I) *illokutive* und *diskursive* Einheiten sprachlichen Handelns, insbesondere die Sprechhandlungen Begründen, Reformulieren, Erklären, Erläutern einschließlich ihrer für die Zwecke der Institution Schule modifizierten inneren Strukturen (Handlungsmuster) sowie die diskursiven Großformen Beschreiben und Berichten;

II) *propositionale* Einheiten der minimalen Größenordnung von Prozeduren, insbesondere Ausdrücke und Phrasen (Prozedurenkombinationen) der „Alltäglichen Wissenschaftssprache" (AWS).

Unter dem Begriff „Alltägliche Wissenschaftssprache" fasst Ehlich (1999) einen Ausschnitt aus der Wissenschaftssprache, der häufig übersehen wird. Es handelt sich dabei um diejenigen sprachlichen Phänomene, die methodisch der Erarbeitung und Kommunikation wissenschaftlichen Wissens dienen und doch zugleich der Alltagssprache entnommen werden. Sie sind formal völlig unauffällig, anders als etwa fremdsprachlich abgeleitete Termini oder hochkomplexe syntaktische Konstruktionen. Über derart lexikalisch oder morpho-syntaktisch markante Mittel hinaus, welche primär die Struktur des Äußerungsaktes und des propositionalen Aktes einer Sprechhandlung prägen,[1] sind – Ehlichs handlungstheoretischer, wissensbezogener Bestimmung gemäß – auch Illokutionen (Handlungszwecke einer Äußerung) und deren funktionale Ensembles in Diskurs und Text daraufhin zu befragen, ob sie den alltäglichen Sprechhandlungen in ihrer illokutiven Dimension entlehnt und der wissenschaftlichen Wissensgewinnung dienstbar gemacht werden. Hierzu zählen beispielsweise Transformationen von deskriptiven Bestimmungen zu begrifflichen Bestimmungen, wenn nicht gar Definitionen, von Behauptungen zu Unterstellungen, wenn nicht gar Postulaten, von oberflächlichen zu systematischen Erklärungen bis hin zu Beweisen – wobei jeweils letztere primär in tautologischen Systemen wie der Logik oder Mathematik ihren Ort und zuweilen auch ihre erkennbare Form haben, während begriffliche Bestimmungen in den hermeneutischen Wissenschaften äußerlich recht unscheinbar daherkommen. Im Hamburger Teilprojekt werden deshalb innovativ die sprachlichen Mittel unter (i) relativ zu (ii) in die Analysen einbezogen. Erste Ergebnisse dokumentiert Uesseler (2011).

---

1   Seit den 1970er Jahren unterscheidet man bei einer ‚Sprechhandlung' (speech action) im Sinne von Austin bzw. einem ‚Sprechakt' (speech act) im Sinne von Searle drei Teilakte: den Äußerungsakt mit Bezug auf die einzelsprachliche Geformtheit, den propositionalen Akt mit Bezug auf die inhaltliche Seite und den illokutiven Akt mit Bezug auf die Qualität, d.h. Bedeutung der sprachlichen Handlung (z.B. Frage, Versprechen, Drohung, Aufforderung, Erklärung etc.).

Eine andere Engführung vieler sprachdiagnostischer und sprachfördernder Diskussionen wird durch die Kombination und Interrelation der beiden sprachlichen Phänomene (i) und (ii) zu überwinden gesucht: die reduktive Konzipierung von Sprache als ‚Lexikon und Grammatik' bezogen auf ihre Systematizität, erweitert um das Addendum des Sprachgebrauchs bezogen auf die ‚situative Einbettung' von Sprache, wie es meist heißt (vgl. Tracy, 2008). Stattdessen wird die Systematik des sprachlichen Handelns in all ihren Dimensionen und somit hinsichtlich all ihrer Mittel im Sinne von Form-Funktions-Einheiten angestrebt. Ein solcher integraler Sprachbegriff liegt dem für die empirische Bildungs- und Spracherwerbsforschung entwickelten Konzept der „sprachlichen Basisqualifikation" (kurz: BQ) zugrunde, welches Ehlich (2005) entwickelt und für die Darlegung des Referenzrahmens zur altersspezifischen Sprachaneignung entfaltet hat (vgl. Ehlich, Bredel & Reich, 2008). Diese Qualifikationen heißen Basisqualifikationen, da sie basal mit Blick auf die Sozialisation bis hin zur Partizipation am basalen Handeln in den Bildungsinstitutionen sind. Darüber hinaus sind sie dynamisch als weiter- und höher zu entwickelnde Qualifikationen zu verstehen. Zudem werden die insgesamt acht Basisqualifikationen lediglich zu analytischen Zwecken geschieden. Faktisch stehen sie in komplexer Interrelation zueinander, so dass Ehlich auch von einem „Qualifikationsfächer" spricht (2005, S. 12). Folgende Basisqualifikationen werden derart analytisch differenziert:

A) phonische BQ
B) *pragmatische BQ I*
C) semantische BQ
D) morphologisch-syntaktische BQ
E) *diskursive BQ*
F) *pragmatische BQ II*
G) literale BQ I
H) *literale BQ II*[2]

Kursiv sind diejenigen Basisqualifikationen hervorgehoben, welche bislang aus Instrumenten der Sprachdiagnostik und Sprachförderung weitgehend ausgeblendet wurden (Redder et al., 2011, Kap. 2). Die semantische BQ ist unter Hinzuziehung der verschiedenen Wissensqualitäten im Anschluss etwa an Vygotskij einer funktionalen, wissensbasierten Semantik statt einer extensionalen oder intensionalen

---

2   Die phonische BQ umfasst die Wahrnehmung, Unterscheidung und Produktion von Lauten, Silben und Wörtern sowie die Erfassung und Produktion von prosodischen Strukturen. Ihre Aneignung beginnt in der pränatalen Phase und endet in der Regel in den ersten Lebensjahren. Die pragmatischen BQ I und II beziehen sich vor allem auf die Erkennung und Erfüllung von Handlungszielen durch Sprechhandlungen, einerseits im familiären, andererseits im sonstigen institutionellen Kontext. Die semantische BQ zielt auf die Aspekte der Wörteraneignung, darüber hinaus aber auch u.a. auf die Begriffsbildung und die Ermittlung von Satzbedeutungen. Die diskursive BQ umfasst größtenteils die Strukturen der formalen sprachlichen Kooperation (z.B. Sprecherwechsel und Hörerbezogenheit des Handelns). Zudem stellt die Aneignung der Erzählfähigkeit einen zentralen Teilbereich dieser BQ dar. Die literalen BQ I und II beziehen sich auf die Schriftlichkeit, zunächst v.a. im Vorschulalter auf die Vorläuferfertigkeiten, dann auf deren Auf- und Ausbau, der mehrere Aspekte vereinigt, wie das Erkennen und Nutzen orthografischer Strukturen, Aufbau schriftlicher Textualität, Entwicklung von Sprachbewusstheit etc. (s. Ehlich, Bredel & Reich, 2008, S. 18ff.).

Semantik gemäß zu untersuchen. So lassen sich nicht nur Entwicklungsspektren bis hin zum professionellen Wissen, sondern auch Differenzierungen in der Tiefenstruktur der Bedeutung etwa von Modalverben („wollen', „können' etc.) erfassen (Redder & Martens, 1983, Redder, 1984). Die Differenz zwischen der pragmatischen BQ I und II besteht darin, dass, wie etwa Ehlich & Rehbein (1986), Brünner (1987), Hoffmann (1989), Rehbein (1993) oder Wiesmann (1999) detailliert nachgewiesen haben, Sprechhandlungen oder Diskurs- bzw. Textarten unter institutionellen Bedingungen modifiziert, transformiert oder gar zerbrochen bzw. eigene institutionsspezifische Handlungsformen entwickelt werden. Unter der pragmatischen BQ I sind demgemäß nicht-institutionell geprägte Handlungsformen subsumiert, unter der pragmatischen BQ II institutionell geprägte. Die Differenzierung bei der literalen BQ verdankt sich demgegenüber einerseits der mehr prozessualen und kulturtechnischen Seite von Schriftlichkeit (literale BQ I), während die literale BQ II die systematischen Veränderungen des sprachlichen Handelns unter den Bedingungen der Schriftlichkeit (Ehlich, 1994) bis hin zur Textartenspezifik (Becker-Mrotzek & Böttcher, 2006; Feilke & Schmidlin, 2005) betrifft. Unter der „diskursiven BQ" ist nicht etwa die Fähigkeit zum Handeln im Diskurs gefasst – das fällt alles unter den Begriff Pragmatik/pragmatisch –, sondern die Fähigkeit zur wirklichen Inter-Aktion, zum Handeln unter Berücksichtigung des Interaktionspartners, insbesondere des systematischen Hörers. Insofern zählt dazu die Kooperationsfähigkeit ebenso wie beispielsweise das, was derzeit etwas missverständlich unter dem Schlagwort der „theory of mind" (Tomasello, 2003) diskutiert wird. Genau diese grundsätzliche Interaktionsfähigkeit ist in allen Feinheitsgraden und Entwicklungsstufen für die Sprachdiagnostik und Sprachförderung von bisher verkanntem Belang.

2. Bildungssprachliche Fähigkeiten

Vor dem Hintergrund der handlungstheoretisch begründeten Basisqualifikationen sowie der Einsichten zur „Alltäglichen Wissenschaftssprache", wie sie empirisch etwa bei Graefen (1997), Moll (2001), Heller (2008), Carobbio (2008) und Thielmann (2009) weiter verfolgt wurden, lässt sich der vage beschreibende Ausdruck ‚Bildungssprache' linguistisch genauer angehen. Hier soll nicht im Einzelnen eine linguistische Kritik an diesem deutschsprachigen, von Habermas (1977) bis zur FörMig-Gruppe um Gogolin (2010) genutzten Ausdruck für das formuliert werden, was – ebenso vorläufig und unsystematisch – Cummins (1979) mit „academic language" seinerzeit zu umschreiben suchte. Die nötigen Ausführungen dazu erfolgten anderswo (Redder, 2010). Hier sollen die Bestimmungen nur so weit wiederholt werden, wie sie für die folgende Detailanalyse relevant sind.

Um eine begriffliche Präzision zu erlangen, die der Bestimmung von ‚Wissenschaftssprache' – allgemein, nicht in der Besonderung der „Alltäglichen Wissenschaftssprache" – entspricht (Ehlich, 1999), wird die deskriptive Sammelbezeichnung schrittweise einer Kritik unterzogen werden müssen, die von der Bildungsaufgabe einer Partizipation am gesellschaftlichen Wissen durch sprachliche Vermittlung ausgeht. Zu diesem Wissen gehört komplexes sprachliches Handlungswissen ebenso wie fachliches und schließlich wissenschaftliches Wissen. Schule führt – zumindest in einer ihrer Varianten – zur Studierfähigkeit hin einerseits und zur Partizipation an ausgewählten Segmenten wissenschaftlichen Wissens in didaktisierter Form andererseits. Wissensvermittlung durch Lehrerinnen und Lehrer oder Lehrmaterialien ist mehr oder minder dadurch ausgezeichnet. Insofern verschränken sich bereits im schulischen sprachlichen Handeln „bildungssprachliche" und wissenschaftssprachliche Anteile. Und dennoch ist schulisches Wissen von eigener Qualität – ein Umstand, der nicht zuletzt beim Wissenstransfer in der Hochschule mehr oder minder schmerzlich zutage tritt (Redder, 2009). Gleichwohl haben Wissenschaftssprache und schulisch zu vermittelnde „Bildungssprache" ein wesentliches Moment gemeinsam: das der wissensbezogenen Methodik.

Von bildungssprachlicher Relevanz in diesem Sinne sind also *sprachliche Fähigkeiten der mentalen Entfaltung*, d.h. sprachliche Fähigkeiten, die das Wissen oder Denken oder Erleben (= Segmente des π-Bereichs im Sinne der Funktionalen Pragmatik[3]):

(1) einer höheren qualitativen Stufe repräsentieren,
(2) methodisch einer höheren Stufe zuführen können oder
(3) im Sinne eines komponierten Instrumentes systematisch erschließen.

Zum ersten Punkt gehören etwa Fähigkeiten, die mit bestimmten Diskurs- oder Textarten (erkenntnisbezogener Streit, Essay etc.) oder Ausdrucksmitteln von hoher semantischer Tiefenschärfe und differenter Abstraktionsstufe verbunden sind. Elaborierte Diskursivität wie etwa die Nutzung und Steuerung gemeinsamen Diskurswissens sowie bestimmte semantische und pragmatische Basisqualifikationen stehen im Dienste des zweiten Punktes. Für den dritten Punkt sind Elemente der pragmatischen BQ II funktional, etwa bestimmte Beweisverfahren oder Fragetechniken sowie das Aufgabenstellen-Aufgabenlösen (Ehlich & Rehbein, 1986). Ein großer Teil dessen, was unter Bildungssprache subsumiert wird, sind faktisch schulisch modifizierte oder ausgebildete sprachliche Handlungsmuster, d.h. Fähigkeiten, die zur pragmatischen BQ II zählen. Dies gilt auch für solche – unseren Gesellschaftsstrukturen gemäß meist institutionell geprägte – Handlungen, auf welche die Schule gesellschaftlich qualifiziert vorbereitet, etwa das Bewerbungsgespräch (Grießhaber, 1987; Schilling, 2001) oder das Verhandeln (Rehbein, 1995), aber auch die „Konversation" im ernsthaften Sinne (Warning, 2002) oder sprachliche Verfahren der Ironie (Schubarth, 2001). Vermögen im Kontext des ersten Punktes gilt nicht selten als Bildungsausweis im stilistischen Sinne, Vermögen im Kontext des zweiten als solches im rhetorischen Sinne.

---

3   Mit dem π-Bereich wird in der Handlungstheorie der Sprache (Rehbein, 1977) bzw. der Theorie der Funktionalen Pragmatik die Struktur des Mentalen von Sprecher und Hörer (π_S und π_H) relativ zum sprachlichen Handeln und zur außersprachlichen Wirklichkeit gefasst. Der π-Bereich umfasst im weiten Sinne das Wissen einschließlich der Emotionen und Glaubenssysteme. Im Zuge der Sozialisation vollzieht sich der Aufbau des π-Bereichs durch Erfahrungen in der Wirklichkeit, anderseits durch Kommunikation des versprachlichten Wissens (Rehbein & Meng, 2007, S. 5).

Eine im weiten Sinne wissensanalytische Bestimmung, wie die vorgeschlagene, dürfte zugleich verdeutlichen, dass jeglicher Versuch einer Auflistung von Merkmalen oder gar sprachlichen Mitteln für die Erfassung des mit Bildungssprache Gemeinten zu kurz greift bzw. fehlgeht. Stattdessen ist im Einzelnen zu rekonstruieren, inwieweit bestimmte sprachliche Mittel systematisch der Erlebens-, Wahrnehmungs- oder Wissensbearbeitung im Sinne einer Erweiterung, Differenzierung, Auslotung, Umstrukturierung, Revision oder Qualifizierung bzw. Kategorisierung dienen. Hinzu kommen Mittel, die von komplexen Wissensbezügen und -vernetzungen über womöglich recht unterschiedliche Strukturtypen des Wissens hinweg zeugen (Ehlich & Rehbein, 1977; z.B. partikulares Erlebniswissen oder Maximen- und Sentenzenwissen) – sie sind ebenfalls im Alltagssinne Ausweise von „Gebildetheit".

Rezeptive „bildungssprachliche" Fähigkeiten werden im schulischen Alltag vor allem von zwei Seiten aus in Anspruch genommen: durch Verstehensanforderungen in schriftlichen Materialien oder Schulbüchern und durch Formulierungen der Lehrenden im mündlichen Unterrichtsdiskurs oder in schriftlichen Aufgabenstellungen. Produktive Fähigkeiten kommen komplementär im Unterrichtsdiskurs und bei der Bearbeitung von Aufgabenstellungen zur Geltung, mündlich oder schriftlich. Im Folgenden werden die produktiven bildungssprachverdächtigen Fähigkeiten ausgeblendet und lediglich ein Beispiel für – durchaus problematische – Rezeptionsanforderungen an Schülerinnen und Schüler diskutiert.

3. Exemplarische Analyse eines Arbeitsblattes

In Hamburger Schulen spielen nach den Projekterhebungen Schulbücher eine eher untergeordnete Rolle. Vielmehr wird verstärkt auf Materialsammlungen oder Bibliotheksbestände neben elektronischen Materialien zurückgegriffen. Dementsprechend soll ein loses Arbeitsblatt – es stammt vermutlich ursprünglich aus einem Schulbuch – zum Hamburger Hafen untersucht werden. Es wurde in der 4. Jahrgangsstufe einer Hamburger Grundschule genutzt, in der Unterrichtsstunden aufgenommen wurden. Hier sollen lediglich die rezeptiven Anforderungen in diesem Arbeitsblatt als solche sprachanalytisch diskutiert werden. Der rezeptionsbedingte faktische Umgang der Schülerinnen und Schüler (und auch der Lehrenden) damit ist ein eigener Untersuchungsbereich. Abbildung 1 zeigt das Arbeitsblatt.

Abbildung 1: Arbeitsblatt für eine vierte Grundschulklasse

Im Hafen wird **rund um die Uhr** gearbeitet. Das Löschen und Laden der Schiffe muss schnell gehen, da für jede Stunde, die ein Schiff im Hafen liegt, hohe Gebühren anfallen. Kaum ein Schiff bleibt länger als 36 Stunden. Die meisten Waren sind heute in **Containern** verpackt. Das sind gut stapelbare Metallkisten. Voll beladen wiegen sie so viel wie vier Elefanten: 28 Tonnen. Fast zehn Millionen Container wurden 2007 im Hafen umgeschlagen!

Zurzeit ist Hamburg der achtgrößte Containerhafen der Welt. Für den Warenumschlag stehen mehrere **Containerterminals** zur Verfügung,

wie Burchardkai, Tollerort und Eurokai. Riesige Kräne, **Containerbrücken** genannt, laden die Container zum Weitertransport auf Lastwagen oder Waggons. Der weltweit modernste Containerterminal ist **Altenwerder**. Hier arbeiten nur noch wenige Menschen, fast alle Arbeitsvorgänge werden über Computer gesteuert: auch die Fahrzeuge, die die Container transportieren, und die Kräne, die sie aufstapeln.

Darunter finden sich „Fragen zum Text" (Fettdruck im Original):

1. Wie heißen die großen Containerterminals?
2. Warum sind Container so praktisch, um Waren zu verpacken?
3. Was wiegt **ein** Elefant?
4. Warum arbeiten in Altenwerder nur noch wenige Menschen?
5. Was könnte „ein Schiff <u>löschen</u>" bedeuten?
6. An welcher Stelle steht der Hamburger Hafen in der Welt?
7. Warum muss das Be- und Entladen der Schiffe so schnell gehen?

Extra Aufgabe für zu Hause: **Was ist eine Werft?**
(Frage einen Erwachsenen oder sieh im Internet nach!)

3.1 Rezeptionsaufgaben auf der Ebene des sprachlichen Ausdrucks

Betrachten wir im ersten Schritt allein die sprachlichen Ausdrucksmittel, die sofort als „bildungssprachverdächtig" auffallen, so sind dies (im Text der Abbildung 2 grau unterlegt):

Abbildung 2: Arbeitsblatt für eine vierte Grundschulklasse mit grau markierten „bildungssprachverdächtigen" Wörtern

Im Hafen wird **rund um die Uhr** gearbeitet. Das Löschen und Laden der Schiffe muss schnell gehen, da für jede Stunde, die ein Schiff im Hafen liegt, hohe Gebühren anfallen. Kaum ein Schiff bleibt länger als 36 Stunden. Die meisten Waren sind heute in **Containern** verpackt. Das sind gut stapelbare Metallkisten. Voll beladen wiegen sie so viel wie vier Elefanten: 28 Tonnen. Fast zehn Millionen Container wurden 2007 im Hafen umgeschlagen!

Zurzeit ist Hamburg der achtgrößte Containerhafen der Welt. Für den Warenumschlag stehen mehrere **Containerterminals** zur Verfügung,

wie Burchardkai, Tollerort und Eurokai. Riesige Kräne, **Containerbrücken** genannt, laden die Container zum Weitertransport auf Lastwagen oder Waggons. Der weltweit modernste Containerterminal ist **Altenwerder**. Hier arbeiten nur noch wenige Menschen, fast alle Arbeitsvorgänge werden über Computer gesteuert: auch die Fahrzeuge, die die Container transportieren, und die Kräne, die sie aufstapeln.

In Grundformen inhaltlich gelistet, handelt es sich um:
[im Text] ‚(das) Laden'   [in den Fragen] ‚(das) Be- und Entladen'
         ‚aufstapeln'   ‚verpacken'
         ‚umschlagen',
         ‚Warenumschlag'
         ‚Weitertransport'
         ‚Arbeitsvorgang'
         ‚zur Verfügung stehen'   ‚an Stelle X stehen'
         ‚Gebühren fallen an'   *um ... zu'*

Die Schülerinnen und Schüler sind gefordert, Substantivierungen von Verben (‚das Laden', abgeleitet aus ‚laden') als Abstraktionen über Handlungen oder Prozesse zu verstehen, d.h. als Benennungen von Handlungen als solche. Darüber hinaus müssen sie die Verfahren der Präfigierung (hier: ‚be-' und ‚ent-') darauf anwenden, also Modifizierungen der benannten Handlungen mitverstehen (‚das Be- und Entladen').

Zu solchen komplexeren Verben wie ‚beladen' und ‚entladen' gehören auch das im Text genutzte Präfixverb ‚verpacken', die trennbaren Partikelverben ‚aufstapeln', ‚umschlagen' sowie ‚weitertransportieren', aus dem das ebenfalls verwendete Substantiv ‚Weitertransport' abgeleitet ist. Die Schülerinnen und Schüler müssen in der Lage sein, die abstrakte Bedeutung des jeweiligen Präfixes (hier: ‚be-' und ‚ent-' sowie ‚ver-') bzw. die relationale Bedeutung der fusionierten Präpositionen (hier: ‚auf' und ‚um') oder der erwartungsbearbeitenden Partikel ‚weiter' auf ein Wissen über eine bestimmte Handlung oder einen Prozess, wie es durch die jeweiligen Verben aktiviert wird, anzuwenden. All diese Verben sind weitgehend alltäglich. Allerdings scheint ‚verpacken' eher in Form des Substantivs (‚Verpackung') in diesem Alter bekannt zu sein, während verbal eher ‚einpacken' vertraut sein dürfte.[4] Gleichwohl – insbesondere im Wortfeld des Umschlagens – verschiebt sich die Bedeutung quasi metaphorisch hin zu einer sachgemäßen Differenzierung, die an die Fachsprachengrenze reicht. Was zumeist verkannt wird, ist das Erfordernis, mit der Zusammensetzung – auch im Falle von Komposita wie ‚Arbeitsvorgang' – die Bedeutung des Grundwortes zu differenzieren. Im Allgemeinen ist die Bedeutung weitergehend zu abstrahieren. Insofern besteht die Herausforderung bei derartigen Verfahren der komplexeren Wortbildung nicht allein oder gar gerade nicht im Ausmaß der Kombination (zweier, dreier oder mehr Prozeduren), sondern in der Umstrukturierung des prozeduralen Einzelwissens, welche womöglich (etwa bei ‚schlagen') die Qualität einer Wissensrevision hat (Redder, im Druck).

‚Zur Verfügung stehen' ist – wie auch ‚an Stelle X stehen' – ein sogenanntes Funktionsverbgefüge, das eigens zu lernen ist. Letzteres dürfte für junge Menschen heutzutage wegen seiner räumlich neutralen Formulierung mittels ‚Stelle' eher ungewohnt sein, während stärker bewertende Formulierungen wie ‚auf Platz X stehen' oder gar ‚auf Rang X stehen' im Wettbewerbskontext bekannter sein mögen.

Während schließlich ‚Gebühren' ein Fachwort ist, stellt ‚anfallen' ein ubiquitäres Partikelverb dar, das in Kombination mit dem Fachwort eigens zu verstehen ist.

Die finale Konjunktion ‚um ... zu', d.h. die aus Präposition und erforderlichem Infinitiv mit ‚zu' bestehende Konstruktion für den Ausdruck von Zielsetzungen, ist nicht nur formal komplex, sondern auch funktional. Im konkreten Kontext ist sie bedeutungsmäßig schlicht deplatziert verwendet. Voran geht nämlich eine Warum-Frage, d.h. eine Frage nach dem Grund. Sie kann schlechterdings nicht mit einem Element der Zielsetzung, der Finalität, identifizierend gekoppelt werden. Vielmehr müsste es heißen: „**Warum** sind Container so praktisch **für die Verpackung** von Waren?" oder aber – modal zielbezogen – „**Inwiefern** sind Container so praktisch, **um** Waren **zu** verpacken?". So, wie die Fragestellung im Arbeitsblatt formuliert ist, ist sie semantisch inkonsistent, ja logisch falsch.

---

4 Zudem lässt sich darüber streiten, ob man ‚verpacken' nicht lediglich instrumental spezifizieren kann, d.h. ‚mit etwas verpacken'; sofern eine Lokalisierung des Verpacktseins ausgedrückt werden soll (‚ist in x verpackt'), ist zudem die Frage nach der dynamischen (‚verpackt worden sein in etwas [Akk.]') oder der statischen Perspektive (‚verpackt sein in etwas [Dat.]') zu stellen.

3.2 Qualitäten der komplexen Rezeptionsaufgaben

Werfen wir einen zweiten, sprachwissenschaftlich schärferen Blick auf den Text. Dann fallen vier weitere komplexe Rezeptionsanforderungen auf, die im weiten Sinne als „bildungssprachlich" charakterisierbar sind.

Eine erste besteht im Verständnis der sogenannten kausalen, subordinierenden Konjunktion ‚da' im zweiten Satz: „Das Löschen und Laden der Schiffe muss schnell gehen, **da** für jede Stunde … hohe Gebühren anfallen." Abgeleitet aus der raum-zeitlichen Deixis, dem Zeigwort ‚da', dient dieser Ausdruck in Kombination mit der Verschiebung des Finitums ans Ende des gekoppelten propositionalen Gehaltes dazu, den so eingeleiteten Teil als sprecherseitige Wissengrundlage für den übergeordneten Teil in Anspruch zu nehmen (Redder, 1990). Die Lokaldeixis ist in derartigen Strukturen historisch funktionalisiert worden, und zwar für Zwecke der propositionalen Bearbeitung. Systematisch ist diese Funktionalisierung als Transposition vom Zeigfeld in das Operative Feld von Sprache zu rekonstruieren; ‚da' dient dann als Mittel zum Vollzug einer para-operativen Prozedur, in welcher der deiktische Anteil aufgehoben ist (ebd.).[5] Der Gehalt, welcher durch ‚da' eingeleitet wird, wird mithin als die Wissensbasis kategorisiert, auf der das andere Gesagte gegründet ist, und zwar fraglos so, wie der Sprecher sie als im eigenen Wissen verortet vorzeigt. Mit Kausalität, mit einer causa im strikten Sinne, hat das nichts zu tun, vielmehr mit der Bearbeitung von mentalen Synchronisierungserfordernissen zwischen Sprecher und Hörer an problematischen Übergangsstellen der Interaktion. Sowohl textartbezogen – derartige Verfahren sind typisch für schriftliche institutionelle Kommunikation – als auch inhaltlich ist das ‚da' im vorliegenden Text unangemessen. Sachlich wäre ein schlichtes ‚weil' angemessen. Es dient in der Tat der Vermittlung sachlicher Grundlagen in ihrem Zusammenhang.[6] Offenkundig wird hier eine stilistische Aufbesserung versucht – auf Kosten der Verständlichkeit. Die Interrelation von semantischer und diskursiver Basisqualifikation wird überstrapaziert.

Zweitens ist eine andere Zeigwort-Verwendung problematisch: Die neutrale Objektdeixis ‚das', mit der der fünfte Satz beginnt, hat ein hochkomplexes Verweisobjekt, das nur durch eine verständige Abstraktionsleistung zu ermitteln ist. Der Text

---

5 Eine ‚Prozedur' ist handlungstheoretisch als kleinste Einheit des sprachlichen Handelns bestimmt; ‚Sprechhandlungen' (Sprechakte lt. Searle) sind demgegenüber Einheiten mittlerer Größenordnung; ‚Diskurs' und ‚Text' als Ensembles von Sprechhandlungen solche maximaler Größe (siehe das Schaubild in Redder, 2005, S. 47). Mit Bühler (1934), der erstmals „Zeigfeld" und „Symbolfeld" von Sprache funktional differenzierte, unterscheidet die Funktionale Pragmatik systematisch drei weitere sprachliche Funktionsfelder: das „Operative Feld (Arbeitsfeld)", „das Lenkfeld (expeditive Feld)" und das „Malfeld" (Ehlich, 2007, Bd. I). In diesen Feldern werden sprachliche Mittel zusammengeschlossen, die dem Vollzug funktional charakteristischer Prozeduren dienen: Mittel des Zeigfeldes dienen dem Vollzug einer deiktischen Prozedur, Mittel des Symbolfeldes dem einer nennenden (charakterisierenden) Prozedur, Mittel des Operativen Feldes dem Vollzug einer operativen Prozedur, Mittel des Lenkfeldes dem Vollzug einer expeditiven Prozedur und Mittel des Malfeldes dem Vollzug einer malenden (expressiven) Prozedur. Die Bedeutung eines einzelnen sprachlichen Mittels ist jeweils als Besonderung der klassifizierten Prozeduren zu bestimmen. Eine derartige Funktionsklassifikation sprachlicher Mittel beliebiger Form (Lexeme, Morpheme, Töne, Wortstellungen etc.) kann einzelsprachübergreifend fruchtbar gemacht werden und liegt systematisch vor jeglicher Klassifikation in die bekanntermaßen problematischen und einzelsprachspezifischen Wortarten (Redder, 2007).

6 Zum Vergleich von ‚weil' und ‚because' siehe Thielmann (2009).

lautet: „Die meisten Waren sind heute in **Containern** verpackt. **Das sind** gut stapelbare Metallkisten." Eine (ana-)deiktische, zurück orientierende Neufokussierung des propositionalen Elementes „(in) Containern" erforderte ein maskulines und pluralisch geformtes Zeigwort, also ‚die'. Zugleich ist die Kongruenz mit dem finiten Verb durchkreuzt: „sind" ist eine pluralische Form von ‚sein', ‚das' ist aber eine singularische Form der neutralen Objektdeixis. Wir – und die Schülerinnen und Schüler – werden im Text also mit zwei morpho-syntaktischen Inkonsistenzen konfrontiert. Weder erfolgt eine glatte Anknüpfung an das Gesagte noch werden die normalen satzsyntaktischen Konstruktionsprinzipien eingehalten. Und dennoch handelt es sich um einen „ordentlichen Satz" des Deutschen – aber eben zu besonderen Äußerungszwecken. Die üblichen wissenschaftlichen Grammatiken – etwa die aktuelle Auflage der Duden-Grammatik (2009) – versagen weitgehend in der Erklärung und beschränken sich auf eine Beschreibung derartiger Konstruktionen als „Ausnahmen" oder „Sonderfälle" von Numerus- und Genuskongruenz bei sog. Pronomina wie ‚das' oder ‚es' an Subjektposition.

Wie ist die Formulierung funktional-pragmatisch zu erklären? Das Prädikat kongruiert numerisch mit dem sogenannten Prädikativum, inhaltlich also mit der näheren Bestimmung des ‚das' im gleichen Kasus: „stapelbare Metallkisten". Diese Bestimmung korrespondiert im Textbeispiel wieder numerisch mit dem zuvor Angesprochenen. Es handelt sich um eine identifizierende Aussage, die sogenannte Kopulakonstruktion aus dem Kopulaverb ‚sein' und dem sog. Gleichsetzungsnominativ. Nun heißt es aber nicht etwa „Container sind gut stapelbare Metallkisten", sondern eben „Das sind gut stapelbare Metallkisten." Zu erklären bleibt also die Funktion der – formalgrammatisch inkongruenten – Objektdeixis. Dazu ist die deiktische Prozedur des Verweisens, begrifflich präzise: die Neufokussierung der Höreraufmerksamkeit, genauer zu rekonstruieren und somit auch die kategoriale Qualität des Verweisobjektes.[7] Sprachlich zeigend neufokussiert wird – entgegen dem ersten Anschein – hier gerade nicht ein Teil des zuvor Geäußerten, nicht also ein bestimmter Ausdruck oder eine Phrase des Gesagten. Es erfolgt nämlich kein Verweis im Rederaum bzw. im Textraum. In diesen beiden Verweisräumen können – über den Sprechzeitraum als einen bestimmten Wahrnehmungsraum hinausgehend, also über das hinausgehend, was Bühler (1934) die „Deixis ad oculos et ad aures" nennt – sprachliche Handlungen Verweisobjekte bilden und zwar durchaus differenziert hinsichtlich ihrer Dimensionen Äußerungsakt, propositionaler Akt und illokutiver Akt. Ein Verweis auf Elemente des propositionalen Aktes würde die grammatische Kongruenz zum Ausdruck bzw. zur Ausdruckskombination (Phrase) erfordern; im äußersten Fall könnte die gesamte Proposition oder auch der propositionale Gehalt ganzer Äußerungsketten (textuell etwa ganzer Abschnitte) neufokussiert werden. Dann käme eine Verwendung der neutralen Objektdeixis ‚das' in Frage. Inhaltlich geschieht dies im vorliegenden Beispiel aber eben nicht. Insofern kann dieser Verweis ausgeschlossen werden. Faktisch wird durch die Formulierung mit ‚das' ein Abstraktionsschritt in Anspruch genommen. Nicht „Containern" wird als Element des propositionalen Gehaltes neu fokussiert, sondern das dadurch aktivierte sprachliche Wissen. Was geschieht im Einzelnen?

---

7 Zur funktional-pragmatischen Bestimmung von Deixis siehe Ehlich (2007, Bd. II); zur schwierigen Textdeixis relativ zu Deixis in anderen Verweisräumen siehe Redder (2000).

‚Container' ist im Sinne von Bühler ein Ausdruck des „Symbolfeldes von Sprache" – im Unterschied zum „Zeigfeld" (deiktischen Feld). Durch solche Symbolfeldausdrücke wird – in gesellschaftlich und historisch verbindlicher Weise – Wissen über die Wirklichkeit kommuniziert. Mit jeder Verwendung eines Symbolfeldausdrucks wird dementsprechend bei Sprecher und Hörer eine Prozedur in Gang gesetzt, genauer: eine nennende Prozedur, die in der entsprechenden Wissensaktivierung besteht. Verweisobjekt von ‚das' ist im Textbeleg genau dies zu aktivierende Wissen als solches, d.h. abstrakt, nicht in seiner konkreten, äußerungsmäßigen Spezifizierung. Linguistisch gesprochen: Das symbolisch Benannte wird als verallgemeinertes type-Wissen, nicht als token-Wissen neufokussierend beansprucht. Allein diese abstraktive Neufokussierung dessen, was wissensmäßig allgemein zu aktivieren wäre, erlaubt – gleichsam reparativ im Nachschub – die propositionale Ausführung einer Illokution, welche als Erläuterung oder Bestimmung zu charakterisieren ist. Abstraktiv neu fokussiert kann das Wissen als undeutliches neu benannt und insofern identifikatorisch präzisiert werden. Dies geschieht durch die Formulierung mit ‚sein' (Thielmann, 2003).

Das Verweisobjekt ist im Textbeispiel – und in allen parallel konstruierten Äußerungen – also ein mentales Abstraktum und nicht ein sprachliches Element des propositionalen Akts der Vorgängeräußerung. Wegen der Abstraktion erfolgt eine numerische und genusmäßige Neutralisierung. Der Verweisraum, in dem dies geschieht, ist ebenfalls hochabstrakt, nämlich der Wissensraum und nicht etwa der Text- bzw. Rederaum. Derartige Abstraktionen müssen – im Sinne von Punkt 2 in Abs. 2 – von Schülerinnen und Schülern erst als standardisierte Verfahren des Deutschen[8] erworben werden. Damit geht auch eine Differenzierung der semantischen Basisqualifikation bezüglich deiktischer Ausdrücke einher. Das schlichte und alltägliche Zeigwort ‚das' wird als neutrale Objektdeixis bewusst und notwendigerweise in seiner Funktion in abstrakteren Verweisräumen als dem Wahrnehmungs- oder auch Rede-/Textraum durchsichtig, so dass mögliche Verweisobjekte ebenfalls in ihrer systematisch veränderten kategorialen Qualität einsichtig werden. Solche elaborierten semantischen Fähigkeiten sind wiederum Voraussetzung für pragmatische und literale Basisqualifikationen II, wie beispielsweise Erläuterungen, Bestimmungen, Erklärungen, Definitionen sie erfordern.

Während die obige Bestimmung – nicht zuletzt eben vermöge der deiktischen Konstruktion – im Text eigens als Satz hervorgehoben ist, tritt die Illokution der Erläuterung an anderen Stellen eher eingestreut auf. Eine Erläuterung ist, im Unterschied zur Erklärung, hochgradig adressatenspezifisch, indem sie nur so viel fehlendes Wissen nachschiebt, wie für den Fortgang der Interaktion erforderlich ist (Bührig, 1996). Beispiele dafür sind im Text: „... , *da* für jede Stunde Gebühren anfallen" und „*Kaum* ein Schiff bleibt ..." sowie „... , Containerbrücken *genannt*.". Kursiv hervorgehoben sind die sprachlichen Mittel, über die der erläuternde Anschluss an das unzureichend Ausgeführte hergestellt wird. Einmal ist es, wie oben beschrieben, die Inanspruchnahme einer sprecherseitigen Wissensbasis (‚da'), einmal eine Modifizierung von Erwartungen über Quantitäten (‚kaum') und

---

8 Schon das Englische funktioniert gerade bezüglich der Deixis einerseits und abstraktiven Mitkonstruktionen, die einem Rezipienten abverlangt werden, andererseits sehr anders. Verschiedene Herkunftssprachen der Schülerinnen und Schüler dürften wiederum andere Formulierungserwartungen evozieren.

im Falle der Partizipialkonstruktion („genannt") der Sprachbezug als solcher (,nennen') im Resultat (Partizip II). Hierdurch sind elaborierte semantische und morphosyntaktische Basisqualifikationen zur pragmatischen BQ II ins Verhältnis zu setzen. Schließlich erweist sich das Arbeitsmaterial hinsichtlich der Textart als nicht gut durchkomponiert. Mischungen aus reiner Darstellung von Gegebenheiten und somit assertivem Wissenstransfer mit pädagogisierenden Erlebensprofilierungen dürften die Ursache für problematische Inkonsistenzen im Gedankengang bilden.

„Hier arbeiten nur noch wenige Menschen, **denn** fast alle Arbeitsvorgänge werden über Computer gesteuert**: auch** die Fahrzeuge ... und die Kräne ..."

Die drei fett gedruckten sprachlichen Mittel bilden die Kristallisationspunkte für die Problematik. Der Text müsste darstellungsgerecht lauten:

„Hier arbeiten nur noch wenige Menschen: Fast alle Arbeitsvorgänge werden über Computer gesteuert**, auch** die Fahrzeuge ... und die Kräne ..."

Warum ist die vorgeschlagene Formulierung mit einem Doppelpunkt am Anfang und getilgtem ‚denn' konsistenter? Anlass der Kritik ist eine bestimmte Kombination sprachlicher Mittel im Originaltext. Die Ausdrücke ‚denn' und ‚auch' passen in der dort gewählten Äußerungsstruktur nicht zum schriftlichen Mittel der Interpunktion, nämlich dem Komma einerseits und dem Doppelpunkt andererseits.

‚Denn' ist eine sog. kausale Konjunktion, die aus der Abfolgedeixis ‚dann' para-operativ abgeleitet wurde (Redder, 1990). Mittels ‚denn' wird – komplementär zu ‚da' (s.o.) – reparativ auf hörerseitige Verstehensprobleme Bezug genommen. Sei das Verstehensproblem durch den Sprecher antizipiert (im Falle der Äußerungsverkettung mittels der sog. Konjunktion ‚denn'), sei es durch eine Verstehensfrage seitens des Hörers selbst angezeigt (im Falle eines turn-Wechsels durch die sog. Partikel ‚denn' in fragender Äußerung). Im Einzelnen wird die Interaktion wegen des hörerseitigen Verstehensproblems sistiert und kooperativ mittels ‚denn' an den Punkt der sprecherseitigen verbalen Planung zurückgeführt, der ein Verstehenselement für den Hörer enthält, so dass dessen Verbalisierung für den Hörer sodann Folgerichtigkeit in der Sache und somit eine Fortführung der Interaktion erlaubt.[9] Umgekehrt etabliert ein Doppelpunkt – im Mündlichen eine entsprechende Rhythmik und Prosodie – die dezidierte Öffnung eines Äußerungsslots für ein prägnantes, ggf. besseres Verstehen. Beide sprachlichen Mittel gehören somit zum (para-)operativen Repertoire der Verstehensbearbeitung. Im Originaltext wird zunächst die reparative Verstehensbearbeitung mittels ‚denn' verkettet (mit Komma verknüpft) und dem eine dezidierte Öffnung für die Verstehenslieferung mittels Doppelpunkt angeschlossen. Schon das zeugt gewissermaßen von einem Schlingerkurs in der verbalen Planung, für die wegen der textuell zerdehnten Sprechsituation zwischen Produktion und Rezeption ja eigentlich genügend Raum bleibt. Zudem folgt dem Doppelpunkt im Originaltext ein ‚auch'. Mit diesem operativen Ausdruck wird eine Erwartung bearbeitet, eine Erwartung, die hinsichtlich ihrer Reichweite hörerseitig korrigiert oder zumindest modifiziert wird. Zwar kann einer Doppelpunktstruktur durchaus eine ‚auch'-Formulierung folgen, jedoch nicht in der vorliegenden Einbettung in eine ‚denn'-Struktur. Reparative Verstehensbearbeitung mit integrierter dezidierter Verstehensöffnung nebst Modifizierung einer hörerseitigen Erwartung stellen einen Bruch, wenn nicht gar einen Widerspruch in sich dar. Die Gesamtäußerung

---

9 Siehe Redder (2007a) im Vergleich zu anderen Konjunktoren.

misslingt. Und dies in völlig überflüssiger Weise, denn der Inhalt ist nicht derart komplex, dass er kaum bündig zu formulieren wäre. Dies demonstriert die leicht veränderte Alternativformulierung. Auch sie arbeitet mit Verstehens- und Erwartungsbearbeitung, aber auf konsistente Weise. Eine weitere Alternative würde auf die dezidierte Verstehensöffnung verzichten und lediglich von der reparativen Verstehensbearbeitung Gebrauch machen: „Hier arbeiten nur noch wenige Menschen, **denn** fast alle Arbeitsvorgänge werden über Computer gesteuert, **auch** die Fahrzeuge ... und die Kräne ..."

Die Originalformulierung platziert die richtigen Mittel am falschen Ort, weil als oberste Maxime „Verlebendigung der schülerseitigen Rezeption durch Staunen" stand und die Maxime der „sachgemäßen sprachlichen Darstellung" verdrängte. Rezeptiver Effekt dürfte aber eher ein Wundern (über die deutsche Sprache) denn ein Staunen sein.[10] Hinsichtlich der erforderlichen rezeptiven Qualifikationen der Schülerinnen und Schüler ist in jedem Fall zu konstatieren, dass die Interrelation aller genannten Basisqualifikationen in einem gesteigerten Maße zur Geltung kommt.

4. Plädoyer für sprachlich reflektierte Unterrichtsmaterialien

Welche Konsequenzen lassen sich aus dieser kleinen exemplarischen Fallstudie eines Arbeitsblattes für eine 4. Grundschulklasse ziehen? Keineswegs die Abschaffung oder der Verzicht auf Schulbuch oder Lehrmaterial. Im Gegenteil. Eine sorgfältige sprachliche Reflexion bei der Erstellung und Progression schriftsprachlicher Rezeptionsangebote könnte für Schülerinnen und Schüler geradezu vorbildlich sein. Die oben ausgeführte Kritik legt folgende Zielsetzungen dabei nahe:
- Entflechtung und Konzentration auf die Funktionalität „bildungssprachlicher" Anforderungen statt Verdichtung und Hybridität;
- sprachliche Reflexion und Sprachkritik;
- sorgfältige Differenzierung von Textarten;
- Differenzierung von Illokutionen gemäß ihrer Zweckstruktur;
- Beachtung von Formulierungsverfahren der schriftlichen Mündlichkeit und Schriftlichkeit.

Derartige Ziele nehmen sprachliche Professionalität in die Pflicht. Nicht zuletzt verlangen sie eine Selbstverpflichtung der Sprachwissenschaftler und Sprachdidaktiker. Sie sollten – wie in den siebziger Jahren des vorigen Jahrhunderts einmal üblich – wieder mit Schriftstellern und erfahrenen Lehrenden kooperieren, um die Sprachförderung im Wege des Schulbuch oder Lehrmaterials produktiv voranzubringen. Nach meiner Einschätzung könnte eine Orientierung an den Basisqualifikationen wegen ihrer Rückbindung an ein integrales Handlungskonzept von Sprache dafür besonders hilfreich sein. Das gilt komplementär auch für die Gewinnung von Kriterien bei der Evaluation von Lehrmaterialien.

---

10 Man könnte sich fragen, ob die Kombination der π-Bearbeitungen den Versuch darstellt, insgesamt einen Effekt im Sinne des Malfeldes von Sprache zu erzielen..

Literatur

Becker-Mrotzek, M. & Böttcher, I. (2006): *Schreibkompetenz entwickeln und beurteilen. Praxishandbuch für die Sekundarstufe I und II.* Berlin: Cornelsen.
Brünner, G. (1987). *Kommunikation in institutionellen Lehr-Lern-Prozessen.* Tübingen: Narr.
Bühler, K. (1934). *Sprachtheorie.* Jena: Fischer.
Bührig, K. (1996). *Reformulierende Handlungen. Zur Analyse sprachlicher Adaptierungsprozesse in interkultureller Kommunikation.* Tübingen: Narr.
Carobbio, G. (2008). Kommentierendes Handeln in wissenschaftlichen Vorträgen. Prozedurale Leistungen von *jetzt* und *ora/adesso*. In D. Heller (Hrsg.), *Formulierungsmuster in deutscher und italienischer Fachkommunikation* (S. 221-235). Bern: Lang.
Cummins, J. (1979). Cognitive/academic language proficiency, linguistic interdependence, the optimum age question and some other matters. *Working Papers on Bilingualism, 19,* 121-129.
Dudenredaktion (Hrsg.). (2009). *Duden – Die Grammatik: unentbehrlich für richtiges Deutsch.* Duden (8. Aufl., Bd. 4). Mannheim: Dudenverlag.
Ehlich, K. (1994). Funktion und Struktur schriftlicher Kommunikation. In H. Günther, O. Ludwig, J. Baurmann, F. Coulmas, K. Ehlich, P. Eisenberg, H. W. Giese, u.a. (Hrsg.), *Schrift und Schriftlichkeit / Writing and Its Use. Bd. 1,* HSK 10.1 (S. 18-41). Berlin/New York: de Gruyter.
Ehlich, K. (1999). Alltägliche Wissenschaftssprache. *Info DaF, 26,* 3-24.
Ehlich, K. (2005). Sprachaneignung und deren Feststellung bei Kindern mit und ohne Migrationshintergrund: Was man weiß, was man braucht, was man erwarten kann. In K. Ehlich (Hrsg.), *Anforderungen an Verfahren der regelmäßigen Sprachstandsfeststellung als Grundlage für die frühe und individuelle Sprachförderung von Kindern mit und ohne Migrationshintergrund. Eine Expertise für das Bundesministerium für Bildung und Forschung* (S. 11-75). Bonn/Berlin: BMBF.
Ehlich, K. (2007). *Sprache und sprachliches Handeln. 3 Bände. (= Bd. I: Pragmatik und Sprachtheorie; Bd. II Prozeduren des sprachlichen Handelns; Bd. III: Diskurs – Narration – Text – Schrift).* Berlin/New York: de Gruyter.
Ehlich, K., Bredel, U. & Reich, H. H. (2008). Sprachaneignung – Prozesse und Modelle. In K. Ehlich, U. Bredel & H. H. Reich (Hrsg.), *Referenzrahmen zur altersspezifischen Sprachaneignung.* (Bildungsforschung Band 29/I). Bonn/Berlin: Bundesministerium für Bildung und Forschung (BMBF).
Ehlich, K. & Rehbein, J. (1977). Wissen, kommunikatives Handeln und die Schule. In H. C. Goeppert (Hrsg.), *Sprachverhalten im Unterricht* (S. 36-114). München: Fink.
Ehlich, K. & Rehbein, J. (1986). *Muster und Institution: Untersuchungen zur schulischen Kommunikation.* Tübingen: Narr.
Feilke, H. & Schmidlin, R. (Hrsg.) (2005). *Literale Textentwicklung. Untersuchungen zum Erwerb von Textkompetenz.* Frankfurt a.M.: Lang.
Gogolin, I. (2010). Was ist Bildungssprache? *Grundschule Deutsch, 4,* 4-5.
Graefen, G. (1997). *Der Wissenschaftliche Artikel – Textart und Textorganisation.* Frankfurt/M.: Lang.
Grießhaber, W. (1987). *Authentisches und zitierendes Handeln. Band I. Einstellungsgespräche.* Tübingen: Narr.
Habermas, J. (1977). Umgangssprache, Wissenschaftssprache, Bildungssprache. *Jahrbuch der Max-Planck-Gesellschaft zur Förderung der Wissenschaften,* 36-51.

Heller, D. (2008). Kommentieren und Orientieren. Anadeixis und Katadeixis in soziologischen Fachaufsätzen. In D. Heller (Hrsg.), *Formulierungsmuster in deutscher und italienischer Fachkommunikation: intra- und interlinguale Perspektiven.* Linguistic insights (S. 105-138). Frankfurt/M.: Lang.

Hoffmann, L. (Hrsg.). (1989). *Rechtsdiskurse: Untersuchungen zur Kommunikation in Gerichtsverfahren.* Tübingen: Narr.

Moll, M. (2001). *Das wissenschaftliche Protokoll: Vom Seminardiskurs zur Textart: empirische Rekonstruktionen und Erfordernisse für die Praxis.* München: iudicium.

Redder, A. (1984). *Modalverben im Unterrichtsdiskurs. Pragmatik der Modalverben am Beispiel eines institutionellen Diskurses.* Tübingen: Niemeyer.

Redder, A. (1990). *Grammatiktheorie und sprachliches Handeln: „denn" und „da".* Tübingen: Niemeyer.

Redder, A. (2000). Textdeixis. In K. Brinker, G. Antos, W. Heinemann, & S. F. Sager (Hrsg.), *Text- und Gesprächslinguistik. Ein internationales Handbuch zeitgenössischer Forschung. Bd. 1* (S. 283-294). Berlin/New York: de Gruyter.

Redder, A. (2005). Wortarten oder sprachliche Felder, Wortartenwechsel oder Feldtransposition? In C. Knobloch & B. Schaeder (Hrsg.), *Wortarten und Grammatikalisierung.* (S. 43-66). Tübingen: Niemeyer.

Redder, A. (2007). Wortarten als Grundlage der Grammatikvermittlung? In K.-M. Köpcke & A. Ziegler (Hrsg.), *Grammatik in der Universität und für die Schule* (S. 129-146). Tübingen: Niemeyer.

Redder, A. (2007a). Konjunktor. In L. Hoffmann (Hrsg.), *Deutsche Wortarten.* (S. 483-524). Berlin/New York: de Gruyter.

Redder, A. (2008). Functional Pragmatics. In G. Antos & E. Ventola (Hrsg.), *Interpersonal Communication. Handbook of Applied Linguistics* (S. 133-178). Berlin/New York: de Gruyter.

Redder, A. (2009). Sprachliche Wissensbearbeitung in der Hochschulkommunikation – empirische Analysen und kritische Perspektiven. In M. Lévy-Tödter & D. Meer (Hrsg.), *Hochschulkommunikation in der Diskussion* (S. 17-44). Frankfurt a.M.: Lang.

Redder, A. (2010). *Von der „Bildungssprache" zur „Alltäglichen Wissenschaftssprache".* Vortrag im Rahmen der GAL 2010, Leipzig.

Redder, A. (in Dr.). Prozedurale Re-Analyse von elementaren Wortarten und Wortbildung. *Jahrbuch Deutsch als Fremdsprache 2011.*

Redder, A. & Martens, K. (1983). Modalverben ausprobieren – wie Kinder mit Modalverben handeln. In D. Boueke & W. Klein (Hrsg.), *Dialogfähigkeit im Vorschulalter* (S. 163-181). Tübingen: Narr.

Redder, A., Schwippert, K., Hasselhorn, M., Forschner, S., Fickermann, D., Ehlich, K., Becker-Mrotzek, M., u.a. (2011). *Bilanz und Konzeptualisierung von strukturierter Forschung zu „Sprachdiagnostik und Sprachförderung".* ZUSE-Berichte (Bd. 2). Hamburg: ZUSE.

Rehbein, J. (1993). Ärztliches Fragen. In J. Rehbein & P. Löning (Hrsg.), *Arzt-Patienten-Kommunikation. Analysen zu interdisziplinären Problemen des medizinischen Diskurses* (S. 311-364). Berlin/New York: de Gruyter.

Rehbein, J. (1995). International sales talk. In K. Ehlich & J. Wagner (Hrsg.), *The discourse of business negotiation* (S. 67- 102). Berlin/New York: de Gruyter.

Rehbein, J. (1977). *Komplexes Handeln. Elemente zur Handlungstheorie der Sprache.* Stuttgart: Metzler.

Rehbein, J., & Meng, K. (2007). Kindliche Kommunikation als Gegenstand sprachwissenschaftlicher Forschung. In K. Meng & J. Rehbein (Hrsg.), *Kindliche Kommunikation – einsprachig und mehrsprachig* (S. 1-38). Münster: Waxmann.

Schilling, A. (2001). *Bewerbungsgespräche in der eigenen und fremden Sprache Deutsch: empirische Analysen*. Frankfurt a.M.: Lang.

Schubarth, B. (2001). *Ironie in Institutionen: die Reflexion gesellschaftlichen Wissens im ironischen Sprechen*. München: Iudicium.

Thielmann, W. (2003). Zur Funktionalität des Seinsverbs im Deutschen. In L. Hoffmann (Hrsg.), *Funktionale Syntax: die pragmatische Perspektive* (S. 189-207). Berlin/ New York: de Gruyter.

Thielmann, W. (2009). *Deutsche und englische Wissenschaftssprache im Vergleich: Hinfü hren – Verknüpfen – Benennen*. Heidelberg: Synchron.

Tomasello, M. (2003). *Constructing a Language*. Cambridge, Mass.: Harvard UP.

Tracy, R. (2008). *Wie Kinder Sprachen lernen und wie wir sie dabei unterstützen können* (2. Aufl.). Tübingen: Francke.

Uesseler, S. (2011). Alltägliche Wissenschaftssprache im Unterricht – eine Fallanalyse. In B. Eriksson & U. Behrens (Hrsg.), *Sprachliches Lernen zwischen Mündlichkeit und Schriftlichkeit* (S. 55-74). Bern: hep verlag.

Warning, R. (2002). Causerie' bei Fontane. In K. Ehlich (Hrsg.), *Fontane und die Fremde, Fontane und Europa* (S. 295-306). Würzburg: Königshausen & Neumann.

Wiesmann, B. (1999). *Mündliche Kommunikation im Studium*. München: iudicum.

Hermann Astleitner

Schulbuch und neue Medien im Unterricht: Theorie und empirische Forschung zur Hybridisierung und Komplementarität

Zusammenfassung
Im vorliegenden Beitrag wird der Frage nachgegangen, wie das Schulbuch und neue Medien in unterrichtlichen Szenarien lernwirksam kombiniert werden können. Dabei werden zunächst, von der Schulpraxis ausgehend, Schulbuchnutzungsformen ohne und mit dem Einsatz von neuen Medien beschrieben und deren unterrichtliche Relevanz und Wirksamkeit aufgezeigt. Dann werden ausgewählte theoretische Funktionen von Schulbüchern und darüber hinausgehende innovative komplementäre Lehrfunktionen von neuen Medien beispielhaft analysiert. Da davon ausgegangen werden kann, dass neue Medien das Spektrum des unterrichtlichen Einsatzes von Schulbüchern massiv erweitern, stellt sich die Frage, welche Medienkombinationen dabei in hybriden Lernumgebungen besonders wirksam sind. Empirische Evidenz aus Metaanalysen und in Bezug zum „no significant difference phenomenon" sowie best-evidence synthesis lassen hingegen keine eindeutigen Schlussfolgerungen hinsichtlich besonders vielversprechender Medienkombinationen zu. Im Beitrag werden deshalb Prinzipien komplementärer Nutzungsmuster vorgeschlagen, die bei entsprechenden Forschungs- und Praxisprojekten berücksichtigt werden können. Sie betreffen die Klassifikation von hybriden Lernmodellen, die Bestimmung der Funktion in einem Wissensmanagementprozess, die Übernahme komplementärer Lehrfunktionen und Überlegungen zur Operationalisierung in Aufgabensequenzen. Abschließend werden theoretische und methodische Perspektiven einer forschungsbezogenen Schulbuchentwicklung aufgezeigt.

Schlüsselbegriffe
Neue Lernmedien, Instruktionsdesign, Theorieentwicklung, Medienverbund, Schulbuchwirkungsforschung

1. Schulbuchnutzungsformen und Schulbuchqualität

Das Schulbuch als Teil einer traditionellen Lern- und Bildungskultur steht dynamischen Entwicklungen im Bereich der Informations- und Kommunikationstechnologien gegenüber und es stellt sich die Frage, ob es Optionen einer gemeinsamen Weiterentwicklung zur Optimierung von Lehr-Lernprozessen gibt (vgl. Birkerts, 1997).

Das Schulbuch stellt einen Informationsträger für schulische Lehrinhalte dar. In seiner traditionellen Form liegt es gedruckt vor und wird in Interaktion von Lehrpersonen und Lernenden genutzt. Umfasst das Schulbuch mehrere Teile (Grundlagentext, Übungsteil etc.), spricht man von einem Lehrwerk oder auch Lehrmittel. Traditionelle Schulbücher können auch digitalisiert als e-books auf elektronischen Datenspeichern (CD-ROM, Internet etc. als z.B. pdf-Datei) angeboten werden. In diesem Fall ergibt sich allerdings in der Regel kein pädagogischer Mehrwert, vielmehr wird der Zugriff auf dieses Medium verbessert.

Ein pädagogischer Mehrwert ergibt sich hingegen beim „Schulbuch plus". In dieser Form enthält das gedruckte Schulbuch meist im Anhang ein Speichermedium (z.B. CD-ROM oder DVD), das Multimedia-Teile (z.B. Videosequenzen für Demonstrationszwecke), Links zu Online-Aufgabensammlungen, Werkzeuge (z.B. Software zur Erstellung von Tests) oder Supplements (z.B. Hausaufgabenpools, -auswertungen und -verwaltungen online; vgl. z.B. http://www.sbx.at oder http://www.more-online.at, Zugriff am 20. Juni 2011) enthält. Auch ist denkbar, dass das Schulbuch in modernen E-Learning-Szenarien (z.B. bei Blended-Learning in Notebook-Klassen) weiterhin in Präsenzphasen, aber auch in online-Phasen das Leitmedium darstellt. Die wahrscheinlich aktuellste Form der Nutzung von Schulbüchern in Szenarien neuer Lernmedien stellt „Mobile Distance Learning" dar. Hier werden vollständige Fernunterrichtskurse (mit Ankündigungen, Handouts, Blogs, Notizen, Diskussionen etc.) auf kleinen mobilen technischen Geräten (z.B. Smartphones mit Internet-Zugriff) zur Verfügung gestellt, wobei z.B. auch ein digitales Schulbuch Anwendung finden kann (vgl. z.B. Carliner & Shank, 2008).

Das Schulbuch stellt damit eine sehr vielfältige und reichhaltige Lernbasis für Lernende dar. Die unterrichtliche Wichtigkeit des Schulbuches ergibt sich daraus, dass das Schulbuch folgende lern- und motivationsrelevanten Merkmale aufweist (vgl. z.B. Kiper & Mischke, 2009 oder Hofmann & Astleitner, 2010):

(1) Das Schulbuch repräsentiert den geheimen Lehrplan bzw. stellt das Leitmedium des Unterrichts bei Planung und Durchführung dar und beeinflusst deshalb – zusammen mit der Lehrperson, den Lernenden und anderen Lernmaterialien – ganz wesentlich Lehrziele, -inhalte, -methoden und -ergebnisse.

(2) Das Schulbuch weist eine hohe Nähe zum Lernen der Lernenden auf. Es schlägt viel direkter und stärker auf Informationsverarbeitungsprozesse der Lernenden durch als das z.B. schulorganisatorische Maßnahmen tun. Das Schulbuch stellt einen wichtigen Bestandteil des Lernprozesses dar, der grundlegend für das Lernergebnis ist.

(3) Das Schulbuch liefert Mengen von Aufgaben, denen im aktuellen kompetenz- bzw. bildungsstandard-orientierten Unterricht eine besondere Bedeutung zukommt (vgl. z.B. Kiper, Meints, Peters, Schlump & Schmit, 2010).

(5) Ein didaktisch gut gestaltetes Schulbuch kann andere instruktionale Defizite (z.B. einen schlecht strukturierten Unterricht) zumindest teilweise kompensieren.

(6) Das Schulbuch als Medium ist an die dynamische technologische Entwicklung angebunden und stellt deshalb direkt oder indirekt eine kontinuierlich wirksame innovative Kraft im Unterricht dar.

Damit diese hier beschriebenen Möglichkeiten aber tatsächlich wirksam werden können, bedarf es einer hohen pädagogischen Qualität von Schulbüchern. Zur Bestimmung dieser Qualität liegen instruktionspsychologisch fundierte und experimentell getestete Gestaltungsrichtlinien für Lerntexte vor, die auch für Schulbücher relevant sind (vgl. z.B. Ballstaedt, Mandl, Schnotz & Tergan, 1981; Arzberger & Brehm, 1995; Ballstaedt, 1997). In solchen Richtlinien werden Lernziele,

Zusammenfassungen, Advance organizer, Sequenzierung, Textfragen und ähnliche Textbestandteile als lernwirksam angesehen. Dabei ist allerdings anzumerken, dass die jeweiligen Textbestandteile meist in Experimenten getestet wurden, in denen wenige Variablen variiert wurden. Oft ist hingegen nicht ausreichend bekannt, was passiert, wenn viele solcher Textbestandteile miteinander kombiniert werden. Denkbar ist z.B., dass sich daraus eine instruktionale und damit auch kognitive Überlastung ergeben kann. Damit so etwas möglichst eingeschränkt wird, scheint es sinnvoll zu sein, von in sich geschlossenen konsistenten Instruktionstheorien auszugehen und deren Umsetzung in Lernmaterialien konsequent zu zeigen bzw. durchzuführen, wie das z.B. in Reigeluth (1987) dargestellt wurde.

Analysen zur Qualität von Schulbüchern sind meist qualitativ, fachlich oder historisch orientiert. Empirisch-quantitative Analysen zur instruktionalen Qualität sind selten und zeigen meist signifikante instruktionale Entwicklungspotentiale in z.B. Aspekten der Individualisierung, der Fehlerkultur oder des systematischen Kompetenzaufbaus (vgl. z.B. Astleitner, Sams & Thonhauser, 1998; Astleitner, 2009).

Insgesamt ist eine (experimentell oder quasi-experimentell) betriebene kontrollierte Schulbuchwirkungsforschung mit einer langfristigen Optimierungsperspektive wenig ausgeprägt, was bedauerlich ist, weil damit das mit wissenschaftlichen Methoden bestimmte Potential von Schulbüchern und deren Weiterentwicklungen in der Schul- und Unterrichtsentwicklung ungenutzt bleibt (vgl. z.B. Doll & Prenzel, 2004). Fundierte Arbeiten aus dem Bereich des Lernens mit Sachtexten, die hier als Modelle für Schulbuchwirkungsforschung dienen könnten, liegen z.B. von Leopold, den Elzen-Rump und Leutner (2006) vor. Solchen Arbeiten fehlt allerdings die Perspektive der Kombination bzw. Integration von Schulbüchern mit den Möglichkeiten, die neue Medien bieten. Im folgenden Abschnitt sollen die theoretischen Möglichkeiten solcher Medienkombinationen deshalb im Überblick dargestellt werden.

2. Die theoretischen Funktionen von Schulbüchern und neuen Medien im Unterricht

Das Fehlen einer wissenschaftlich fundierten und langfristig angelegten empirischen Schulbuchwirkungsforschung ist auch deshalb bedauerlich, weil damit lern- und motivationsrelevante Potentiale für den praktischen Unterricht ungenutzt bleiben oder nicht optimal genutzt werden. Diese unterrichtlichen Potentiale des Schulbuches können theoretisch mit Lern- und Lehraktivitäten in konstruktivistischen Lernumgebungen nach Jonassen (1999) und mit den Prinzipien der Instruktion nach Merrill (2009) beschrieben werden. Das über Schulbücher hinausgehende unterrichtliche Potential von neuen Medien kann in Anlehnung an Wang, Fong und Kwan (2010) festgemacht werden (vgl. Tabelle 1).

Tabelle 1: Ausgewählte idealtypische theoretische Funktionen von Schulbüchern und neuen Medien im Unterricht (in Anlehnung an: Jonassen, 1999; Merrill, 2009 und Wang, Fong & Kwan, 2010)

Medium	Funktion	Beispielhafte Aktivitäten
Schulbuch mit Lehrperson und Lernenden	Modellieren Coaching Scaffolding	Vorzeigen, Demonstrieren Hinweisen, Provozieren Aufgaben variieren und strukturieren
	Explorieren Artikulieren Reflektieren	Erkunden von Inhalten und Problemen Begründen, Erklären, Strategien einsetzen Bewerten an Kriterien
Evaluation/Feedback-Tools	Automatisierte Leistungsbewertung	Unmittelbares Lernfeedback
Email, Chat etc.	Kommunikation, Zusammenarbeit	Gruppenarbeit, Bilden von Beziehungen
Suchwerkzeuge	Informationsbeschaffung	Erweiterung bzw. Vertiefung der Informationsbasis
Links	Verbinden von Informationen	Relativieren, Multiperspektivität herstellen
Frequently asked question, Q&A	Zusammenfassung von Lernaktivitäten	Intensivierte Fehlerkultur
Blogs	Lernprozesse dokumentieren	Kompetenzentwicklungen qualitativ bzw. exemplarisch abbilden
Wikis	Wissensproduktion in Teams	Selbstgesteuerte Erzeugung von Lernmaterialien
Podcasts	Multi-channel-Lernen	Ganzheitliches Lernen, multimodale Verarbeitung und Speicherung
Google jockeying	Multi-tasking Lernumgebungen	Reichhaltige Lernumgebungen
Mashups	Kombination von Online-Services	Erhöhte Adaptivität und Individualisierung
Mobile Technologien	Schneller immer- und überall-Zugriff	Integration von Unterricht und Alltag

Die in Tabelle 1 präsentierte Aufstellung von Medien, deren Funktionen und beispielhaften Aktivitäten im Unterricht ist weder erschöpfend (vollständig in Medien-, Funktions- und Aktivitätstypen) noch exklusiv (ausschließlich für bestimmte Medien zugeordnet). Zudem ist es so, dass diese Funktionen meist in Interaktionen mit Menschen umgesetzt werden und damit Vermischungen von instruktionalen Aktivitäten auftreten, die eine klare Zuordnung unmöglich machen. Allerdings lassen sich vier zentrale mediale Entwicklungen festmachen, wenn man die unterrichtlichen Leistungen von Schulbüchern in Kombination mit neuen Medien betrachtet. Diese betreffen (vgl. z.B. Lee & McLoughlin, 2010):

1) Personalisation (Berücksichtigung der individuellen Bedürfnisse der Lernenden),
2) Partizipation (intensive Interaktion aller Elemente von Lehr-Lern-Systemen),
3) Produktivität (selbstgesteuerte und offene Gestaltung von Lernmaterialien) und
4) Hybridisierung (Vermischung von unterschiedlichen Medien).

Neue Medien und deren Funktionen erweitern das Spektrum an Lehraktivitäten mit Schulbüchern signifikant, allerdings ohne Garantie der Erhöhung der Lernwirksamkeit, weil fast beliebige Medienkombinationen möglich sind und auch in der unterrichtlichen Praxis eingesetzt werden. Es stellt sich damit die Frage, welche Optionen bzw. Kombinationen von Medienverbünden in hybriden Lernumgebungen pädagogisch besonders wirksam sind bzw. aus der Perspektive der Medienwirkungsforschung für die unterrichtliche Praxis empfohlen werden können.

3. Evidenz: Effekte und Wirkungsmuster hybrider Lernumgebungen

Die Frage nach Effekten und Wirkungsmustern in hybriden Lernumgebungen (mit Schulbüchern und neuen Medien) kann auf der Basis empirischer medienpädagogischer und -psychologischer Forschung beantwortet werden.

Metaanalysen: Dabei können zunächst Metaanalysen (Studien, die die Wirksamkeit von vielen Effektstudien zusammenfassen) bemüht werden (vgl. Lipsey, 1990). In Frey und Frey-Eiling (2010) finden sich zusammengefasst Ergebnisse von empirischen Studien zu instruktionalen Elementen, wie sie in hybriden Lernumgebungen vorkommen. So zeigen sich z.B. (mittlere) d-Effektstärken für folgende ausgewählte Unterrichtstechniken auf Lerneffekte (vgl. ebd., S. 8ff.): Film (-0,07), computerunterstützter Unterricht (0,31), Multimedia (0,41), Advance Organizer (0,45), wiederholt eingeschobene Fragen (0,96) und manipulierbares Material (mit Lehrzielen, Aufgaben, Lösungen, Lernzielkontrollen etc.) (1,04). Gerade die hohe Effektstärke bei manipulierbarem Material, wie es auch in Schulbüchern gefunden werden kann, lässt erwarten, dass hybride Lernumgebungen mit Schulbüchern oder schulbuchähnlichem Lernmaterial prinzipiell hoch lernwirksam sind. Allerdings ist damit nicht wirklich geklärt, was passiert, wenn man diese wirksamen und unwirksamen instruktionalen Elemente in eine hybride Lernumgebung integriert bzw. sie miteinander kombiniert. Es kann z.B. durchaus sein, dass eine Kombination von wirksamen Elementen von Schulbüchern und neuen Lernmedien zu Null- oder negativen Effekten führt. Denkbar ist z.B., dass bestimmte Effekte des einen Mediums durch ein anderes Medium verringert oder sogar gelöscht werden können (reduktiver Effekt). Möglich ist aber auch, dass sich bestimmte Effekte eines Mediums nur dann zeigen, wenn eine ganz bestimmte Ausprägung eines anderen Mediums gegeben ist (Interaktionseffekt). Diese prinzipiell unterschiedlichen Effektmuster lassen erwarten, dass es sehr schwierig ist, die Wirksamkeit einer bestimmten Medienkombination genau bestimmen zu können.

No significant difference phenomenon: Russell fasst auf einer Internet-Seite http://www.nosignificantdifference.org (Zugriff am 20. Juni 2011) hunderte Medienvergleichsstudien zusammen, die positive, negative oder Null-Effekte von

traditionellem (oft auf Schulbüchern bezogenen) gegenüber neue-medienbasiertem Unterrichten zeigen. Es ergeben sich dabei folgende typische Effektmuster:
1) Medienkombinationen sind dann wirksamer als andere, wenn deren jeweilige Stärken kombiniert werden, was aber eine entsprechende Stärken- bzw. Schwächenanalyse voraussetzt;
2) Medienkombinationen sind dann wirksam, wenn sie einen reichhaltigen Medienmix implementieren, der von den Lernenden individuell genutzt werden kann;
3) Medienkombinationen führen dazu, dass bestimmte Elemente nicht oder nicht im beabsichtigten Sinne genutzt werden, speziell dann, wenn reichhaltige Lernumgebungen installiert sind;
4) Medienkombinationen zeigen keine Effektunterschiede gegenüber anderen Medienkombinationen, allerdings sind unterschiedliche Wirkungsmechanismen bzw. Prozesse des Lernens gegeben, und
5) gleiche instruktionale Elemente zeigen positive, negative und Null-Effekte, je nach Untersuchungs- bzw. instruktionalem Kontext.

Bewertet man diese Studien, liegt der Schluss nahe, dass nicht bestimmte Variablen universalistisch (in vielen Fällen) wirken, sondern, dass ganze Instruktionspakete (Kombinationen von Variablen) nur in ganz bestimmten Kontexten (Lernumgebungen) wirksam sind. Dieser Umstand macht es sinnvoller, nicht auf viele Studien zu blicken, sondern ganz bestimmten Studien mehr Augenmerk zu schenken.

Best-evidence synthesis: Eine Alternative zu Metaanalysen und anderen Zusammenfassungen von Studien stellen „best-evidence synthesis" nach Slavin (1986) dar. Dabei werden theoretisch und methodisch besonders gut gemachte Studien ausgewählt und nach Effektmustern untersucht. Slavin, Cheung, Groff und Lake (2008) legen z.B. eine solche best-evidence synthesis im Bereich der Förderung der Leseleistung vor. Dabei wurden traditionelle Förderprogramme, (die auch mit Schulbüchern arbeiten), computerbasierte Maßnahmen und Maßnahmen, bei denen Computer ergänzend eingesetzt werden, einander gegenübergestellt. Als besonders wirksam zeigten sich dabei Förderprogramme auf der Basis kooperativen Lernens und solche Ansätze, die Methodenmischungen (Klassenunterricht, Gruppenarbeit und computerunterstütztes Lernen) realisierten. Computergestützte Lernszenarien, die als alleinige Fördermethode eingesetzt wurden, zeigten hingegen geringe Effekte. Für Mathematikleistungen konnten Slavin und Lake (2008) in ihrer best-evidence synthesis zeigen, dass die Effekte von Schulbüchern stark variieren und oft nicht schlüssig bestimmt werden können.

Insgesamt bewertet ist die Forschungslage, was die Kombination von Schulbüchern und neuen Medien und deren Lerneffekte betrifft, noch wenig fortgeschritten, speziell dann, wenn man lernoptimierende Richtlinien für eine unterrichtliche Nutzung erwartet. Am ehesten scheint best-evidence synthesis geeignet zu sein, die komplexe Forschungslage und daraus abgeleitete Implikationen für Forschungs- und Praxisprojekte mit hybriden Lernumgebungen leisten zu können. Derzeit liegen aber noch zu wenige solcher Arbeiten vor. Es stellt sich damit die Frage, wie man sonst Forschungs- und Praxisprojekte, die Schulbücher und neue Medien kombinieren, mit medienpädagogischen Empfehlungen versorgen kann.

4. Prinzipien hybrider und komplementärer Nutzungsmuster

Für Forschungs- und Praxisprojekte, deren Ziel es ist, Schulbücher und neue Medien kombiniert in hybriden Lernumgebungen zu nutzen, können „Prinzipien komplementärer Nutzungsmuster" vorgeschlagen werden. Prinzipien sind allgemeine Handlungsorientierungen, die im jeweiligen forschungs- und/oder praxisbezogenen Mediengestaltungsprojekt individuell angepasst werden. Diese Prinzipien sollen es ermöglichen, dass a) die jeweiligen Beiträge der einzelnen Medien für Lern- und Motivationseffekte klarer, d.h. valider bestimmt werden können und b) die Wirkungen einzelner Medien komplementär (sich positiv ergänzend) zu den anderen in einer Lernumgebung eingesetzten Medien sind. Folgende vier Prinzipien können vorgeschlagen werden:

- Prinzip 1: Einordnung der Lernumgebung in hybride Lernmodelle: Um die Vergleichbarkeit von Forschungs- und Praxisprojekten und deren theoretische Fundierung verbessern und damit die Möglichkeit der Herausarbeitung besonders wirksamer Kombinationen leisten zu können, müssen realisierte Lernumgebungen genau klassifiziert werden. Damit werden die wirksamen Instruktionspakete an Dimensionen hybrider Lernmodelle (z.B. Raum, Zeit, Lebensnähe oder Menschenbezug) bestimmbar. Entsprechende Klassifikationshilfen bieten z.B. Wang, Fong und Kwan (2010).
- Prinzip 2: Bestimmung der Funktion aller Medien in einem Wissensmanagementprozess: Durch die Miteinbeziehung von neuen Medien wird aus einem unterrichtlichen Prozess ein Wissensmanagementprozess, weil Wissen intensiv unter Nutzung unterschiedlicher Quellen verarbeitet werden muss. In diesem Prozess geht es darum, Wissensziele zu bestimmen, relevantes Wissen zu identifizieren, Wissen zu erwerben, Wissen weiter zu entwickeln, zu verteilen, zu nutzen, zu speichern und zu bewerten. Damit Unterricht mit Schulbüchern und neuen Medien erfolgreich ist, muss ein Wissensmanagementprozess möglichst vollständig und effizient ablaufen. Denkbar ist z.B., dass das Schulbuch dafür eingesetzt wird, Wissensziele festzulegen, relevantes Wissen zu identifizieren oder den Wissenserwerb zu fördern. Neue Medien und deren Möglichkeiten kommen dann ins Spiel, wenn es darum geht, Wissen zu entwickeln (z.B. über Wikis), Wissen zu verteilen (z.B. über Email), Wissen zu nutzen (z.B. für die Erstellung von Podcasts), Wissen zu speichern (z.B. in Mashups) oder Wissen zu bewerten (z.B. in online-Assessments). Erst, wenn alle Phasen eines Wissensmanagementprozesses erfolgreich ablaufen, kann davon ausgegangen werden, dass auch Lernen optimal gefördert wird.
- Prinzip 3: Bestimmung der Leistung aller Medien zur Realisierung wirksamer Lehr-Lernprozesse bei Beachtung des Kriteriums der Komplementarität: Grundsätzlich sind Lehr-Lernprozesse dann erfolgreich, wenn fünf Fragen positiv beantwortet werden können: 1) Ist der Lernende motiviert?, 2) Hat der Lernende die notwendigen Informationen?, 3) Hat der Lernende alles verstanden?, 4) Kann der Lerner die Information aus dem Gedächtnis abrufen? und 5) Kann der Lernende die Information anwenden? (vgl. den Lehralgorithmus von Klauer & Leutner, 2007, S. 68). Für jeden Teil dieser Lehr-Lernprozesse ist dann für jedes Medium (z.B. Schulbuch) festzulegen, welchen Beitrag es leistet und welchen

Beitrag zusätzlich ergänzend (komplementär) ein anderes Medium (z.B. Online-Supplement) leistet. Die Umsetzung dieses Prinzips soll dazu führen, dass kombinierte Medien jeweils ähnliche und verstärkte Effekte und keine gegenteiligen Effekte oder unerwartete Nebeneffekte produzieren. Dabei wird nicht davon ausgegangen, was ein Medium kann, sondern welche Lehrfunktionen im Rahmen des Unterrichts umgesetzt werden müssen.
- Prinzip 4: Operationalisierung und Gestaltung von hybriden Lernmodellen mit Fokus auf Aufgabensequenzen: Lern- und Motivationsprozesse werden auch in hybriden Lernumgebungen mit Aufgaben gestartet, aufrechterhalten und überprüft. Lernen kann so nach modernen Auffassungen der allgemeinen Didaktik auf einer Sequenz von gestellten Aufgaben basierend gesehen werden (vgl. z.B. Astleitner, 2008a). Van Merrienboer und Kirschner (2007, S. 14) zeigen, wie unterschiedlich schwierige Aufgaben, darauf bezogene Teilaufgaben und lernförderliche Informationen in hybriden Lernumgebungen aufeinander bezogen werden können.

Solche Prinzipien garantieren nicht, dass lernoptimierte Kombinationen von Schulbüchern und neuen Medien in Forschung und Praxis realisiert werden können. Aber sie lenken die Aufmerksamkeit auf wichtige Facetten eines mediengestützten Lehr-Lernprozesses und erlauben zumindest Orientierungshilfen bei (kommunikativen) Validierungen zu sein.

5. Zusammenfassende Perspektiven einer forschungsbezogenen Schulbuchentwicklung

In einer forschungsbezogenen Schulbuchentwicklung, die zudem neue Medien berücksichtigt bzw. integriert, bleibt für die Zukunft viel zu tun.

Im Bereich der Entwicklung von didaktischen Theorien fehlt es an Ansätzen, die relationale und dabei vor allem Wirkungsmuster von unterschiedlichen Medien in einem dynamischen Nutzungsszenario aufzeigen (vgl. Astleitner, 2011). Das bedeutet, dass Schulbücher, neue Medien, Lehrpersonen und Lernende als Teilsysteme aufgefasst werden, die in einem Lehr-Lernprozess mit einander interagieren und jeweils bestimmte aufeinander abgestimmte Beiträge liefern bzw. spezifische originäre Lehrfunktionen umsetzen. Entsprechende Theorien, auf die man aufbauen könnte, stellen z.B. die Strukturtheorie des Unterrichts (vgl. Kiper & Mischke, 2009, S. 33) oder der Ansatz adaptiver instruktionaler Systeme von Park (1996, S. 658) dar. In einer nächsten Phase können dabei nicht nur kognitive Wirkungen ins Auge gefasst werden, sondern auch motivationale und emotionale (vgl. z.B. Astleitner, 2008b oder Astleitner & Hascher, 2008). Die hier vorliegende Arbeit entwickelt eine solche dynamische Systemtheorie nicht, sie exploriert aber die konstituierenden Merkmale und Mechanismen und soll damit zu einer verstärkt theoretischen Akzentuierung zukünftiger Projekte zu hybriden Lernumgebungen beitragen.

In methodischer Hinsicht erzeugen komplexe Medienkombinationen auch neue forschungsstrategisch veränderte Konstellationen. Mitunter kann nicht mehr davon ausgegangen werden, dass einige oder wenige Variablen wirken und deren Wirksamkeit mit hoher interner und ggfs. externer Validität überprüft werden kann. Vielmehr muss davon ausgegangen werden, dass ganze „Instruktionspakete" global wirken und zwar nur in ganz bestimmten kontextualen Gegebenheiten, was in Campbell und Rosso (1999) mit dem Konzept der „local molar validity" umschrieben wird. Wenn man außerdem berücksichtigt, dass Medienkombinationen aufeinander komplementär abgestimmt werden müssen, dann bedeutet das, dass Entwicklung und Überprüfung der Wirksamkeit intensiver gekoppelt werden müssen. Eine Methodik dafür liefern sogenannte „Design-Experimente" wie sie z.B. in Kelly, Lesh und Baek (2008) beschrieben sind. Und schließlich muss davon ausgegangen werden, dass komplexe Lernszenarien auch umfassender bzw. auf Basis multipler Evidenz evaluiert werden müssen. Astleitner, Kriegseisen und Riffert (2009) haben ein multiples Evidenz-Modell vorgeschlagen, das die Effektivität von Instruktionspaketen in der Zeit (während, am Ende und nach einer Intervention), in (ähnlichen, verschachtelten und real-world-) Kontexten und in Bezug zu Neben- und Interaktionseffekten prüft.

Es bleibt für die Zukunft zu hoffen, dass Expertise im Bereich der Medienpädagogik bzw. -psychologie, der Unterrichtsforschung und der Forschungsmethoden kombiniert werden, um das so wichtige Medium Schulbuch integriert mit neuen Medien nachhaltig und umfassend – in intensiver Kooperation mit Schulmedienproduzenten – weiterentwickeln zu können. Die vorliegende Arbeit soll einen innovativen Beitrag dazu leisten.

Literatur

Arzberger, H. & Brehm, K.-H. (Hrsg.). (1995). *Lerntexte in der Weiterbildung*. Erlangen: Publicis-MCD.

Astleitner, H. (2008a). Die lernrelevante Ordnung von Aufgaben nach der Aufgabenschwierigkeit. In J. Thonhauser (Hrsg.), *Aufgaben als Katalysatoren von Lernprozessen* (S. 65-80). Münster: Waxmann.

Astleitner, H. (2008b). Multiple affektiv-relevante Ziele, Kontexte und Forschungsmethoden im E-Learning. *Zeitschrift für E-Learning, 3*, 4-7.

Astleitner, H. (2009). *Eine Didaktik-Theorie zur Inneren Differenzierung in Schulbüchern: Das Aufgaben-Rad-Modell.* Fachbereich Erziehungswissenschaft, Universität Salzburg. Zugriff am 20. Juni 2011 http://www.uni-salzburg.at/pls/portal/docs/1/562715.PDF

Astleitner, H. (2011). *Theorieentwicklung für SozialwissenschaftlerInnen*. Wien: Böhlau, UTB.

Astleitner, H. & Hascher, T. (2008). Emotionales Instruktionsdesign und e-Learning. In J. Zumbach & H. Mandl (Hrsg.), *Fallbuch Pädagogische Psychologie: Lehr- und Lernpsychologie* (S. 265-274). Göttingen: Hogrefe.

Astleitner, H., Kriegseisen, J. & Riffert, F. (2009). *Using a multiple evidence model (MUEMO) for testing the effectiveness of educational interventions*. Paper presented at European Conference on Educational Research, Vienna, 28.-30.9.2009. Zugriff am 5. August 2011 http://www.uni-salzburg.at/pls/portal/docs/1/1091171.PDF

Astleitner, H., Sams, J. & Thonhauser, J. (1998). *Womit werden wir in der Zukunft lernen? Schulbuch und CDROM. Ein kritischer Vergleich.* Wien: ÖBV Pädagogischer Verlag.

Ballstaedt, S.-P. (1997). *Wissensvermittlung. Die Gestaltung von Lernmaterial.* Weinheim: PVU, Beltz.

Ballstaedt, S.-P., Mandl, H., Schnotz, W. & Tergan, S.-O. (1981). *Texte verstehen, Texte gestalten.* München: Urban & Schwarzenberg.

Birkerts, S. (1997). *Die Gutenberg-Elegien. Lesen im elektronischen Zeitalter.* Frankfurt/M.: Fischer.

Campbell, D. T. & Russo, M. J. (1999). *Social experimentation.* Thousand Oaks, CA: Sage.

Carliner, S. & Shank, P. (Eds.) (2008). *The e-learning handbook. Past promises, present challenges.* San Francisco, CA: Pfeiffer.

Doll, J. & Prenzel, M. (Hrsg.) (2004). *Bildungsqualität von Schule.* Münster: Waxmann.

Frey, K. & Frey-Eiling, A. (2010). *Ausgewählte Methoden der Didaktik.* Zürich: vdf Hochschulverlag.

Hofmann, F. & Astleitner, H. (2010). Bildungsstandards und die Fortbildung von Lehrerinnen und Lehrern – aufgezeigt am Beispiel des Schulbuchs als kritische Größe. In F. H. Müller, A. Eichenberger, M. Lüders & J. Mayr (Hrsg.), *Lehrerinnen und Lehrer lernen. Konzepte und Befunde zur Lehrerfortbildung* (S. 213-226). Münster: Waxmann.

Jonassen, D. H. (1999). Designing constructivist learning environments. In C. M. Reigeluth (Ed.), *Instructional-design theories and models. A new paradigm of instructional theory* (Vol. II, pp. 215-239). Mahwah, NJ: Erlbaum.

Kelly, A. E., Lesh, R. A. & Baek, J. Y. (Eds.) (2008). *Handbook of design research methods in education.* New York & London: Routledge.

Kiper, H., Meints, W., Peters, S., Schlump, S. & Schmit, S. (Hrsg.) (2010). *Lernaufgaben und Lernmaterialien im kompetenzorientierten Unterricht.* Stuttgart: Kohlhammer.

Kiper, H. & Mischke, W. (2009). *Unterrichtsplanung.* Weinheim, Basel: Beltz.

Klauer, K. J. & Leutner, D. (2007). *Lehren und Lernen.* Weinheim, Basel: Beltz PVU.

Lee, M. J. W. & McLoughlin, C. (2010). Applying Web. 2.0 tools in hybrid learning designs. In F. L. Wang, J. Fong & R. C. Kwan (Eds.), *Handbook of research on hybrid learning models: Advanced tools, technologies, and applications* (pp. 371-392). Hershey, PA: Information Science Reference.

Leopold, C., den Elzen-Rump, V. & Leutner, D. (2006). Selbstreguliertes Lernen aus Sachtexten. In M. Prenzel & L. Allolio-Näcke (Hrsg*.),* *Untersuchungen zur Bildungsqualität von Schule* (S. 268-288). Münster: Waxmann.

Lipsey, M. W. (1990*).* *Design sensitivity.* Newbury Park, CA: Sage.

Merrill, M. D. (2009). First principles of instruction. In C. M. Reigeluth & A. A. Carr-Chellman (Eds.), *Instructional-design theories and models* (Vol. III, pp. 41-56). New York & London: Routledge.

Park, O.-C. (1996). Adaptive instructional systems. In D. H. Jonassen (Ed.), *Handbook of research for educational communications and technology* (pp. 634-664). New York: Macmillan.

Reigeluth, C. M. (Ed.) (1987). *Instructional theories in action. Lessons illustrating selected theories and models.* Hillsdale, NJ: Erlbaum.

Slavin, R. E. (1986). Best-evidence synthesis: An alternative to meta-analytic and traditional reviews. *Educational Researcher*, 15, 5-11.

Slavin, R. E., Cheung, A., Groff, C. & Lake, C. (2008). Effective reading programs for middle and high schools: A best-evidence synthesis. *Reading Research Quarterly, 43,* 290-322.

Slavin, R. E. & Lake, C. (2008). Effective programs in elementary mathematics: A best-evidence synthesis. *Review of Educational Research, 78,* 427-515.

van Merrienboer, J. J. G. & Kirschner, P. A. (2007). *Ten steps to complex learning.* Mahwah, NJ: Erlbaum.

Wang, F. L., Fong, J. & Kwan, R. C. (Eds.) (2010). *Handbook of research on hybrid learning models: Advanced tools, technologies, and applications.* Hershey, PA: Information Science Reference.

Sebastian Rezat

Wie wählen Schülerinnen und Schüler Schulbuchinhalte aus? Ergebnisse zur selbstständigen Nutzung von Mathematikschulbüchern

Zusammenfassung
Im Beitrag werden Ergebnisse einer qualitativen Studie zur Nutzung des Mathematikbuches durch Schülerinnen und Schüler der Sekundarstufen vorgestellt. Ausgangspunkt der Studie zur Schulbuchwirkungsforschung ist der Ansatz, dass die strukturelle Gestaltung der Bücher als Schnittstelle zwischen der Leserin bzw. dem Leser und dem Buch anzusehen ist und damit die Interaktion der Leserinnen und der Leser mit dem Buch entscheidend beeinflusst. Der Schwerpunkt liegt im Beitrag auf der Rekonstruktion des Auswahlprozesses der Schülerinnen und Schüler. Die Analyse zeigt, dass dieser Auswahlprozess zweistufig modelliert werden kann, wobei auf der ersten Stufe a) vermittlungsorientiert, b) begriffsorientiert oder c) durch Blättern ein relevanter Bereich bestimmt wird und auf der zweiten Stufe ein spezifischer Ausschnitt innerhalb des relevanten Bereichs a) elementorientiert, b) lageorientiert oder c) salienzorientiert ausgewählt wird. Die dargestellten Ergebnisse zum Auswahlprozess von Schulbuchinhalten wurden zwar anhand der Nutzung des Mathematikschulbuches gewonnen, zeichnen sich aber durch eine Allgemeinheit aus, die es erlaubt, die Ergebnisse auch auf andere Bücher, deren Struktur bausteinartig als Kompositum verschiedener Textsorten gestaltet ist, zu übertragen.

Schlüsselbegriffe
Schulbuch, Schulbuchwirkungsforschung, Mathematik, Gebrauchsschemata, Schülerinnen- und Schülerperspektive

1. Einleitung

Schulbücher nehmen eine vermittelnde Stellung zwischen curricularen Vorgaben und dem implementierten Curriculum ein und können daher als potentiell implementiertes Curriculum angesehen werden (Valverde, Bianchi, Wolfe, Schmidt & Houang, 2002). Aufgrund ihres Potentials, das implementierte Curriculum zu beeinflussen, besteht die traditionelle wissenschaftliche Auseinandersetzung mit Schulbüchern im Wesentlichen in der inhaltlichen Analyse. Die alleinige Auseinandersetzung mit dem Buch an sich – unabhängig von seiner Nutzung – steht jedoch im Widerspruch zu einer konstruktivistischen Auffassung vom Lernen, die heute Grundlage der Forschung und Theoriebildung in Pädagogik, Psychologie und den Fachdidaktiken ist. Auf das Verstehen und Aneignen von Inhalten im Schulbuch bezogen besagt die zentrale These des Konstruktivismus, dass Textverstehen kein passives Aufnehmen eines Textinhalts ist, sondern eine aktive, konstruktive Tätigkeit. Demnach enthalten Texte genau besehen keinen Sinn in der Weise, dass dieser durch Handlungen wie „Verstehen" oder „Interpretieren" ans Tageslicht gefördert werden kann. Vielmehr ist der Akt der Sinnstiftung ein Prozess, der als Interaktion zwischen dem Text und der Leserin und dem Leser modelliert werden kann (Aust, 2006, S. 530).

In der Erziehungswissenschaft, der Pädagogik und verschiedenen Fachdidaktiken wird beklagt, dass Schulbuchwirkungsforschung, deren Gegenstand die Interaktion zwischen Buch und Leserin und Leser ist, nur sehr marginal betrieben wird (vgl. Astleitner in diesem Band; Gogolok, 2006). Gründe dafür mögen im Aspektreichtum des Forschungsfeldes (u.a. Textverstehen, inhaltliche und didaktische Gestaltungsprinzipien, Layout und Struktur) und in der methodologischen Schwierigkeit, zu ökologisch validen Aussagen zu gelangen, liegen (Love & Pimm, 1996, S. 397). Der methodologische Zugriff auf tatsächliche Schulbuchnutzung erfolgt meistens mittels Befragungen anhand von Kategoriensystemen, deren Güte weder getestet noch kontrolliert wird.[1]

Wird der konstruktivistische Ansatz ernst genommen und Textverstehen als Interaktion zwischen dem Text und den Lesenden modelliert, dann kommt der strukturellen Gestaltung der Bücher eine große Bedeutung zu. Die strukturelle Gliederung der Bücher erlaubt es den Lesenden, gezielt bestimmte Abschnitte aus dem Buch auszuwählen. In diesem Sinne kann die Struktur der Bücher als Schnittstelle zwischen dem Leser und dem Text betrachtet werden.

An diesem Punkt setzt die in diesem Beitrag vorgestellte Studie an. Der Fokus liegt dabei auf der Nutzung von Mathematikschulbüchern durch Schülerinnen und Schüler der Sekundarstufen.

2. Theoretischer Rahmen

Aus einer soziokulturellen Perspektive betrachtet sind Schulbücher Artefakte, die zum Zwecke der Unterstützung schulischer Lehr-Lernprozesse geschaffen wurden. Jedes Artefakt bietet seiner Nutzerin und seinem Nutzer durch seine spezifische Gestaltung einerseits bestimmte Nutzungsweisen an, andererseits ist es für bestimmte Zwecke aufgrund der spezifischen Gestaltung ungeeignet (Wertsch, 1998). Dies lässt sich am Beispiel eines Hammers, aber auch an modernen Artefakten wie einem Smartphone illustrieren. Ein Hammer bietet sich aufgrund seines Gewichtes, seiner Härte und seiner Form dazu an, in die Hand genommen und auf etwas geschlagen zu werden. Aufgrund seiner rechtwinkligen Form und der Länge seines Stiels bietet er sich eventuell auch an, als Hebel zu fungieren. Er bietet sich aber sicherlich nicht dazu an, eine Schraube in die Wand zu drehen, da ihm die spezifischen Eigenschaften fehlen, die eine Schraube erfordert. Ein Smartphone bietet seinem Nutzer zunächst wenige Verwendungsweisen an. Es besitzt keine Tasten, auf

---

1 Z. B. befragt Zimmermann (1992) insgesamt 562 Schülerinnen und Schüler der 8. und 9. Klasse mit Hilfe eines Fragebogens, bei dem ein Item erfragt, warum Schülerinnen und Schüler schon alleine im Mathematikbuch gelesen haben. Drei Antwortmöglichkeiten werden vorgegeben: „weil ich nachlernen mußte, ich mich vorbereiten wollte, ich Mathematik interessant finde" (Zimmermann, 1992, S. 131). Dabei bleibt ungeklärt, wann eine Tätigkeit als Vorbereitung und wann als Nachlernen zählt. Dies wird von Schülerinnen und Schüler vermutlich auch sehr unterschiedlich eingeschätzt werden. Darüber hinaus gibt es keine Anhaltspunkte dafür, ob die drei genannten Tätigkeiten die Tätigkeiten der Schülerinnen und Schüler mit dem Buch vollständig erfassen. Mögicherweise nutzen Schülerinnen und Schüler das Buch noch in ganz anderen Zusammenhängen, nach denen hier aber nicht gefragt wird.

die der Nutzende drücken könnte, und keine sonstigen markanten Eigenschaften, die eine Verwendung zu einem bestimmten Zweck nahelegen. Durch die Abbildung von Tasten auf dem Display wird dem Nutzenden jedoch nahegelegt, auf das Display zu fassen und auf diese Weise das Smartphone zu bedienen. Auf diese Weise erhalten die Nutzenden Zugang zu einer Vielfalt von Einsatzmöglichkeiten, die die eines gewöhnlichen Telefons weit überschreiten. Darüber hinaus zeigt sich, dass dieses Display nicht nur Tasten imitieren kann, sondern als Folge vielfältiger Berührungen sehr unterschiedliche Funktionen erfüllen kann: Es kann vergrößern, verkleinern, scrollen und Vieles mehr. Für Nutzende ist es essentiell, diese Verwendungsmöglichkeiten zu kennen und in den eigenen Gebrauch zu überführen. Aus einer kognitiven Perspektive betrachtet bedeutet dies, dass Nutzende kognitve Schemata zum Gebrauch des Artefaktes entwickeln müssen. In der kognitiven Ergonomie werden diese als Gebrauchsschemata bezeichnet. Béguin und Rabardel (2000) charakterisieren ein Gebrauchsschema folgendermaßen: „As such, a utilization scheme is a structure with a history, that changes as it is adapted to an expanding range of situations and is contingent upon the meanings attributed to the situations by the individual" (Béguin & Rabardel, 2000, S. 182-183). Aus Sicht der kognitiven Ergonomie wird das Artefakt durch Entwicklung individueller oder soziokulturell vermittelter Gebrauchsschemata zum *Instrument*: „We propose defining the instrument as a mixed entity, born of both the subject and the object (in the philosophical sense of the term): the instrument is a composite entity made up of an artifact component (an artifact, a fraction of an artifact or a set of artifacts) and a scheme component (one or more utilization schemes)" (Rabardel, 2002, S. 86). Dieser Prozess der Überführung eines Artefakts in den persönlichen Gebrauch durch die Entwicklung von Gebrauchsschemata wird als *Instrumentalisierung* bezeichnet (Rabardel, 2002).

Gebrauchsschemata sind Vergnaud zufolge insbesondere durch vier konstitutive Elemente gekennzeichnet: „operational invariants, inference possibilities, rules of action, and goals" (Vergnaud, 1996, S. 222). Von den vier Komponenten betont Vergnaud die Rolle der operationalen Invarianten für die Charakterisierung von Schemata: „These [operational invariants] form the specific parts of schemes that represent objects, predicates, conditions and theorems. The other ingredients of schemes (rules of action, goals, and inference possibilities) have no essential value in articulating practice and theory" (Vergnaud, 1998, S. 176).

Vergnaud unterscheidet zwei Arten von operationalen Invarianten: „concepts-in-action" und „theorems-in-action" (Vergnaud 1996, S. 222): „A *theorem-in-action* is a proposition that is held to be true by the individual subject for a certain range of the situation variables. [...] *Concepts-in-action* are categories (objects, properties, relationships, transformations, processes, etc.) that enable the subject to cut the real world into distinct elements and aspects, and pick up the most adequate selection of information according to the situation and scheme involved" (Vergnaud 1996, S. 225). Kennzeichnend für Vergnauds Ansatz ist, dass er eine bereichsspezifische Theorie der kognitiven Repräsentation von Wissen entwickelt. Dies wird anhand der beiden operationalen Invarianten *concepts-* und *theorems-in-action* besonders deutlich, da Vergnaud zur Beschreibung der kognitiven Repräsentation mathematischen Wissens Begriffe wählt, die die Unterscheidung zwischen mathematischen Gegenständen (Konzepten) und (wahren) Aussagen über diese Gegenstände (Theoreme) in der Mathematik abbilden. Die Begriffe, die die kognitive Struktur mathematischen Wissens beschreiben, entsprechen damit der Struktur des mathematischen Wissens selbst.

In der vorliegenden Analyse von Gebrauchsschemata steht jedoch nicht die kognitive Repräsentation mathematischen Wissens im Vordergrund, sondern die kognitive Struktur von Wissen über die Verwendung des Mathematikbuches als Instrument zum Lernen von Mathematik. Daher werden operationale Invarianten allgemeiner in Form von *beliefs-in-action* beschrieben. *Beliefs-in-action* sind dabei handlungsleitende Auffassungen über das Mathematikbuch, auf die anhand von Aussagen oder Handlungen der Schülerinnen und Schüler geschlossen wird. Der Zusatz ‚in-action' soll dabei verdeutlichen, dass beliefs in der vorliegenden Analyse nicht nur als Disposition zur Bejahung einer Aussage (Scheffler, 1965, S. 77) verstanden werden, sondern auch auf implizites Wissen (Polanyi, 1985) bezogen sind, das aus der Analyse der Handlungen von Personen abgeleitet ist und den Personen möglicherweise selbst nicht bewusst ist.

Am oben angeführten Beispiel des Hammers und des Smartphones wird weiterhin deutlich, dass die Frage, welche Verwendungsweisen den Nutzern nahegelegt werden, eine Frage der spezifischen Gestaltung des Artefakts ist. Durch diese Gestaltung beeinflusst das Artefakt die Gebrauchsschemata der Nutzenden, die sich auf die spezifischen Modalitäten des Artefakts einstellen müssen. Diese Beeinflussung der Nutzenden durch das Artefakt wird aus Sicht der kognitiven Ergonomie als *Instrumentierung* bezeichnet.

Eine besondere Rolle bei der *Instrumentalisierung* und *Instrumentierung* spielt die Schnittstelle zwischen Nutzenden und Artefakt, da sie in der Interaktion beider vermittelt. Es lässt sich daher in Bezug auf Mathematikschulbücher die Frage stellen, ob deren Schnittstelle durch ihre spezifische Gestaltung bestimmte Nutzungsweisen nahelegt bzw. einschränkt. In diesem Zusammenhang ist – wie weiter oben dargestellt – die Struktur von Mathematikschulbüchern von besonderem Interesse.

Der Untersuchung der faktischen Interaktion der Schülerinnen und Schüler mit ihrem Mathematikbuch ging daher eine eingehende Analyse der Struktur deutscher Mathematikschulbücher für die Sekundarstufen I und II voran (Rezat, 2008). Dabei zeigt sich, dass sich in der Regel drei Strukturebenen in den Mathematikbüchern unterscheiden lassen: die Makro- bzw. Buchebene, die Meso- bzw. Kapitelebene und die Ebene der Lerneinheiten bzw. Mikroebene. Alle Ebenen sind aus verschiedenen Strukturbausteinen zusammengesetzt. Auf der Mikroebene sind es verschiedene Textsorten, aus denen sich die Lerneinheiten der Mathematikschulbücher bausteinartig zusammensetzen. Typische Strukturbausteine sind *Einstiegsaufgaben*, *Lehrtexte*, *Kästen mit Merkwissen*, *Musterbeispiele* und *Aufgaben*. Jedem dieser Strukturbausteine werden bestimmte Funktionen im Lernprozess zugeschrieben, die i.d.R. auf den Einführungsseiten der Bücher erläutert werden. Z.B. werden *Einstiegsaufgaben* propädeutische, aktivierende und Vorwissen reaktivierende Funktionen und *Kästen mit Merkwissen* zusammenfassende Funktionen zugeschrieben; *Musterbeispiele* sollen paradigmatisch für die *Aufgaben* sein und *Aufgaben* sichernd, festigend, vertiefend und differenzierend. Durch eine unterschiedliche typographische Gestaltung werden die Strukturbausteine visuell voneinander abgegrenzt. Damit einher geht die Möglichkeit, gezielt auf bestimmte Strukturbausteine mit bestimmten Funktionen und Eigenschaften zugreifen zu können.

Die Strukturanalyse zeigt weiterhin, dass in allen untersuchten deutschen Mathematikschulbüchern ein vergleichbares Repertoire an Strukturbausteinen zu finden ist. Sogar die Anordnung der Strukturbausteine weist nur ein geringes Variationsspektrum auf (Rezat, 2008). Howson (1995) kommt selbst im Rahmen einer internationalen Vergleichsstudie zu einem analogen Ergebnis.

3. Forschungsdesign

Das zentrale Anliegen der Untersuchung bestand darin, empirische und gegenstandsverankerte Erkenntnisse darüber zu gewinnen, wie Schülerinnen und Schüler ihre Mathematikbücher als Instrumente zum Lernen von Mathematik verwenden. Auf der Grundlage einer differenzierten Stukturanalyse deutscher Mathematikschulbücher wurde die tatsächliche Nutzung und damit die Interaktion von Schülerinnen und Schülern der Sekundarstufen I und II mit ihrem Mathematikbuch auf der Ebene der Schnittstelle empirisch untersucht. Leitend für die Untersuchung waren im Einzelnen Fragen wie: Wozu nutzen Schülerinnen und Schüler ihr Mathematikbuch? Wie wählen sie Inhalte im Buch aus? Welche Strukturbausteine nutzen Schülerinnen und Schüler in bestimmten Situationen? Lassen sich typische Verwendungsweisen in bestimmten Situationen feststellen?

Antworten auf diese Fragen wurden im Rahmen eines qualitativen Forschungsansatzes gesucht, der grundsätzlich den Prinzipien der Grounded Theory (Strauss & Corbin, 1996) verpflichtet ist. Auf der Grundlage einer innovativen Methodik, bei der die Schülerinnen und Schüler darum gebeten wurden, die genutzten Ausschnitte im Buch zu markieren und in einem Heft den Grund ihrer Nutzung zu kommentieren, wurden Daten von insgesamt 74 Schülerinnen und Schülern der Jahrgangsstufen 6 und 12 an zwei Gymnasien in der Region Ostwestfalen-Lippe erhoben. Parallel dazu wurde im Zeitraum der Datenerhebung der Unterricht beobachtet und anhand von Beobachtungsprotokollen dokumentiert. Den Beobachtungsschwerpunkt bildete die Schulbuchnutzung durch die Lehrkraft sowie durch die Schülerinnen und Schüler im Klassenzimmer. Im Anschluss an die Dokumentation der Schulbuchnutzung wurden Interviews mit ausgewählten Schülerinnen und Schülern zu spezifischen Nutzungen im Sinne des *stimulated recall* durchgeführt. Durch diese Methodentriangulation konnte die Validität der Daten auf der Grundlage des Vergleichs der Daten aus verschiedenen Quellen beurteilt werden. Dabei zeigte sich, dass die Daten des Großteils der Schülerinnen und Schüler als valide anzusehen sind. Schülerinnen und Schüler, deren Daten als nicht valide eingestuft wurden, wurden in der Analyse nicht berücksichtigt.

Die Auswertung der Daten erfolgte anhand der Kodierverfahren der Grounded Theory. Konzepte wurden im Hinblick auf den instrumentellen Ansatz der kognitiven Ergonomie (Rabardel, 2002) entwickelt. Um bei der Analyse nicht auf der Ebene des Individuellen und Einzigartigen zu verbleiben, wurden auf der Grundlage der empirisch begründeten Typenbildung (Kluge, 1999) typische Verwendungsweisen des Buches analysiert. Ausgewählte Ergebnisse der empirischen Untersuchung der Nutzung von Mathematikbüchern durch Schülerinnen und Schüler werden im Folgenden kurz dargestellt.[2] Der Schwerpunkt wird dabei auf das Vorgehen von Schülerinnen und Schülern bei der Auswahl von Schulbuchinhalten gelegt.

3.1 Vorgehensweisen bei der selbstständigen Auswahl von Schulbuchinhalten

Die Untersuchung der Vorgehensweisen von Schülerinnen und Schülern bei der selbstständigen Auswahl von Schulbuchinhalten setzt voraus, dass Schülerinnen und Schüler ihre Bücher auch selbstständig nutzen. Ein erstes zentrales Ergebnis der Studie ist daher, dass Schülerinnen und Schüler ihre Mathematikschulbücher selbstständig, d. h. über die von Lehrenden initiierten Nutzungen des Buches hinaus, zum Lernen von Mathematik nutzen. Die Bücher nehmen also tatsächlich die Rolle eines Instruments im Zusammenhang mit dem selbstregulierten Lernen ein. Insbesondere konnten vier Nutzungszusammenhänge unterschieden werden, im Rahmen derer eine selbstständige Nutzung der Bücher zu beobachten war: Schülerinnen und Schüler nutzen das Mathematikbuch selbstständig,
1. um Hilfen für das Bearbeiten von Aufgaben zu erhalten,
2. um Inhalte des Unterrichts zu festigen,
3. um sich neues Wissen anzueignen, das noch nicht Gegenstand des Unterrichts war, sowie
4. interessemotiviert.

Im Gegensatz zu den Kategorien der weit verbreiteten Befragungen von Schülerinnen und Schülern, sind diese vier Tätigkeiten aus den Beschreibungen von Schülerinnen und Schülern abgeleitet und damit gegenstandsverankert.

Darüber hinaus konnte der Auswahlprozess von Schulbuchinhalten auf der Grundlage empirischer Daten in Form von Gebrauchsschemata – den sogenannten *Auswahlschemata* – modelliert werden. Auswahlschemata beschreiben, wie Schülerinnen und Schüler Ausschnitte aus dem Schulbuch selbstständig zur Nutzung auswählen. Die Auswahl von Inhalten aus dem Buch erfolgt aufgrund der Modalität des Artefakts ‚Buch' über die visuelle Wahrnehmung. In der Wahrnehmungspsychologie wird davon ausgegangen, dass visuelle Wahrnehmung immer selektiv ist, da einerseits eine pragmatische Notwendigkeit besteht, aus der Informationsflut auszuwählen, die auf die Sinne einströmt, und andererseits das visuelle System für eine derartige Arbeitsweise ausgelegt ist (Goldstein, 2008, S. 132).

Die Frage, wonach sich die Selektion bei der Wahrnehmung richtet, d. h. wodurch die Augenbewegungen gesteuert werden, ist nicht nur aus wahrnehmungspsychologischer Perspektive von Interesse, sondern auch im Zusammenhang mit Auswahlschemata der Schülerinnen und Schüler. Bei der Auswahl von Schulbuchinhalten müssen Schülerinnen und Schüler die Seiten im Schulbuch scannen und für sie relevante Ausschnitte auswählen. Die Frage, welche Mechanismen die Augenbewegung beim Scannen der Seite steuern, ist also unmittelbar mit der Frage der Auswahlschemata verbunden.

---
2   Eine ausführliche Darstellung der Methode und der Ergebnisse findet sich in Rezat (2009).

Die Analyse der Auswahlschemata von Schülerinnen und Schülern zeigt, dass ein Auswahlprozess in der Regel zweistufig zu modellieren ist: Schülerinnen und Schüler müssen zunächst einen relevanten Bereich im Schulbuch auswählen. Anschließend wählen sie innerhalb dieses relevanten Bereichs einen bestimmten Ausschnitt aus. Dieser zweistufige Prozess zeigt sich besonders deutlich bei der Nutzung des Inhalts- bzw. Stichwortverzeichnisses. Mit Hilfe des Inhalts- oder Stichwortverzeichnisses wählen Schülerinnen und Schüler zunächst eine relevante Lerneinheit bzw. Seite im Schulbuch aus. Innerhalb der Lerneinheit bzw. auf der Seite wählen sie dann nochmals einen bestimmten Ausschnitt aus, z. B. einen *Kasten mit Merkwissen*, eine *Aufgabe* oder einen *Lehrtextausschnitt*.

Die Unterrichtsbeobachtung zeigt, dass Auswahlen im Schulbuch auch dann zweistufig sind, wenn keine Nutzungen des Inhalts- oder Stichwortverzeichnisses dokumentiert sind. Schülerinnen und Schüler blättern nicht das ganze Buch auf der Suche nach einer bestimmten Information durch, sondern suchen die Information in einem begrenzten Bereich, in dem sie die Information vermuten.

Auf beide Stufen des Auswahlprozesses – Auswahl eines relevanten Bereichs und Auswahl innerhalb eines relevanten Bereichs – wird im Folgenden gesondert eingegangen.

3.2 Stufe 1: Auswahl eines relevanten Schulbuchbereichs

Relevante Bereiche können sein:
- eine relevante (Doppel-)Seite im Buch, die z. B. mit Hilfe des Stichwortverzeichnisses ausgewählt wird, oder
- eine relevante Lerneinheit bzw. ein relevantes Kapitel. Die Auswahl erfolgt hier z. B. mit Hilfe des Inhaltsverzeichnisses oder über andere Orientierungspunkte. Solche Orientierungspunkte können u.a. lehrervermittelte Elemente aus dem Buch (z. B. Aufgaben) sein oder Abbildungen bzw. Textausschnitte, die durch Blättern im Buch ausfindig gemacht werden und mit einem gesuchten Inhalt in Beziehung stehen.

Was als relevanter Bereich anzusehen ist, ist von dem Zusammenhang abhängig, in dem Schülerinnen und Schüler das Buch verwenden. Verwenden Schülerinnen und Schüler das Buch z. B. im Zusammenhang mit dem Bearbeiten einer lehrervermittelten Aufgabe aus dem Buch, dann kann der relevante Bereich das Umfeld (Seite, Doppelseite bzw. Lerneinheit) der Aufgabe sein. Im Zusammenhang mit einem Arbeitsblatt kann der gesamte Abschnitt aus dem Buch, der thematisch mit dem Arbeitsblatt zusammenhängt, als relevanter Bereich angesehen werden.

Insgesamt lassen sich drei *Auswahlschemata* bei der Auswahl eines relevanten Bereichs unterscheiden:
1) *Vermittlungsorientierte* Auswahl: Die Auswahl des relevanten Bereichs erfolgt durch Orientierung an lehrervermittelten Elementen.
2) *Begriffsorientierte* Auswahl: Die Auswahl des relevanten Bereichs erfolgt mit Hilfe des Inhalts- bzw. Stichwortverzeichnisses.
3) Auswahl des relevanten Bereichs durch Blättern im Buch.

Alle drei *Auswahlschemata* werden im Folgenden erläutert.

3.2.1 Vermittlungsorientierte Auswahl eines relevanten Bereichs (Stufe 1)

Die individuellen Nutzungen der Schülerinnen und Schüler zeigen: Wenn Schüler/-innen das Schulbuch im Zusammenhang mit lehrervermittelten Elementen (z. B. Aufgaben) nutzen, dann wählen sie häufig Ausschnitte aus dem Umfeld der lehrervermittelten Elemente aus. Das Umfeld bildet dabei in der Regel die Lerneinheit, aus der das lehrervermittelte Element stammt. Es wird davon ausgegangen, dass lehrervermittelte Elemente bei der Auswahl eines relevanten Bereichs im Schulbuch als Orientierungspunkte dienen. Dieses Auswahlschema lässt sich durch folgenden *belief-in-action* charakterisieren: Informationen und Aufgaben zu einem bestimmten Thema sind im Umfeld der Buchausschnitte zu finden, die die Lehrenden im Zusammenhang mit dem Thema vermittelt haben.

Erst wenn die Lehrenden im Zusammenhang mit dem jeweiligen Thema noch keine Elemente im Schulbuch vermittelt haben, erfordert die Auswahl eines relevanten Bereichs andere Strategien.

3.2.2 Begriffsorientierte Auswahl eines relevanten Bereichs (Stufe 1)

In den Daten wurde mehrfach die Nutzung des Inhalts- bzw. Stichwortverzeichnisses dokumentiert. Zudem konnte die Nutzung des Inhalts- bzw. Stichwortverzeichnisses in einer sechsten Klasse im Zusammenhang mit der Bearbeitung eines Arbeitsblattes beobachtet werden.

Voraussetzung für dieses Schema ist, dass die Schülerinnen und Schüler einen Begriff zur Verfügung haben, der im Inhalts- bzw. Stichwortverzeichnis nachgeschlagen werden kann. Aufgrund dieser Orientierung an einem Begriff wird das Schema *begriffsorientierte Auswahl eines relevanten Bereichs* genannt. In den Daten zeigt sich, dass die nachgeschlagenen Begriffe mit Ausnahme von zwei Fällen entweder einer Äußerung des Lehrers entstammen oder dem Aufgabentext entnommen wurden:

- Steffen (Jgst. 6) schlägt im Stichwortverzeichnis den Begriff ‚Kongruenzabbildungen' nach, der Überschrift des Arbeitsblattes ist, welches mit Hilfe des Mathematikbuches bearbeitet werden soll.
- Im Unterricht des Grundkurses fragt die Lehrerin nach Differentiationsregeln. Judith (Jgst. 12) schlägt daraufhin im Inhaltsverzeichnis nach und Leopold (Jgst. 12) sucht erfolglos den Begriff ‚Differenzieren' im Stichwortverzeichnis.
- Tom (Jgst. 12) nutzt das Inhaltsverzeichnis mit der Begründung „Suchen Det's". Die Bezeichnung „Det's" entstammt der Aufgabenformulierung, die der Lehrer an die Tafel geschrieben hat.

- Carsten (Jgst. 12) liest auf einer Seite im Buch mitten im Lehrtext einen Satz, in dem der Begriff ‚Integrand' erklärt wird mit der Begründung, dass er „nicht wusste, was ein Integrand ist". Ebenso liest Charlotte (Jgst. 12) mitten im Lehrtext einen Satz, in dem der Begriff ‚Koeffizienten' erklärt ist und kommentiert diese Nutzung mit „Worterklärung gesucht". In beiden Fällen ist die *Instrumentalisierung* des Stichwortverzeichnisses nicht dokumentiert. Das Stichwortverzeichnis verweist aber bei den jeweiligen Begriffen ausschließlich auf die genutzten Seiten. In beiden Fällen steht die Nutzung im Zusammenhang mit dem Bearbeiten von Aufgaben, die die jeweiligen Begriffe im Aufgabentext enthalten.

Dieses Auswahlschema lässt sich durch folgenden *belief-in-action* charakterisieren: Mit Hilfe des Inhalts- bzw. Stichwortverzeichnisses können Informationen zu einem bestimmten Begriff im Buch ausfindig gemacht werden.

3.2.3 Auswahl eines relevanten Bereichs durch Blättern (Stufe 1)

In einer sechsten Klasse konnte im Zusammenhang mit einem Arbeitsblatt beobachtet werden, dass Schülerinnen und Schüler auf der Suche nach bestimmten Inhalten anfangen im Buch zu blättern. Dabei wurde nicht davon ausgegangen, dass Schülerinnen und Schüler wahllos im Buch blättern, sondern auch hier zunächst einen relevanten Bereich auswählen. Dabei sind verschiedene Strategien denkbar:
- Die Schülerinnen und Schüler wissen bereits aufgrund von vorangegangenen Nutzungen, welche Lerneinheit im Zusammenhang mit dem aktuellen Thema relevant ist.
- Schülerinnen und Schüler schlagen die Seite auf, die der Sitznachbar aufgeschlagen hat.
- Schülerinnen und Schüler blättern zunächst zur zuletzt genutzten Lerneinheit im Buch und blättern von dort aus weiter bzw. Schülerinnen und Schüler blättern im Bereich der Seiten, die zuletzt genutzt wurden, und wählen anhand der Überschriften der Lerneinheiten die relevante Lerneinheit aus.

3.3 Stufe 2: Auswahl innerhalb des relevanten Bereichs

Im Sinne der zweistufigen Modellierung des Auswahlprozesses folgt auf die Auswahl des relevanten Bereichs (Stufe 1) eine weitere Auswahl: Die Auswahl innerhalb des relevanten Bereichs (Stufe 2). Dieser Auswahlprozess bezieht sich auf die Auswahl eines spezifischen Ausschnitts, der im Zusammenhang mit der jeweiligen Tätigkeit verwendet werden soll. Die im Rahmen der Studie entwickelte Datenerhebungsmethode war vornehmlich auf die Dokumentation dieser Auswahl gerichtet.

Es konnten insgesamt drei verschiedene Auswahlschemata bei der Auswahl innerhalb des relevanten Bereichs modelliert werden:
- *elementorientierte* Auswahl,

- *lageorientierte* Auswahl oder
- *salienzorientierte* Auswahl.

Auf die drei Auswahlschemata wird im Folgenden anhand von drei prototypischen Fällen eingegangen.

3.3.1 Elementorientierte Auswahl auf Stufe 2: Charlotte (Jgst. 12)

Charlotte nutzt das Buch u.a. intensiv als Instrument zum Festigen. Diese Nutzung erfolgt sowohl regelmäßig parallel neben dem Unterricht als auch im Rahmen der Vorbereitung auf eine Klausur. In diesem Zusammenhang nutzt Charlotte einerseits verstärkt *Musterbeispiele* als auch *Kästen mit Merkwissen* und andererseits Aufgaben. Die Nutzung der *Musterbeispiele* und *Kästen mit Merkwissen* kommentiert sie im Interview wie folgt:

Charlotte: „Ja, also ich, wir hab'n uns halt im Allgemeinen also hatt' ich mich mit Jennifer zusammen auf die Klausur vorbereitet und dann ... ich glaub' da hatten wir eh das hier ... ist das richtig ... dis sind doch auch, ne das hier is' auch gehört doch auch dazu, ne ... ja ich glaub' dann hab'n wir einfach, also, hatten wir das hier so'n bisschen die Beispiele zum Verständnis durchgelesen ... und ja, weil, weil halt in den Kästen normalerweise wie gesagt also immer die wichtigsten Sachen noch mal drin zusammengefasst sind von dem auch was davor ist ... hab'n wir uns das auch noch mal mit durchgelesen (SR: Uhum) einfach, um das vielleicht noch'n bisschen besser zu verstehen, würd' ich schätzen, also ..."

In diesem Interviewausschnitt wird deutlich, dass Charlottes Nutzung des Strukturbausteins *Kasten mit Merkwissen* durch einen *belief-in-action* über diesen Strukturbaustein zusammenhängt. Sie wählt *Kästen mit Merkwissen* aus, weil „in den Kästen [...] immer die wichtigsten Sachen noch mal drin zusammengefasst sind". Das Ziel ihres Gebrauchsschemas ist, dass sie die Inhalte „vielleicht noch'n bisschen besser [...] verstehen" möchte. Dieses Vorgehen, bei dem Strukturbausteine aufgrund von Wissen über deren spezifische Eigenschaften ausgewählt werden, wird als *elementorientierte Auswahl* bezeichnet.

3.3.2 Lageorientierte Auswahl auf Stufe 2: Charlotte (Jgst. 12) und Emma (Jgst. 6)

Ein anderes Vorgehen bei der Auswahl von Schulbuchinhalten zeigt Charlotte bei der Nutzung von Aufgaben zum *Festigen*. Sie wählt auf der Doppelseite 45-46 selbstständig die Aufgaben Nr. 12a und Nr. 19 aus. Diese selbstständige Auswahl ist im Zusammenhang mit der Nutzung des Schulbuches durch den Lehrer im Unterricht zu sehen. Im Unterricht und als Hausaufgabe bearbeiten die Schülerinnen und Schüler vermittelt durch den Lehrer auf derselben Doppelseite die Aufgaben Nr. 9, 10, 13, 14, 15, 16. Charlottes selbstständige Auswahl von Aufgaben erfolgt also im direkten Umfeld von lehrervermittelten Aufgaben. Bei ihrer Auswahl spielt also nicht nur der Strukturbaustein *Aufgabe* eine Rolle, sondern auch die Lage des Strukturbausteins.

Eine andere Schülerin – Emma (Jgst. 6) bringt diesen Schluss von der Lage auf die Relevanz der Aufgaben im Interview zum Ausdruck:
SR: „Und wie suchst du die dann aus, die Aufgaben?"
Emma: „Ehm, eigentlich unterschiedlich, ehm, wenn wir jetzt im Unterricht die Nummer 4 gemacht haben, mach' ich vielleicht die Nummer 5, weil die ehm so ähnlich ist und halt ich such' das dann so aus, dass ich also Textaufgaben mach' ich nich' so gerne und dann mach' ich lieber solche wie die Nummer 5."
Emmas Erläuterung zeigt, dass ihr Gebrauchsschema von einem *belief-in-action* über die Anordnung von Aufgaben im Buch bestimmt wird. Ihre subjektive Überzeugung, dass benachbarte Aufgaben im Buch ähnlich sind, lenkt die selbstständige Auswahl von Aufgaben zum *Festigen*. Da hier neben den Eigenschaften eines bestimmten Strukturbausteins dessen Lage eine Rolle spielt, wird diese Auswahl als *lageorientierte* Auswahl bezeichnet. Beim Fallvergleich zeigt sich, dass es eines der zentralen Vorgehen bei der selbstständigen Auswahl von Aufgaben zum *Festigen* ist.

3.3.3 Salienzorientierte Auswahl auf Stufe 2: Christian (Jgst. 6)

Neben der *elementorientierten* und der *lageorientierten* Auswahl von Schulbuchinhalten zeigte die Anlayse der Schüler- und Schülerinnennutzungen noch eine dritte typische Vorgehensweise bei der Auswahl von Schulbuchinhalten, die als *salienzorientierte* Auswahl bezeichnet wird. Salienz ist ein Konzept aus der Wahrnehmungspsychologie, das die Auswahl von Aspekten aus der komplexen Realität erklären soll. In der Wahrnehmungspsychologie wird die Auswahl von Ausschnitten, auf die der Betrachter einer Szenerie seine Aufmerksamkeit richtet, im Wesentlichen auf drei Faktoren zurückgeführt (Goldstein, 2008, S. 134):
1. auf Eigenschaften der Szenerie,
2. auf das Wissen des Betrachters über eine spezifische Art von Szenerie und
3. auf die Aufgabe des Betrachters.

Während die *elementorientierte* und die *lageorientierte* Auswahl insbesondere auf spezifisches Wissen der Schülerinnen und Schüler über die Struktur von Mathematikschulbüchern zurückzuführen sind (Faktor 1 in Verbindung mit Faktor 2), ist die *salienzorientierte* Auswahl insbesondere im Zusammenhang mit den Eigenschaften der Szenerie (Faktor 1) zu sehen. Dabei wird in der Wahrnehmungspsychologie davon ausgegangen, dass auffällige Areale einer Szenerie die Aufmerksamkeit des Betrachters anziehen. Derartige Areale werden als Areale mit einer hohen Stimulussalienz (Goldstein, 2008, S. 134) bezeichnet. Im Mathematikbuch können Überschriften und andere typografische Hervorhebungen, wie z. B. Kästen und Schattierungen sowie Abbildungen, als Areale mit einer hohen Stimulussalienz angesehen werden, da diese aus dem Gesamtbild einer Doppelseite herausstechen.
Findlay und Gilchrist (2003) gehen im Zusammenhang mit der Salienz auch davon aus, dass diese nicht nur als Bottom-Up-Prozess zu verstehen ist, d. h. allein von den Merkmalen der Szenerie beeinflusst wird, sondern auch als Top-Down-Prozess, bei dem die Ziele des Betrachters einer Szenerie die Salienz einzelner Areale beein-

flussen: „It is assumed that information feeds into this salience map[3] so that the level of activity corresponds to the level of evidence that the search target is present at any location. As a result, items sharing a feature with the target will generate a higher level of activation than items sharing no target feature" (Findlay & Gilchrist, 2003, S. 115).

Auf Grundlage dieser Annahme kann davon ausgegangen werden, dass auch Ausschnitte im Mathematikbuch, die Eigenschaften aufweisen, bei denen sich ein Zusammenhang zur Aufgabe des Nutzers herstellen lässt, als Areale mit einer erhöhten Stimulussalienz anzusehen sind. Z. B. kann die Suche nach einem bestimmten Wort in einem Fließtext auf diese Weise erklärt werden. Beim Scannen des Textes haben Wörter eine erhöhte Stimulussalienz, deren spezifische Buchstabenkombination mit dem spezifischen Buchstabenmuster des gesuchten Wortes übereinstimmt.

Das Konzept der Salienz ist geeignet, um Christians (Jgst. 6) Auswahl eines Schulbuchausschnitts zu erklären. Im Zusammenhang mit dem Bearbeiten der Aufgabe aus Abbildung 1 nutzt Christian die markierten Ausschnitte aus seinem Mathematikbuch (Abbildung 2) mit der Begründung, dass er „was gesucht habe".

Abbildung 1: Aufgabe 8 des Arbeitsblattes ‚Kongruenzabbildungen' aus dem Unterricht einer 6. Klasse

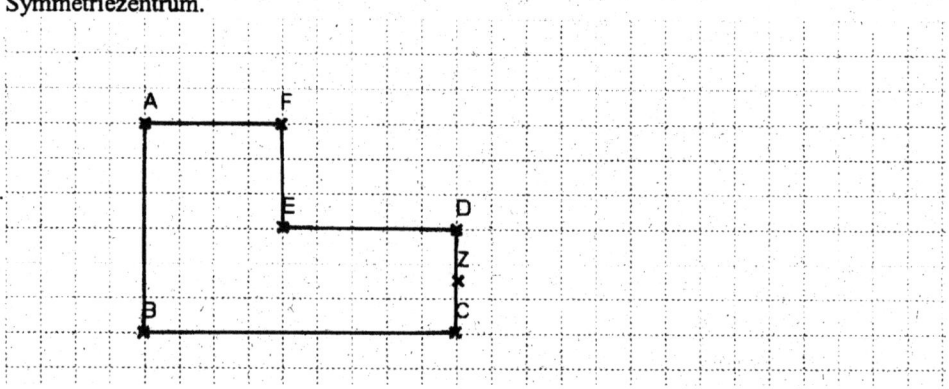

---

3   In einer Salienzkarte sind die Areale einer Szenerie mit hoher Stimulussalienz dargestellt.

Abbildung 2: Christians (Jgst. 6) Auswahl im Buch

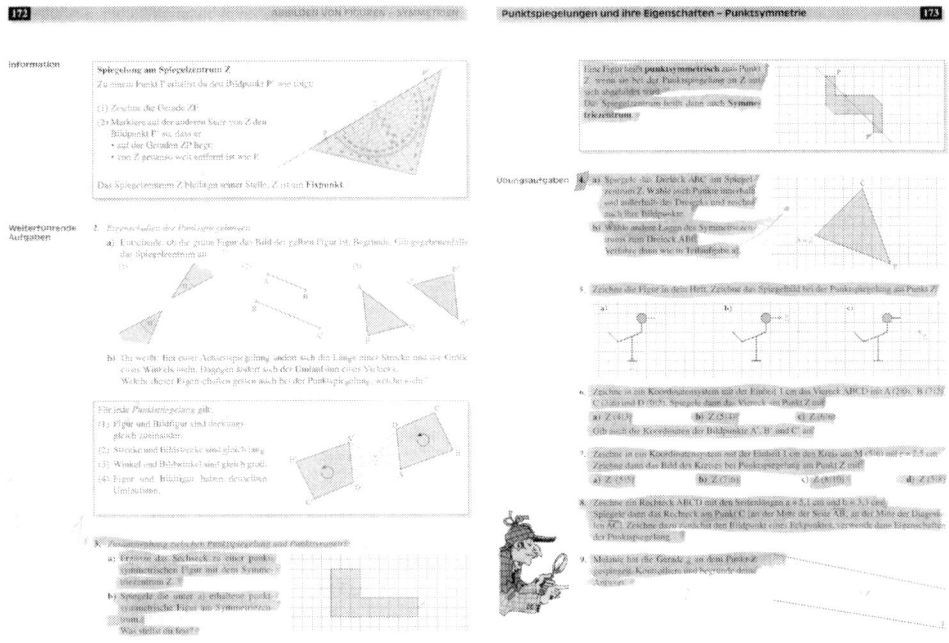

Christian nutzt auf der Suche nach hilfreichen Informationen für das Bearbeiten der Aufgabe im Wesentlichen *Aufgaben* und einen *Kasten mit Merkwissen*, der jedoch keine hilfreichen Informationen für das Bearbeiten der Aufgabe enthält. Auf der Grundlage von Christians Markierung lässt sich auf folgendes Auswahlschema schließen: Auf der Suche nach Informationen, die für das Bearbeiten des Arbeitsblattes hilfreich sind, blättert Christian im Buch. Dabei findet er im Buch eine Abbildung (Abbildung 2), die mit einer Abbildung auf dem Arbeitsblatt übereinstimmt (Abbildung 1), und liest ausgehend von der Abbildung linear weiter bis zum Ende der Doppelseite. Da diese Abbildung im Buch ebenfalls Bestandteil einer Aufgabe ist, findet Christian keine Hinweise auf die Lösung. Christians Begründung seiner Nutzung, dass er „was gesucht habe", bringt die vergebliche Suche möglicherweise sogar zum Ausdruck.

Das Ziel, das mit Christians Auswahlschema verbunden ist, ist ebenfalls, im Buch Lösungshinweise für eine Aufgabe auf dem Arbeitsblatt zu finden. Ein Teilziel besteht offenbar darin, im Buch etwas zu finden, das mit Inhalten auf dem Arbeitsblatt identisch ist. Seine Handlungsregel besteht darin, solange im Buch zu blättern, bis er einen übereinstimmenden Inhalt gefunden hat. Bei jeder Abbildung, die er im Buch betrachtet, bietet sich die Schlussmöglichkeit, aufgrund einer festgestellten Übereinstimmung zur gesuchten Abbildung mit dem linearen Lesen zu beginnen oder weiter zur nächsten Abbildung zu springen, wenn keine Übereinstimmung feststellbar ist.

Die Nutzung von *Aufgaben* im Zusammenhang mit dem Bearbeiten einer Aufgabe lässt darauf schließen, dass Christian sich der Struktur des Buches nicht bewusst ist. Ansonsten müsste er wissen, dass Aufgaben selbst in der Regel keine hilfreichen Informationen für das Bearbeiten anderer Aufgaben enthalten. Denkbar wäre hier nur die Nutzung von Aufgaben aus dem Schulbuch als Hilfe zum Bearbeiten anderer Aufgaben im Sinne von Modellaufgaben. Dies ist jedoch nur sinnvoll, wenn die Aufgaben zuvor bearbeitet wurden und eine Modelllösung zugänglich ist. Bereits Christians Markierung verweist jedoch darauf, dass dies offenbar nicht der Fall ist, da seine Suche nach hilfreichen Informationen nicht bei der Aufgabe endet, sondern erst anfängt. Die Daten aus der Unterrichtsbeobachtung bestätigen, dass diese Aufgabe aus dem Schulbuch noch nicht bearbeitet wurde.

Christians Nutzung scheint daher nicht *elementorientiert* zu sein. Er wählt offenbar nicht spezifische Elemente zum Zweck des Aufgabenbearbeitens aus, sondern nutzt das Buch ab einer bestimmten Stelle linear. Dabei scheint die Übereinstimmung der Abbildung der zu bearbeitenden Aufgabe mit der Abbildung im Schulbuch die Auswahl zu leiten, d. h. seine Auswahl erfolgt aufgrund eines Stimulus von der betrachteten Doppelseite und damit aufgrund von Salienz. Die Salienz dieses Schulbuchausschnitts hängt dabei direkt mit der Aufgabe, die Christian zu bearbeiten hat, zusammen und ist daher als Top-Down-Prozess anzusehen. In Christians Gebrauchsschema markiert diese übereinstimmende Abbildung offenbar den Anfang eines relevanten Bereichs und Christian sucht auf der Grundlage eines *lageorientierten* Auswahlschemas im darauf folgenen Teil nach hilfreichen Informationen.

4. Implikationen und Fazit

Die dargestellten Ergebnisse zur Auswahl von Schulbuchinhalten beziehen sich auf die faktische Nutzung von derzeit auf dem Markt befindlichen deutschen Mathematikschulbüchern für die Sekundarstufen I und II. Grundsätzlich sind die Ergebnisse aber von einer Allgemeinheit, die gestattet, sie auch auf andere Bücher zu übertragen. Voraussetzung ist lediglich, dass deren Struktur bausteinartig als Kompositum verschiedener, typographisch deutlich voneinander unterschiedener Textsorten gestaltet ist.

Die Analyse des Auswahlprozesses zeigt, dass Schülerinnen und Schüler einerseits gezielt bestimmte Strukturbausteine aufgrund der Eigenschaften, die sie diesen zuschreiben, auswählen. Entscheidend ist, ob die *beliefs-in-action*, die die Auswahl der Schülerinnen und Schüler steuern, auch mit den tatsächlichen Eigenschaften der Strukturbausteine übereinstimmen. Am Fall von Christian wird darüber hinaus deutlich, wie wichtig dieses Wissen über die Eigenschaften der Strukturbausteine für eine effektive Nutzung des Buches ist. Die Nutzung der Aufgaben als Hilfe zum Bearbeiten von Aufgaben lässt sich in seinem Fall dahingend deuten, dass bei ihm dieses Wissen noch nicht so weit ausgebildet zu sein scheint. Hier ist es die Aufgabe der Lehrenden, die Struktur der Bücher im Unterricht zu thematisieren und den Gebrauch der Bücher zu üben, damit das Schulbuch zu einem wirklichen Instrument des Lernens werden kann.

Die Analyse des Auswahlprozesses zeigt aber auch, dass bei Büchern mit bausteinartiger Struktur nicht ausschließlich – wie von der Struktur der Bücher nahegelegt – bestimmte Strukturbausteine zu bestimmten Zwecken ausgewählt werden, sondern Wissen um die Anordnung von Aufgaben bzw. die Salienz von

Schulbuchausschnitten eine wesentliche Rolle bei der Auswahl spielt. Auch hier ist der *belief-in-action*, der die Auswahl lenkt, von besonderem Interesse. Emmas Schluss von der Nähe der Aufgaben zueinander auf deren Ähnlichkeit mag in manchen Büchern zutreffen, in anderen gerade nicht. Christians *salienzorientierte* Auswahl eines Schulbuchausschnittes führte vermutlich nicht zum Erfolg, es gibt aber durchaus sehr effektive *salienzorientierte* Nutzungen von Schülerinnen und Schüler. Auch hier erscheint es sinnvoll, die Nutzung der Bücher zu thematisieren und die Nutzung der Bücher durch vertieftes Wissen um ihre Struktur zu optimieren.

Zwei weitere Beobachtungen verdeutlichen, dass die effektive Nutzung des Schulbuches ein Lernprozess seitens der Schülerinnen und Schüler ist, der von Lehrenden unterstützt werden kann, indem die Nutzung des Schulbuches thematisiert und geübt wird:

1. Der im Unterricht einer Lerngruppe der Jahrgangsstufe 6 beobachtete selbstverständliche und souveräne Gebrauch des Inhalts- und Stichwortverzeichnisses der Schülerinnen und Schüler in Verbindung mit der Auskunft des Lehrers, dass er derartige Nutzungen mit den Schülerinnen und Schülern übt, legt die Vermutung nahe, dass die Effektivität der Schulbuchnutzung durch gezieltes Thematisieren und Üben gesteigert werden kann.
2. Eine mögliche Erklärung der relativ selten[4] in den Daten zu beobachtenden Nutzung relativ ‚neuer' Strukturbausteine ist, dass Schülerinnen und Schüler diese Strukturbausteine noch nicht *instrumentalisiert* haben, d. h. ihnen keine Funktion im Rahmen ihres eigenen Lernprozesses zuschreiben und keine Gebrauchsschemata in Bezug auf diese Strukturbausteine entwickelt haben. Die Verwendung dieser Strukturbausteine durch Schülerinnen und Schüler kann möglicherweise gefördert werden, indem die Lehrerin oder der Lehrer das Vorhandensein, die besonderen Eigenschaften – z. B. die Existenz von Lösungen zu den Aufgaben – und den Zweck dieser Strukturbausteine thematisiert und deren Nutzung initiiert.

Die vorangehenden Überlegungen lassen sich insgesamt zu der Hypothese zusammenfassen, dass die Nutzung des Schulbuches ein Lernprozess der Schülerinnen und Schüler ist, der durch die Lehrerin und den Lehrer unterstützt werden kann, indem die Nutzung des Schulbuches zum Unterrichtsgegenstand erhoben wird.

Im Zusammenhang mit der *salienzorientierten* Auswahl von Schulbuchinhalten verweist die vorliegende Untersuchung auch auf die hervorragende Rolle von Bildern. Die Rekonstruktion der Auswahlprozesse von Schülerinnen und Schüler lässt darauf schließen, dass Bilder eine maßgebliche Orientierungsfunktion beim Auffinden relevanter Inhalte im Schulbuch haben. Bilder visualisieren prototypisch bestimmte Inhalte und erhalten damit die Funktion eines Zeichens, das auf einen bestimmten Inhalt verweist. Mit Hilfe dieser Zeichen orientieren sich die Schülerinnen und Schüler im Buch. Damit verweist die Studie auf eine weitere wichtige Funktion von Bildern, die über die traditionellen Funktionen Visualisierung, Dokumentation

---

4 Die Studie ist im qualitativen Forschungsparadigma verortet. Eine quantitative Interpretation der Daten ist daher nicht ohne Weiteres möglich. Bei quantitativen Aussagen handelt es sich daher nicht um Ergebnisse, sondern um beobachtete Tendenzen, die Anlass zur Hypothesenbildung geben.

und Dekoration (Lieber in diesem Band) hinausgeht und bislang in der wissenschaftlichen Auseinandersetzung mit Bildern in Lernmaterialien vernachlässigt wird.

Die Analyse des Auswahlprozesses zeigt weiterhin, dass nicht alle selbstständigen Nutzungen des Mathematikbuches durch Schülerinnen und Schüler unabhängig von der Verwendung des Mathematikbuches durch die Lehrenden im Unterricht sind. Insbesondere anhand der vermittlungsorientierten Auswahl eines relevanten Bereichs zeigt sich, dass die Verwendung des Mathematikbuches im Unterricht durch die Lehrenden Voraussetzung und Orientierungshilfe für die Schülerinnen- und Schülernutzungen ist. Setzen Lehrende das Buch nicht im Unterricht ein, haben Schülerinnen und Schüler mit bestimmten Gebrauchsschemata des Buches keine Orientierung und nutzen das Buch in der Regel nicht. Für diese Schülerinnen und Schüler kann ein Unterricht, in dem das Buch verwendet wird, als Unterricht angesehen werden, der die Voraussetzung für das selbstständige Lernen von Mathematik durch Schülerinnen und Schüler bereitstellt.

In zwei Lerngruppen der Untersuchung setzen die Lehrenden das Mathematikbuch nicht nur im Unterricht ein, sondern weisen die Schülerinnen und Schüler regelmäßig darauf hin, dass sie das Buch zur Unterstützung ihres Lernprozesses heranziehen können. In den Daten zeigt sich, dass diese Hinweise von Schülerinnen und Schülern aufgenommen werden. Auf der Grundlage dieser Beobachtung in zwei Lerngruppen lässt sich daher die Hypothese formulieren, dass Hinweise von Lehrenden zur Verwendung des Schulbuches von Schülerinnen und Schülern befolgt werden und deren Nutzung des Buches verstärken.

Sowohl die Abhängigkeit einiger Gebrauchsschemata der Schülerinnen und Schüler von der Verwendung des Buches durch die Lehrenden im Unterricht als auch die Hypothese über den positiven Einfluss des expliziten Verweisens auf das Schulbuch durch die Lehrenden unterstreichen die Rolle der Lehrenden als implizite und explizite Vermittler der Schulbuchnutzung.

Gerade im Zusammenhang mit der Rolle der Lehrenden als Vermittelnde der Schulbuchnutzung konzentriert sich die Schulbuchwirkungsforschung häufig auf die Lehrenden. Dennoch ist zu bedenken, dass Schulbücher letztlich Instrumente des Lernens für Schülerinnen und Schüler sind. Die vorliegende Studie konzentrierte sich daher auf die Nutzung des Mathematikbuches durch Schülerinnen und Schüler. Damit ist nur ein kleiner Teil der schulischen Wirklichkeit von Schülerinnen und Schülern erfasst. Sie setzt jedoch ein Zeichen, das für die Forschung und Entwicklung im Zusammenhang mit sämtlichen Lernmaterialien in allen Fächern gilt: die Konzentration auf die Schülerinnen- und Schülerperspektive. Diese wird nach wie vor bei der Entwicklung von Lernmaterialien unzureichend berücksichtigt. Theorie und Methode der vorliegenden Untersuchung haben zur Gewinnung wesentlicher Einsicht in die Lerntätigkeiten von Schülerinnen und Schülern beigetragen und sind von einer Allgemeinheit, dass sie in anderen fachlichen Kontexten zur Erforschung der Nutzung von verschiedenen Lernmaterialien eingesetzt werden können.

Literatur

Aust, H. (2006). Entwicklung des Textlesens. In U. Bredel, H. Günther, P. Klotz, J. Ossner & G. Siebert-Ott (Hrsg.), *Didaktik der deutschen Sprache. Band 1* (S. 525-535). Paderborn: Schöningh.

Béguin, P. & Rabardel, P. (2000). Designing for Instrument-Mediated Activity. *Scandinavian Journal of Information Systems, 12*, 173-190.

Findlay, J. M. & Gilchrist, I. D. (2003). *Active Vision.* New York: Oxford University Press.

Gogolok, K. (2006). Empirische Untersuchungen in der Schulbuchforschung. Eine kritische Bestandsaufnahme aus der Perspektive der Verständlichkeit(sforschung). *Mitteilungen des Deutschen Germanistenverbandes, 4*, 474-498.

Goldstein, E. B. (2008). *Wahrnehmungspsychologie. Der Grundkurs.* Heidelberg: Spektrum.

Howson, G. (1995). *Mathematics Textbooks: A Comparative Study of Grade 8 Texts.* Vancouver: Pacific Educational Press.

Kluge, S. (1999). *Empirisch begründete Typenbildung. Zur Konstruktion von Typen und Typologien in der qualitativen Sozialforschung.* Opladen: Leske + Budrich.

Love, E. & Pimm, D. (1996). ‚This is so': a text on texts. In A. J. Bishop, K. Clements, C. Keitel, J. Kilpatrick & C. Laborde (Eds.), *International Handbook of Mathematics Education. Vol. 1* (pp. 371-409). Dordrecht: Kluwer.

Polanyi, M. (1985). *Implizites Wissen.* Frankfurt am Main: Suhrkamp.

Rabardel, P. (2002). *People and Technology: a cognitive approach to contemporary instruments* Available from http://ergoserv.psy.univ-paris8.fr/Site/default.asp?Act_group=1

Rezat, S. (2008). Die Struktur von Mathematikschulbüchern. *Journal für Mathematikdidaktik, 29*(1), 46-67.

Rezat, S. (2009). *Das Mathematikbuch als Instrument des Schülers. Eine Studie zur Schulbuchnutzung in den Sekundarstufen.* Wiesbaden: Vieweg+Teubner.

Scheffler, I. (1965). *Conditions of Knowledge. An Introduction to Epistemology and Education.* Chicago: The University of Chicago Press.

Strauss, A. & Corbin, J. (1996). *Grounded Theory: Grundlagen Qualitativer Sozialforschung.* Weinheim: Beltz, Psychologische Verlags Union.

Valverde, G. A., Bianchi, L. J., Wolfe, R. G., Schmidt, W. H. & Houang, R. T. (2002). *According to the Book – Using TIMSS to investigate the translation of policy into practice through the world of textbooks.* Dordrecht: Kluwer.

Vergnaud, G. (1996). The Theory of Conceptual Fields. In L. P. Steffe, P. Nesher, C. Paul, G. A. Goldin & B. Greer (Eds.), *Theories of Mathematical Learning* (pp. 219-239). Mahwah: Lawrence Erlbaum.

Vergnaud, G. (1998). A Comprehensive Theory of Representation for Mathematics Education. *Journal of Mathematical Behaviour, 17*(2), 167-181.

Wertsch, J. V. (1998). *Mind as Action.* New York: Oxford University Press.

Zimmermann, P. (1992). *Mathematikbücher als Informationsquellen für Schülerinnen und Schüler.* Bad Salzdetfurth: Franzbecker.

Günter Nold

Lehrwerke für den Englischunterricht – ein Beitrag zur Professionalisierung von Englischlehrerinnen und -lehrern

Zusammenfassung
Die Frage, wie das Professionswissen von Lehrkräften – vor allem für schulischen Fremdsprachenunterricht – strukturiert ist und wie es sich entwickelt, steht am Anfang der Überlegungen. Dabei wird zunächst auf theoretische Konzepte der pädagogischen Expertenforschung hingewiesen, bevor auf erste empirische Erkenntnisse aus der TEDS-LT Studie zu Wissensbeständen von Englischstudierenden eingegangen wird. Die Entwicklung des Professionswissens von Englischlehrkräften nach der Phase des universitären Studiums ist empirisch noch wenig untersucht. Es wird daher in den weiteren Ausführungen der Frage nachgegangen, welche Lerngelegenheiten es zur professionellen Entwicklung von Englischlehrkräften in der Berufsphase gibt. Da empirische Untersuchungen aus der DESI-Studie deutlich die besondere Rolle von Lehrwerken für den Englischunterricht belegen, werden in Form von vier Fragestellungen Überlegungen dazu angestellt, ob und unter welchen Bedingungen Englischlehrwerke einen Beitrag zur Professionalisierung von Lehrkräften in der Phase des Unterrichtens leisten können. Die vier Fragestellungen sind ausgerichtet auf inhaltliche, curriculare, methodische und sprachliche Aspekte der Professionalisierung von Englischlehrkräften. Zugleich wird mit den Fragestellungen auf ein Desiderat insbesondere in der empirischen Forschung hingewiesen.

Schlüsselbegriffe
Professionswissen, Innovationspotenzial, Lehrwerkprogression, Professionalisierung, Lernerorientierung, DESI-Studie, TEDS-LT Studie

1. Professionswissen als ein Aspekt der Professionalisierung von Lehrerinnen und Lehrern

In der Forschung und im Diskurs zur Professionalisierung von Lehrerinnen und Lehrern werden unterschiedliche Arten von Wissensbeständen hervorgehoben, die für die berufliche Tätigkeit von zentraler Bedeutung sind. So unterscheidet Shulman (1986; 1999, S. 64) in der Tradition der Expertenforschung zwischen vier Arten von Expertenwissen, die für die unterrichtliche Praxis relevant sind: *content knowledge*, *pedagogical knowledge*, *curricular knowledge* und *pedagogical content knowledge*. Sinngemäß werden damit entsprechend dem deutschen Diskurs fachwissenschaftliche Wissensbestände, pädagogisches fachübergreifendes Wissen, auf Lehr- bzw. Bildungspläne und Bildungsstandards bezogenes Wissen sowie fachdidaktisches Wissen in das Zentrum gerückt (vgl. Bromme, 1992, S. 110; Nold & Roters, 2010, S. 48). Dabei wird deutlich, dass diese Struktur des Expertenwissens einerseits die tatsächlichen oder zu fordernden Strukturen der Lehrerausbildung an der Universität reflektiert (vgl. Blömeke et al., 2011; Expertenkommission NRW, 2007), andererseits auch Aspekte der Ausbildung und professionellen Entwicklung im Beruf fokussiert. In der Unterrichtspraxis greifen Lehrpersonen sowohl auf ihr eher deklaratives, fachliches Professionswissen wie auch auf ihr mehr prozedurales, handlungsorientiertes Professionswissen zurück (vgl. Leuchter, Reusser, Pauli & Klieme, 2008, S.168). Ersteres wird schwerpunktmäßig schon während des universitären Studiums angebahnt, letzteres entwickelt sich eher in Praxisphasen des Studiums sowie insbesondere in der Ausbildungsphase im Referendariat und in der Praxis des Unterrichtens.

1.1 Sprachkompetenz als besondere Professionsfacette von Fremdsprachenlehrkräften

Wenn in diesem Beitrag der Blick auf das Professionswissen von Englischlehrerinnen und -lehrern gerichtet wird, ist hervorzuheben, dass zusätzlich zu den genannten Wissensarten die Kompetenz in der Beherrschung der Fremdsprache als eine weitere zentrale Domäne des Wissens und Könnens hinzutritt. Aus der Fachperspektive von Fremdsprachenlehrkräften verweist Appel (2000, S. 257) darauf, dass die Sprachkompetenz einen integrativen Platz im Rahmen des Professionswissens einnimmt. Er teilt aus seiner Sicht das Professionswissen in die beiden Dimensionen des methodischen Wissens und des Gegenstandswissens auf, wobei sich Letzteres in Sprache, Landeskunde und Literatur aufgliedert. Die Teildimension Sprache umfasst dabei sowohl das deklarative Wissen über die Sprache selbst als auch die fremdsprachliche kommunikative Kompetenz (prozedurales Wissen) als Grundlage des Unterrichtens.

1.2 Entwicklung des Professionswissens

Im Kontext der Diskussion über das Professionswissen von Fremdsprachenlehrkräften stellt sich die Frage, bei welchen Lerngelegenheiten sich die verschiedenen Wissensbestände und Handlungsfähigkeiten entwickeln können. Die TEDS-LT Studie (Teacher Education and Development Study – Learning to Teach) hat hier erste empirisch fundierte Erkenntnisse für die universitäre Phase geliefert (vgl. Blömeke et al., 2011). Es zeigt sich unter anderem, dass sich im Sinne der oben genannten Wissensarten ein komplexes Geflecht von Kompetenzen auf verschiedenen Niveaus entwickelt, wobei Wissensbestände aus dem Weltwissen der Studierenden ebenso eine Rolle spielen wie neu erworbenes theoriebasiertes Wissen, und zwar sowohl zur Analyse als auch Bewertung von fachlichen Inhalten und fachunterrichtlichen Kontexten (Roters, Nold, Haudeck, Keßler & Stancel-Piatak, 2011).

1.3 Entwicklung des Professionswissens in der Praxis: Die besondere Rolle von Lehrwerken

In der TEDS-LT Studie bleibt die Entwicklung des Professionswissens jenseits des Studiums an der Universität ausgeblendet. Wenn nach den Lerngelegenheiten für die Fortentwicklung professioneller Kompetenzen von Englischlehrkräften in der Praxis des Unterrichts gefragt wird, geraten zusätzlich zu den Unterrichtserfahrungen und -reflexionen von Lehrkräften Lehrwerke in den Blickpunkt. In der TEDS-LT Studie kommen Lehrbücher und Unterrichtsmaterialien nur im Rahmen von Testitems zur Fachdidaktik Englisch vor, nicht jedoch als eine selbstständige Komponente. Wird in der unterrichtlichen Praxis nach Lerngelegenheiten gesucht, drängt sich angesichts des traditionell hohen Stellenwerts von Englischlehrwerken die Frage auf, ob möglicherweise der Umgang mit Englischlehrwerken und ihr Einsatz im Unterricht Lerngelegenheiten darstellen können, die einen Beitrag zum Professionswissen von Englischlehrkräften leisten. Bezogen auf diese Fragestellung ist zunächst festzustellen, dass das gegenwärtige Wissen über die Rolle von Lehrwerken durchaus begrenzt ist. So hat die wissenschaftliche Auseinandersetzung mit Fremdsprachenlehrwerken in den vergangenen Jahren eine eher bescheidene Rolle gespielt (Bausch, Christ, Königs, Krumm, 1999; Kurtz, 2010; Neuner, 2003; Nold, 1998; Zimmermann & Pressner, 1998). Die entsprechenden Erkenntnisse und Empfehlungen sind dabei entweder auf inhaltliche Analysen sowie Einschätzungen des Lehrwerkeinsatzes aus präferierten theoretischen und methodischen Überlegungen ausgerichtet oder basieren vereinzelt auch auf begrenzten empirischen Untersuchungen. Exemplarisch ist hier die Untersuchung von Zimmermann und Plessner (1998) zum Umgang mit Grammatikseiten in Lehrwerken hervorzuheben. Die analytische und evaluative Ausrichtung ist vielfach gerechtfertigt, da die Qualität von Lehrwerken beispielsweise durch Inhaltsanalysen gesteigert werden kann, wie die Lehrwerkkritik der 70er Jahre des letzten Jahrhunderts deutlich gemacht hat (vgl. Heuer & Müller, 1973; 1975). Auch die Unterrichtsgestaltung mit Lehrwerken ist immer wieder aus der Sicht der Praxis mit entsprechenden Empfehlungen zu unterstützen (Nold, 1998). Es wäre darüber hinausgehend jedoch auch wichtig, in Erfahrung zu bringen, was der konkrete Umgang mit Lehrwerken zur Unterrichtsgestaltung beiträgt und welche professionellen Kompetenzen dabei eine Rolle spielen. Entsprechende empirische Untersuchungen aus der Video-Studie von DESI stehen noch aus. Gegenwärtig ist die wissenschaftliche Erkenntnis bezogen auf umfassendere empirische Fragestellungen in diesem Bereich noch weitgehend ein Desiderat. Andererseits ist nicht zu übersehen, dass der Einsatz von Englischlehrwerken in der schulischen Praxis tatsächlich sehr bedeutsam ist, und zwar sowohl in der Primarstufe als auch insbesondere in der Sekundarstufe I.

Die DESI-Studie (DESI-Konsortium, 2008) hat mit ihrer Erhebung von empirischen Daten zum Einsatz von Lehrbüchern, Materialien und Medien im Englischunterricht die zentrale Rolle von Lehrwerken im heutigen Englischunterricht der Sekundarstufe I empirisch deutlich bestätigt (siehe Tabelle 1).

Tabelle 1: Lehrbücher, Materialien und Medien im Englischunterricht in Prozent des Einsatzes durch Lehrkräfte in der 9. Klasse (basierend auf der DESI-Studie, Teilbereich Lehrkräfte N= 366)

	Verwendung pro Woche	
Lehrbücher/ Arbeitsblätter:	83 %	mehrfach
CDs:	25 %	mehrfach
Fotos:	25 %	mehrfach
	Verwendung pro Monat	
Bildbeschreibungen:	50 %	mehrfach
Kurzgeschichten:	25 %	mehrfach
Songtexte:	20 %	mehrfach
Zeitungstexte:	17 %	mehrfach
Emails:	10 %	mehrfach
Videos:	6 %	mehrfach
Webseiten:	8 %	mehrfach
	Verwendung pro Jahr	
Romane:	25 %	mehrfach
Dramen:	10 %	mehrfach

Quelle: Helmke et al. (2008, S. 377)

Mit Blick auf diese Tabelle ist hervorzuheben, dass neben dem Einsatz des Lehrbuchs als dem zentralen Teil von Lehrwerken in einer abgestuften Reihenfolge CDs, Fotos, Bilder, Songs und Kurzgeschichten genannt werden; sie bilden jedoch auch einen integralen Bestandteil von Lehrwerken, sodass die Bedeutung des Lehrwerkeinsatzes insgesamt als inhaltlich bestimmend und unterrichtlich prägend bezeichnet werden kann. Dies gilt in gleicher Weise für die verschiedenen Schularten, auch wenn im Gymnasium vergleichsweise ein stärkerer Akzent auf literarischen Texten liegt.

Dieser Befund wird von bestimmten Vertretern der Fremdsprachendidaktik immer wieder verbal kritisiert; es lässt sich jedoch nicht leugnen, dass aus der Sicht von Lehrkräften offensichtlich eine positive Sicht des Lehrwerkeinsatzes vorherrschend ist.

2. Lehrwerke als ein Potenzial für die professionelle Entwicklung

An dieser Stelle ist es sinnvoll, die unterschiedlichen Wissensbestände von professionellen Englischlehrkräften in Erinnerung zu rufen und zu fragen, in wie weit Lehrwerke als ein Potenzial gesehen werden können, durch das sich Lerngelegenheiten zur Professionalisierung von Lehrkräften in der Phase des Unterrichtens schaffen lassen. Angesichts der gegenwärtigen Forschungslage ergeben sich hier eher Fragestellungen als Antworten.

Fragestellung 1: Welche Eigenschaften von Lehrwerken sind entscheidend, um für Lehrkräfte Lerngelegenheiten zu schaffen, durch die sie inhaltlich innovativ ihre Fachkompetenz erweitern können?

Exemplarisch lässt sich hier auf thematische und inhaltliche Aspekte in Lehrwerken verweisen, durch die sich beispielsweise interkulturelle Zielsetzungen innovativ verwirklichen lassen. So können Lehrbuchtexte, die auf authentischer Literatur oder originalen Sachtexten zu bestimmten Themen beruhen, Anstöße geben, sich mit Konzepten der interkulturellen Erziehung auseinander zu setzen, und zwar über die in älteren Lehrwerken dominanten landeskundlichen Texte zu Fakten englischsprachiger Länder hinaus.

Im universitären Studium ist die Entwicklung von landeskundlichen zu kulturwissenschaftlichen Inhalten schon vollzogen. In der schulischen Praxis bedarf es hier jedoch besonderer Anstöße, um die entsprechende Fachkompetenz von Lehrkräften zu erweitern. Es ist dementsprechend die Erkenntnis nötig, dass kognitives Faktenwissen über ein anderes Land nicht genügt, um Schülerinnen und Schülern Lernanstöße zu geben, sich interkulturell weiterzuentwickeln (vgl. Byram, 1997; Byram & Hu, 2009). Es stellt sich angesichts einer solchen Problematik die Frage, ob und in welchem Ausmaß Lehrkräfte mögliche inhaltliche Innovationspotenziale in Lehrwerken zu erkennen imstande sind. Tendenziell weisen diese Innovationspotenziale über die reinen Inhalte eines Lehrbuchs hinaus, da im Unterricht unterschiedliche curriculare Konzeptionen und Zielsetzungen mit den Inhalten verknüpft werden können.

Fragestellung 2: In wieweit werden in Lehrwerken die jeweiligen curricularen Anforderungen so transparent aufgegriffen, dass Englischlehrkräfte sich curricular weiterbilden können?

In der fachdidaktischen Literatur zu Lehrwerken wird darauf hingewiesen, dass Lehrwerke in der Regel den heimlichen Lehrplan eines fremdsprachlichen Faches darstellen (Neuner, 2003, S. 400). Es ist daher zu hinterfragen, ob beispielsweise die Lernprogression eines Lehrwerks Lehrkräften Anlass bietet, sich kritisch mit professionellen Fragen zu fachspezifischen Lern- und Bildungsstandards auseinanderzusetzen, und zwar über eine unreflektierte Übernahme einer im Lehrwerk festgelegten Lernprogression hinaus (vgl. Zydatiß, 2005). So weisen in neuerer Zeit Englischlehrwerke deutlich auf die Kompetenzbeschreibungen im Gemeinsamen Europäischen Referenzrahmen für Sprachen (Europarat, 2001) hin, auf dem die Bildungsstandards der Länder basieren (Bildungsstandards für die erste Fremdsprache). Wird dieses lehrwerkspezifische Lernpotenzial von den Lehrkräften zur professionellen Fortentwicklung im Bereich der verschiedenen Kompetenzen des Fremdsprachenlernens erkannt und entsprechend genutzt? Wird im Lehrwerk, beispielsweise in Lehrerhandbüchern, verdeutlicht, dass der Weg zur Erreichung eines Standards grundsätzlich offen ist und erst durch die Lernprogression strukturiert wird? Wird erkannt, dass Lehrwerke eigenständige Lernprogressionen unterhalb der Schwelle eines zu erreichenden Kompetenzstandards festlegen beispielsweise in der grammatischen und sprachpragmatischen Lernprogression?

Weitergehend kann ferner gefragt werden, ob Lehrwerkprogressionen Lehrkräfte dazu anregen, sich mit den wissenschaftlichen Hintergründen von Lernprozessen des Fremdsprachenerwerbs oder der Rolle von Fehlern auseinanderzusetzen. Ein konkretes Beispiel aus der Sekundarstufe I ist die Art, wie in Lehrwerken mit *Short Forms* umgegangen wird wie beispielsweise „She's at home", „She's got a pet", „She's gone" oder „She's been here all morning." Hier haben sich die Englischlehrwerke des Cornelsen-Verlags, des Diesterweg-Verlags und des Klett-Verlags aus jeweils nachvollziehbaren und wissenschaftlich relevanten Gründen für unterschiedliche Vorgehensweisen entschieden. Sind diese Gründe für Lehrkräfte nachvollziehbar? Lehrwerke bieten in solchen Fällen für Englischlehrkräfte als *reflective practitioners* (Schön, 1983; Caspari, 2003) ein Potenzial, das allerdings erkannt werden muss.

Fragestellung 3: Werden Englischlehrkräfte durch die methodische Konzeption eines Lehrwerks allgemein-pädagogisch und fachdidaktisch in eine bestimmte Unterrichtsweise gedrängt oder wird ihnen eher Raum für selbstbestimmte Unterrichtsentscheidungen eingeräumt?

Der Vergleich der methodischen Konzeption von Englischlehrwerken aus der Zeit der audiovisuellen Methode in den 70er Jahren des letzten Jahrhunderts – beispielsweise *How do you do* des Schöningh Verlags – mit heutigen Lehrwerken kann die Augen dafür öffnen zu sehen, wie viele Freiräume für unterschiedliche Lernwege Lehrkräften inzwischen in Lehrwerken geschaffen worden sind. So sind in Lehrwerke Anregungen zum bewussten Umgang mit Lernstrategien integriert worden (Nold, 2009; Nold, Haudeck & Schnaitmann, 1997). Der Anteil der optionalen Lehrwerkteile ist erheblich erweitert worden und die Möglichkeit eines eher modularen Vorgehens mit Lehrbucheinheiten ist vielfach geschaffen worden. Es stellt sich daher die Frage, ob von Lehrkräften die größeren Freiräume gegenwärtiger Lehrwerke genügend erkannt und im Sinne einer verstärkten Lernerorientierung genutzt werden, wenn es um die Stärkung individueller Lernwege, die Anregung lernstrategisch sinnvollen Lernens einer Fremdsprache mit Hilfe selbstbestimmter Arbeitsformen geht. Es ist jedoch auch zu untersuchen, ob in den Lehrwerken deutlich gemacht wird, dass diese Freiräume ein Lehrwerksmerkmal darstellen, sodass Englischlehrkräfte zu Handelnden werden, nicht zu Ausführungsorganen einer Lehrwerkkonzeption.

Fragestellung 4: Welche Eigenschaften von Lehrwerken sind entscheidend, um für Lehrkräfte Lerngelegenheiten zu schaffen, durch die sie fremdsprachlich ihre Fachkompetenz bewahren und erweitern können?

Englischlehrkräfte sind von Seiten ihrer Schülerinnen und Schüler ständig fehlerhafter Sprache ausgesetzt. Wird in Lehrwerken die englische Sprache mit möglichst hoher Authentizität sowohl hinsichtlich der kontextuellen Angemessenheit als auch der Besonderheiten von gesprochenen und geschriebenen Textsorten verwendet, kann das Lehrwerk eine kontinuierliche Stütze der Fremdsprachenkompetenz von Lehrkräften darstellen und damit zahlreiche Lerngelegenheiten zur Bewahrung und Entwicklung der Fremdsprache bereitstellen. Die Anforderungen an die Authentizität sind nicht zu unterschätzen; insbesondere das gesprochene Englisch hat in älteren Lehrwerken häufig Anlass zu Lehrwerkkritik gegeben. In neuerer Zeit wird authentische Lehrwerksprache nicht nur an der Kommunikation mit englischsprachigen Muttersprachlern gemessen, sie schließt vielmehr auch Situationen ein, in denen Englisch als Verkehrssprache zwischen Sprechern verschiedener Muttersprachen verwendet wird (vgl. Ehrenreich, 2009). Eine hohe Authentizität der Hörtexte ist dementsprechend ein besonderes Qualitätsmerkmal von Lehrwerken. Es ist möglichst zu vermeiden, dass gerade angesichts der verstärkten Betonung von Sprachkompetenzen Künstlichkeit der Sprache zum Problem wird.

Der sprachliche Aspekt von Englischlehrwerken kann darüber hinaus noch in einem weiteren Sinne als ein Lernpotenzial für Lehrkräfte betrachtet werden. So kann davon ausgegangen werden, dass in der Praxis des Unterrichtens ein Lehrwerk deutlich die Sprachbewusstheit von Lehrkräften erhöht. Die Art und Weise, wie in Lehrwerken die Sprachkompetenzen des Hörverstehens und Sprechens, des Leseverstehens und Schreibens sowie die Sprachmittlung (Siehe Bildungsstandards für die erste Fremdsprache) für mögliche Lernprozesse aufbereitet sind, kann bei Lehrkräften Reflexionsprozesse über die Besonderheiten dieser Kompetenzen anstoßen. Dies gilt auch für den Bereich der Sprachmittel wie Sprechintentionen, Wortschatz, Grammatik und Phonetik.

3. Ausblick

Empirische Untersuchungen könnten wertvolle Hinweise liefern, wie die impliziten Lehrwerkentscheidungen und die explizit betonten Lehrwerkmerkmale von Englischlehrkräften wahrgenommen werden. Damit würden verlagsinterne Erkenntnisse zur Rezeption von Lehrwerken durch Lehrkräfte auf ein sicheres empirisches Fundament gestellt. Beispielsweise wäre es aus der Sicht der Professionalisierung von Englischlehrkräften aufschlussreich zu wissen, in welcher Weise Lehrwerkentscheidungen wie Lernprogressionen oder die Operationalisierung von Sprachkompetenzen die Einstellungen zu Fehlern oder zur Angemessenheit von Schüleräußerungen beeinflussen; ferner könnten mögliche Wirkungen auf die Diagnosefähigkeiten von Englischlehrkräften untersucht werden (vgl. Keßler, 2006). In der Phase des universitären Studiums werden hier nur Grundlagen gelegt, es bleibt genügend Raum für die professionelle Ausdifferenzierung in der Berufsphase, wobei Lehrwerken eine besondere professionsförderliche Rolle zukommen dürfte.

Literatur

Appel, J. (2000). *Erfahrungswissen und Fremdsprachendidaktik*. München: Langenscheidt: Longman.
Bausch, K.-R., Christ, H., Königs, F.G. & Krumm, H.-J. (Hrsg.). (1999). *Die Erforschung von Lehr- und Lernmaterialien im Kontext des Lehrens und Lernens fremder Sprachen*. Tübingen: Narr.
Bildungsstandards für die erste Fremdsprache (Englisch/Französisch) für den Mittleren Schulabschluss. Beschluss vom 4.12.2003. Sekretariat der KMK (Hrsg.) (2004). *Bildungsstandards für die erste Fremdsprache (Englisch/Französisch)*. Darmstadt: Wolters Kluwer.
Blömeke, S., Bremerich-Vos, A., Haudeck, H., Kaiser, G., Nold, G., Schwippert, K. & Willenberg, H. (Hrsg.) (2011). *Kompetenzen von Lehramtsstudierenden in gering strukturierten Domänen. Erste Ergebnisse aus TEDS-LT*. Münster: Waxmann.
Bromme, R. (1992). *Der Lehrer als Experte: zur Psychologie des professionellen Wissens*. Bern: Huber.

Byram, M.S. (1997). *Teaching and Assessing Intercultural Communicative Competence*. Clevedon: Multilingual Matters Ltd.

Byram, M.S. & Hu, A. (Hrsg.) (2009). *Interkulturelle Kompetenz und fremdsprachliches Lernen. Modelle. Empirie, Evaluation – Intercultural Competence and language learning. Models, empiricism and evaluation*. Tübingen: Narr.

Caspari, D. (2003). *Fremdsprachenlehrerinnen und Fremdsprachenlehrer: Studien zu ihrem beruflichen Selbstverständnis*. Tübingen: Narr.

DESI-Konsortium (Hrsg.) (2008). *Unterricht und Kompetenzerwerb in Deutsch und Englisch: Ergebnisse der DESI-Studie*. Weinheim: Beltz.

Ehrenreich, S. (2009) ‚Englisch als Fremdsprache' auf dem global-lokalen Prüfstand. *Zeitschrift für Fremdsprachenforschung, 20(1)*, 3-36.

Europarat (Hrsg.) (2001). *Gemeinsamer europäischer Referenzrahmen für Sprachen: lernen, lehren, beurteilen*. Berlin, München: Langenscheidt.

Expertenkommission NRW (2007). *Ausbildung von Lehrerinnen und Lehrern in Nordrhein-Westfalen: Empfehlungen der Expertenkommission zur Ersten Phase*. Bonn: AQAS.

Helmke, A., Helmke, T., Schrader, F., Wagner, W., Nold, G. & Schröder, K. (2008). Alltagspraxis des Englischunterrichts. In DESI-Konsortium (Hrsg.), *Unterricht und Kompetenzerwerb in Deutsch und Englisch* (S. 371-381).Weinheim und Basel: Beltz.

Heuer, H. & Müller, R.M. (Hrsg.). (1973). *Lehrwerkkritik – ein Neuansatz*. Dortmund: Lensing.

Heuer, H. & Müller, R.M. (Hrsg.). (1975). *Lehrwerkkritik 2. Landeskunde, Illustrationen, Grammatik*. Dortmund: Lensing.

Keßler, J.-U. (2006). *Englischerwerb im Anfangsunterricht diagnostizieren. Linguistische Profilanalysen am Übergang von der Primarstufe in die Sekundarstufe I*. Tübingen: Narr.

Kurtz, J. (2010). Zum Umgang mit dem Lehrwerk im Englischunterricht. In E. Fuchs, J. Kahlert & U. Sandfuchs (Hrsg.), *Schulbuch konkret. Kontext, Produktion, Unterricht* (S. 149-163). Bad Heilbrunn: Klinkhardt.

Leuchter, M., Reusser, K., Pauli, C. & Klieme, E. (2008). Zusammenhänge zwischen unterrichtsbezogenen Kognitionen und Handlungen von Lehrpersonen. In M. Gläser-Zikuda & J. Seifried (Hrsg.), *Lehrerexpertise. Analyse und Bedeutung unterrichtlichen Handelns* (S. 165–186). Münster: Waxmann.

Neuner, G. (2003). Lehrwerke. In K.-R. Bausch, H. Christ, & H.-J. Krumm (Hrsg.), *Handbuch Fremdsprachenunterricht* (4. Aufl.), (S. 399-402). Tübingen, Basel: A. Francke.

Nold, G. (1998). Die Arbeit mit dem Lehrwerk. In J.-P. Timm (Hrsg.), *Englisch lernen und lehren. Didaktik des Englischunterrichts* (S. 127-136). Berlin: Cornelsen.

Nold, G. (2009). Lernstrategien im Netzwerk von Einflüssen auf den Prozess des Fremdsprachenlernens. *Fremdsprachen Lehren und Lernen, 38*, 37-50.

Nold, G., Haudeck, H. & Schnaitmann, G. W. (1997). Die Rolle von Lernstrategien im Fremdsprachenunterricht. *Zeitschrift für Fremdsprachenforschung, 8(1)*, 27-50.

Nold, G. & Roters, B. (2010). Wege zur Professionalisierung zukünftiger Englischlehrerinnen und -lehrer. *Die Neueren Sprachen, Jb. 1*, 41-53.

Roters, B., Nold, G., Haudeck, H., Keßler, J.-U. & Stancel-Piatak, A. (2011). Professionelles Wissen von Studierenden des Lehramts Englisch. In S. Blömecke, A. Bremerich-Vos, H. Haudeck, G. Kaiser, G. Nold, K. Schwippert, & H. Willenberg (Hrsg.), *Kompetenzen von Lehramtsstudierenden in gering strukturierten Domänen. Erste Ergebnisse aus TEDS-LT* (S. 77-99). Münster: Waxmann.

Schön, D. (1983). *The reflective practitioner. How professionals think in action.* New York: Basic Books.
Shulman, L. S. (1986). Those who understand: knowledge growth in teaching. *Educational Researcher, 15(2),* 4-14.
Shulman, L. S. (1999). Knowledge and Teaching: Foundations of the New Reform. In J. Leach & B. Moon (Hrsg.), *Learners and Pedagogy* (S. 61-77). London: Paul Chapman.
Zimmermann, G. & Plessner, H. (1998). Zum Zusammenhang von Lernstrategien, Wissensrepräsentationen und Leistungen beim Lernen mit Instruktionstexten im Fremdsprachenunterricht. *Zeitschrift für Fremdsprachenforschung, 2*, 265-290.
Zydatiß, W. (2005). *Bildungsstandards und Kompetenzniveaus im Englischunterricht: Konzepte, Empirie, Kritik und Konsequenzen.* Frankfurt/M: Peter Lang.

Thomas Weiß

Zur Verwendung von Argumentationsmustern in Schulbüchern für die gymnasiale Oberstufe
Ein Vergleich in den Fächern evangelische Religion und Biologie am Beispiel Schöpfung und Evolution

Zusammenfassung

An Schülerinnen und Schülern wird das jeweilige Fachwissen u.a. durch Schulbücher herangetragen. Schulbücher sollen allerdings nicht nur gesammeltes Wissen präsentieren, sondern sie haben auch verschiedene didaktische Funktionen. Eine davon besteht darin, fachliches Wissen für den kommunikativen Prozess des Unterrichts so aufzubereiten, dass die Erfahrungshorizonte der Schülerinnen und Schüler daran anschließen können. Eine weitere Funktion kann darin gesehen werden, Argumentationsprozesse anzuregen und durch den jeweiligen Wissensstand zu stützen und zu fördern. Im gesamten Forschungsprojekt wird der Versuch unternommen, Argumentationsmuster und Argumentationsstrukturen bei Schülerinnen und Schülern der gymnasialen Oberstufe zu identifizieren. Das interdisziplinäre bzw. transdisziplinäre Projekt zwischen der Didaktik der Biologie und der Religionspädagogik geht der Frage nach, ob argumentieren eine fachspezifische, fachübergreifende oder überfachliche Fähigkeit ist, die unterrichtlich u.a. durch Lehrbücher gefördert werden kann. Der vorliegende religionspädagogische Beitrag fokussiert auf den Stand der Lehrbuchanalysen, stellt aber zugleich den organisatorischen, theoretischen und methodischen Rahmen des Gesamtprojektes vor.

Schlüsselbegriffe

Typologie von Argumentationsmustern, pragmatischer Präsuppositionsbegriff, fachspezifische und fachübergreifende Aspekte, Schöpfung und/oder Evolution

1. Vorbemerkung

Die Studie geht davon aus, dass Schülerinnen und Schüler argumentieren können. Auf welche Weise dies geschieht, ist dabei noch nicht ausgemacht, zumindest gibt es im religionspädagogischen Bereich keine Untersuchung, die explizit die Fähigkeiten zu argumentieren in den Fokus der Forschung gestellt hat. Bezeichnend für dieses Forschungsdesiderat ist der Titel eines Aufsatzes von Bernhard Grümme: „Nicht mehr als ein ‚Laberfach'? Argumentative Gesprächsmethoden im Religionsunterricht" (Grümme, 2006). Die hier vorgestellte religionspädagogische Studie entstand im Umfeld des Hamburger Schulversuches *alles»könner* als Teilstudie eines interdisziplinären bzw. transdisziplinären Projektes zwischen den Fächern Biologie und Evangelische Religion. Deshalb ist dieses Gesamtprojekt vorzustellen (1), bevor die religionspädagogischen Spezifika benannt (2), der theoretische Ansatz erläutert (3) sowie die ersten Ergebnisse zur Lehrbuchanalyse präsentiert

(4) werden können. Eine Zusammenfassung schließt diesen Beitrag zum vorliegenden Sammelband ab (5).

2. Vorstellung des Gesamtprojektes

Zu Beginn des Schuljahres 2008/2009 startete der Hamburger Schulversuch *alles»könner*, dessen wissenschaftliche Leitung das Leibniz-Institut der Pädagogik der Naturwissenschaften und Mathematik (IPN) Kiel übernahm. Der Hamburger Schulversuch greift auf fachdidaktische Expertisen und Forschungsergebnisse zurück und eröffnet im Gegenzug den beteiligten Fachdidaktiken (Mathematik, Deutsch, Englisch, Biologie, Physik, Sachkunde, Kunst und Religion) die Möglichkeit zur empirischen Forschung sowie der praxisorientierten Rückmeldung zur Forschung. Am Schulversuch nehmen insgesamt 48 Hamburger Schulen der Primar- und Sekundarstufe I, 197 Lehrkräfte und ca. 4000 Schülerinnen und Schüler teil. Wissenschaftlich unterstützt wird der Schulversuch durch das Forschungsprogramm kom*dif* (Kompetenzmodelle als Basis für eine diagnosegestützte individuelle Förderung), welches durch die Universitäten Bremen, Hamburg, Kiel und Wien getragen wird.

Das Interesse an einer Erforschung von Argumentationsmustern/Argumentationsstrukturen entwickelte sich im Rahmen des Schulversuches in Kooperation mit dem IPN Kiel, Abteilung Biologiedidaktik, und dem Institut für Religionspädagogik der Evangelisch-Theologischen Fakultät der Universität Wien. Seitens des IPN wird das Projekt von U. Harms, H. Prechtl (jetzt Universität Potsdam) und N. Basel getragen, vom Institut für Religionspädagogik sind M. Rothgangel und Th. Weiß beteiligt. Das gesamte Projekt ist interdisziplinär bzw. transdisziplinär ausgerichtet und trägt den Titel: *Fachspezifische und Fächerübergreifende Argumentationsstrukturen – Ein interdisziplinäres Forschungsprojekt am Beispiel Schöpfung und Evolution*. Untersucht werden soll die Argumentationsfähigkeit von Schülerinnen und Schülern in den Unterrichtsfächern Biologie und evangelische Religion der gymnasialen Oberstufe.

Die inhaltliche Fokussierung auf das Thema *Schöpfung und Evolution* hat sich in den Vorplanungen in doppelter Hinsicht als zweckmäßig erwiesen. Zum einen kann an religionspädagogische Studien zum Thema Naturwissenschaft und Schöpfung (z.B. Höger, 2008; Hunze, 2007; Rothgangel, 1999), an biologiedidaktische Studien mit dem Fokus auf das Thema Evolution (Baalmann, Weitzel, Frerichs, Gropengießer & Kattmann, 2004; Gropengießer, Kattmann & Krüger, 2010; Weitzel, 2006), aber auch an internationale Studien zur Argumentation (v. Aufschnaiter, Erduran, Osborne & Simon, 2008) angeschlossen werden. Zum anderen scheint die Auseinandersetzung Schöpfung und/oder Evolution hoch aktuell. Zumindest sind sich die evolutionstheoretische und theologische sowie die biologiefachdidaktische und die religionspädagogische Forschung darin einig, dass das Feld keinen pseudowissenschaftlichen (kreationistischen) Ansätzen überlassen werden darf. Dies trifft insbesondere auf das Umfeld Schule, auf den schulischen Unterricht zu.

Der Forschungsansatz des Gesamtprojektes geht von der Annahme aus, dass die Fähigkeit zu argumentieren eine Voraussetzung darstellt, um am gesellschaftlichen Diskurs teilhaben zu können (Acar, Turkmen & Roychoudhury, 2010). Unter Argumentieren wird dabei eine kommunikative Tätigkeit des Rechtfertigens und/oder

Überzeugens verstanden (Gil, 2005, S. 11). Ein argumentativer Dialog liegt allerdings erst dann vor, wenn es zwischen mindestens zwei Positionen zu einer strittigen Auffassung kommt. D.h. „Argumentieren […] ist ein Verfahren, mit dem einer etwas, was strittig ist, mit Hilfe von Unstrittigem unstrittig machen will oder kann" (Nussbaumer, 1995, S. 1). Von diesen Annahmen ausgehend, ist für den schulischen Unterricht beider Fächer ein Mangel an individuellen, evidenzbasierten Instrumenten zur Diagnose und Förderung einer Argumentationsfähigkeit zu konstatieren. Aus dieser Einsicht lassen sich drei Forschungsfragen ableiten:
1) Stellt die Fähigkeit zu argumentieren eine fachspezifische, fächerübergreifende oder überfachliche Fähigkeit dar?
2) Wie argumentieren Schülerinnen und Schüler in den unterschiedlichen Fächern?
3) Welche Faktoren beeinflussen die Argumentationsfähigkeit?

Der theoretische Rahmen, innerhalb dessen die Forschungsfragen einer Beantwortung zugeführt werden sollen, bezieht sich auf die Identifizierung und die Analyse der von Schülerinnen und Schülern verwendeten Argumentationsmuster und auf die Struktur von Argumentationen. Um Argumentationen als fächerspezifisch und/oder fachübergreifend identifizieren zu können, wird auf die von Kienpointner (1992) entwickelte Typologie von Argumentationsmustern zurückgegriffen. Dieser theoretische Ansatz findet in erster Linie im religionspädagogischen Teil des Gesamtprojektes Anwendung. Eine nähere Erläuterung wird im dritten Abschnitt gegeben. Um die Struktur von durch Schülerinnen und Schüler verwendeten Argumentationen zu erfassen, greift die biologiedidaktische Forschung auf das Schema nach Toulmin (1958) zurück. Vermittelt durch eine Stützung/eine Schlussregel soll der Übergang von Fakten/Erfahrungen/Beobachtungen zu einer Behauptung ermöglicht werden (Toulmin, 1958). Dieses Schema wird besonders in den Didaktiken der Naturwissenschaften mit Anordnung nach steigender Komplexität (z.B. Erduran & Jiménez-Alexandre, 2007; Gromadecki, 2008; Jiménez-Aleixandre, Rodriguez & Duschl, 2000) genutzt und hier nicht weiter vorgestellt.
  Methodisch arbeitet das Projekt mit der Analysetechnik der typisierenden Strukturierung (Biologiedidaktik) sowie mit der formalen Strukturierung (Religionspädagogik) im Rahmen der Qualitativen Inhaltsanalyse nach Mayring (2010). Beide Fachdisziplinen bzw. Teilprojekte arbeiten am selben Gegenstand, sind allerdings in der theoretischen Rahmensetzung sowie in der verwendeten Methodik zu differenzieren. Dieser Tatsache bewusst, werden die einzelnen Ergebnisse in einen vergleichenden Austausch gestellt, so dass es zu einer wechselseitigen Überprüfung und gegebenenfalls Modifizierung des theoretischen aber auch des methodischen Rahmens kommen kann.
  Die Forschung des Gesamtprojektes konzentriert sich auf zwei Untersuchungsebenen. Es werden zum Thema Schöpfung und/oder Evolution einschlägige Lehrbücher der beiden Schulfächer analysiert, weil davon auszugehen ist, dass fachwissenschaftliche Erkenntnisse u.a. über Schulbücher in den Unterricht und somit an Schülerinnen und Schüler getragen werden. Die zweite Untersuchungsebene ergibt sich aus der Erhebung und Auswertung von schriftlichen Schüleräußerungen zur Thematik Schöpfung und Evolution. Durch das Setzen eines Impulses werden die Schülerinnen und Schüler dazu angeregt, eine argumentative Rede zu verfassen. D.h.

sie argumentieren im Rahmen der Impulssetzung mit einem fiktiven Dialogpartner bzw. für ein fiktives Publikum – ein Vorgang, der den Lernern aus den verschiedenen Fächern bekannt ist und für das Fach Deutsch diskutiert ist bei Winkler (2006). Flankiert wird die Erhebung von Schülertexten durch einen Fachwissensfragebogen für beide Fächer, einen Fragebogen zur Erfassung epistemischer Überzeugungen (Krettenauer, 2005) sowie einen Fragebogen zur Ermittlung soziodemografischer Hintergrunddaten.

3. Religionspädagogische Spezifika

Aus der Erläuterung und den benannten Voraussetzungen, den theoretischen sowie methodischen Setzungen des interdisziplinären bzw. transdisziplinären Projektes lässt sich nun das konkrete religionspädagogische Forschungsinteresse der Studie *Wie Schülerinnen und Schüler argumentieren* ableiten. Es ist beabsichtigt,
1) die von Schülerinnen und Schülern der gymnasialen Oberstufe in den Fächern Religion und Biologie verwendeten Argumentationsmuster zu identifizieren und
2) diese Verwendung von Argumentationsmustern an einem klassischen religionsunterrichtlichen Inhalt zu belegen.

Während die unter Punkt 1 genannte Intension das Forschungsinteresse eher prinzipiell auslegt ist – im Sinne von, *ob* Schülerinnen und Schüler überhaupt argumentieren, und wenn ja, *ob* sie auf ausgewiesene Muster zurückgreifen – orientiert sich der zweite Punkt am konkreten Inhalt. Damit ist eine Forschung angelegt, die das *Wie* in doppelter Weise zu beantworten versucht. Es kommt zu einer Verbindung zwischen einem *kontextabstrakten Rahmen* (die Typologie nach Kienpointner) mit einem inhaltlichen Thema als *kontextspezifischem Rahmen*. Ob der gesetzte kontextabstrakte Rahmen ausreicht, um die Verwendung von fachspezifischen und/oder fachübergreifenden Argumentationsmustern zu identifizieren, kann erst die weitere Forschung zeigen. Dafür spricht, dass die Typologie nach Kienpointner an einem Corpus der deutschen Gegenwartssprache überprüft wurde (Kienpointner, 1992, S. 250ff). Dass es einer inhaltlichen bzw. kontextspezifischen Setzung bedarf ist dem Gedanken geschuldet, dass Argumente immer an bzw. zu konkreten Sachverhalten ausgetauscht werden. Der gewählte Inhalt – *Schöpfung und Evolution* – eignet sich für das hier vorgetragene Vorhaben deshalb, weil durch die entsprechenden curricularen Vorgaben beider Fächer sichergestellt ist, dass sich Schülerinnen und Schüler im entsprechenden Fachunterricht mit Evolution (Biologie) und mit Schöpfung und Evolution (Religion) beschäftigen. Des Weiteren kann davon ausgegangen werden, dass dieses Thema gerade im Bereich des Religionsunterrichts der gymnasialen Oberstufe als Möglichkeit genutzt wird, um wissenschaftspropädeutisch, wissenschaftstheoretisch sowie wissenschafts- und religionskritisch mit Schülerinnen und Schülern zu arbeiten (Rothgangel & Wermke, 2006, S. 13ff.).

4. Theoretischer Rahmen

Soll die Verwendung von Argumentationsmustern untersucht werden, dann ist vorausgesetzt, dass es solche Muster gibt. Weil es sich um eine fachdidaktisch fokussierte Arbeit handelt, kann nicht die gesamte, seit Aristoteles bestehende Rhetorik-Topik-Tradition bedacht werden (Ross, 1989, 1990a, 1990b).

Es hat sich als günstig herausgestellt, auf die schon erwähnte Typologie von Kienpointner (1992) zurückzugreifen. Sinnvoll ist dieser Rückgriff, weil Kienpointners Typologie anschlussfähig „an eine mehr als 2000jährige Tradition" der Topik und der Rhetorik ist (Kienpointner, 1992, S. 43), an einem Corpus empirisch überprüft wurde und damit eine gewisse Plausibilität und Akzeptanz in der Verwendung besitzt. Auch die Kontextabstraktheit spricht für die Anwendung dieser Typologie. In sie fließen philosophische, argumentationstheoretische sowie linguistischen Forschungsansätze ein bzw. sind von Kienpointner verarbeitet worden. Fokussiert werden soll an dieser Stelle – auch in Absetzung zum schon erwähnten Schema nach Toulmin – auf den pragmatischen Aspekt der Schlussregel (Schlusspräsupposition nach Öhlschläger, 1979), wie er in der Linguistik diskutiert wird.

Kienpointner übernimmt das Konzept der Schlusspräsupposition von Öhlschläger (1979), schlägt allerdings vor „Schlußregeln als Konversationsimplikationen zu erklären" (Kienpointner, 1992, S. 39). Dieser theoretische Ansatz ist insofern schwierig, weil er nicht einsichtig machen kann, wie mit Argumentationen umgegangen werden soll, die dem logischen Minimum der konversationellen Implikation (wenn ... dann, also z.B. dem modus ponens, Kienpointner, 1992, S. 248) nicht folgen, wie beispielsweise bei Argumentationen, die nicht *begründen*, sondern zu einem *Verstehen* beitragen wollen. Insofern wird die Position von Kienpointner mit der Annahme von Ernst (2002), Schlussregeln bzw. Präsuppositionen sind Sinnvoraussetzungen, welche nicht in sprachlichen Äußerungen angesprochen werden, leicht modifiziert.

Solche Sinnvoraussetzungen müssen inferiert werden, d.h. Äußerungen werden ergänzt, und dass dies möglich ist, „hängt von unserem Weltwissen ab" (Ernst, 2002, S. 31). Dieses Weltwissen besteht aus den „Überschneidungen der individuellen Weltwissen" (Ernst, 2002, S. 21), welche die reale Welt und die von Menschen gemachten Konventionen und Übereinkünfte in dieser realen Welt zur Voraussetzung haben (ebd.). Daraus ergibt sich, dass das Weltwissen individuell sein muss, sich aus mehreren Arten zusammensetzen kann, aber im Sprachwissen und durch Sprachverhalten repräsentiert wird. Diese individuellen Weltwissen beruhen auf dem, was der Einzelne erfahren hat. Es kann durchaus auch auf eine nichtexistente, imaginierte Welt referiert werden: „Es ist also ohne Bedeutung, ob ein Gott Dionysos wirklich existiert, wichtig ist nur, dass wir erfahren haben, dass es eine Vorstellung von einem Gott des Weines namens Dionysos gegeben hat oder immer noch gibt" (Ernst, 2002, S. 19f.). Ein so verstandener pragmatischer Präsuppositionsbegriff wird als theoretisches Konstrukt zur Ermöglichung von Argumentationen in der hier vorgestellten religionspädagogischen Studie verwendet.

Diese leichte Modifizierung des Kienpointnerschen theoretischen Konstrukts verhindert allerdings nicht, seine Typologie zu übernehmen. Im Konkreten besteht diese Typologie aus drei Großklassen:

- Großklasse I: schlussregelbenutzende Argumentationsmuster,
- Großklasse II: schlussregeletablierende Argumentationsmuster und
- Großklasse III: schlussregelillustrierende Argumentationsmuster.

I) Schlussregelbenutzend sollen die Muster sein, die auch in der Tradition immer wieder gefunden werden können und zwar bezogen auf Inhaltsrelationen, d.h. diese Muster der Großklasse I setzen die Inhaltsrelationen voraus. „Da die entsprechenden Schlußregeln zwar Regularitäten beinhalten, aber in der Alltagsargumentation in den seltensten Fällen Allsätze im strengen Sinn bilden, ist I nicht mit deduktiver Argumentation gleichzusetzen, schon gar nicht mit deduktiver Argumentation im Sinne der formalen Logik" (Kienpointner, 1992, S. 243).

II) Schlussregeletablierend ist ein Muster, wenn es sich um eine „induktive Argumentation im engeren Sinn" (ebd.) handelt. Der Schluss wird aufgrund einiger Beispiele (manchmal auch nur eines Beispiels) gezogen, wobei der allgemeine Satz, also die Regelmäßigkeit, in weiteren Argumentationen als Schlussregel benutzt werden kann, d.h. die weitere Argumentation müsste sich dann aus Teilen der Großklasse I zusammensetzen, denn das Beispiel wird als Konklusion verwendet und „nicht als Prämisse der Argumentation" (ebd.).

III) Diese dritte Großklasse wird als Schlussregeln weder benutzend noch etablierend gekennzeichnet und ist differenziert in illustratives Muster, Analogie- und Autoritätsmuster. Beim illustrativen Muster wird die Schlussregel nicht wie in II etabliert, sondern wie in I als Prämisse genutzt, allerdings nicht als vorausgesetzt, sondern durch mehrere Beispiele veranschaulicht. Im Analogiemuster werden Schlussregeln weder wie in I benutzt noch wie in II etabliert. Ein solches Muster besteht eher darin, dass der zu ziehende Vergleich zwei Realitätsbereiche berührt, die nicht zusammen gehören. Das Autoritätsmuster setzt eine Schlussregel voraus, aber nicht wie in I und auch nicht wie in II, weil hier Schlussregeln bereits bestehende Regeln bekräftigen bzw. „bestätigt (oder wie im Fall von Kontraargumentationen mithilfe der Autorität widerlegt)" werden (Kienpointner, 1992, S. 244). „Da Autoritäten ferner zur Stützung/ Widerlegung *aller* Argumentationen nach den Argumentationsmustern in I dienen können ... rechtfertigt sich die Abgrenzung der Autoritätsargumentation von I. Schon Cicero hat die „auctoritas" als „extrinsischen" locus von allen übrigen Argumentationsformen abgegrenzt" (ebd.).

Aus diesen drei Großklassen werden 22 Subklassen abgeleitet, „die in etwa den Subklassen des ciceronischen Standardkatalogs bzw. den Klassen von Maximen der scholastischen Topik entsprechen" (Kienpointner, 1992, S. 245). Diese Subklassen sind an einem Korpus aus der deutschen Gegenwartssprache überprüft, wobei jedesmal mindestens ein deskripitives und mindestens ein normatives Beispiel vorgestellt werden. Bei der Analyse der einzelnen Lehrbuchtexte wurde als eine weitere Differenzierung auf den Unterschied zwischen einem vollständigen oder einem unvollständigen Muster geachtet. Unvollständig ist ein Argumentationsmuster dann, wenn z.B. nur die Prämisse benannt wird, die Konklusion aber fehlt. Die Tabelle 1 zeigt die vollständige Typologie nach Kienpointner.

Tabelle 1: Übersicht über die Differenzierungen der einzelnen Argumentationsmuster nach Kienpointner (1992)

Großklasse I	Großklasse II	Großklasse III
Einordnungsmuster	Induktives Beispiel	Illustratives Beispiel
Definition		Analogiemuster
Genus-Spezies		Autoritätsmuster
Ganze-Teile		
Vergleichsmuster		
Gleichheit		
Ähnlichkeit		
Verschiedenheit		
A maiore		
A minore		
Gegensatzmuster		
Kontradiktorisch		
Konträr		
Relativ		
Inkompatibel		
Kausalmuster		
Ursache		
Wirkung		
Grund		
Folge		
Mittel		
Zweck		

Zum besseren Verständnis ist – unter der Voraussetzung eines pragmatischen Präsuppositionsbegriffs – in Abbildung 1 ein mögliches Beispiel für ein Argumentationsmuster aus jeder Großklasse angeführt.

Abbildung 1:   Beispiele für die drei Großklassen nach Kienpointner (1992) zur Klassifikation von Argumentationsmustern

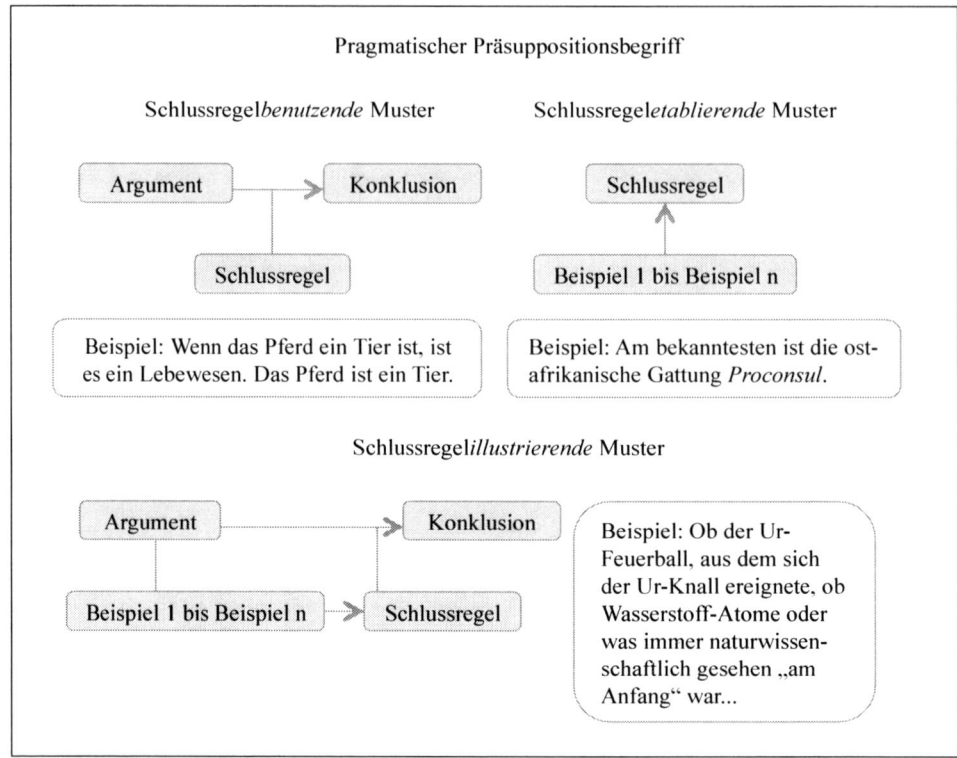

Die Typologie nach Kienpointner, so kann zusammenfassend festgehalten werden, ist ein geeignetes Analyseinstrument, welches zur Untersuchung der entsprechenden Schulbücher aber auch der Schülertexte verwendet werden kann. Methodisch ist dabei darauf zu achten, dass die inhaltliche Relation zum Thema Schöpfung/Evolution gegeben ist. Es könnte sich – als Vermutung geäußert – aber auch herausstellen, dass sich einige Muster verstärkt in Schulbuchtexten, andere hingegen verstärkt bei Schülerinnen und Schülern finden lassen. Für diese Fälle wäre dann eine Metareflexionsebene angemessen, um die Typologie zu verengen oder zu erweitern.

5. Erste Ergebnisse der Schulbuchanalyse

Aus der nicht geringen Zahl von Schulbüchern zu beiden Fächern ist für jedes Fach eines für die Analyse ausgewählt worden. Im Fach Biologie fiel die Wahl auf *Linder Biologie Gesamtband* (Bayrhuber & Kull, 2010; im Folgenden: Linder), im Fach Religion wurde das *Kursbuch Religion Oberstufe* (Rupp & Reiner, 2004; im Folgenden: Kursbuch) ausgewählt. Beide Lehrwerke sind renommierte, im schulischen Alltag eingesetzte Schulbücher. Konzipiert wurden sie jeweils für die gesamte Sekundarstufe II.

Am Linder fällt vordergründig auf, dass dieses Lehrwerk in straffer und konzentrierter Form den biologischen Erkenntnisstand präsentiert, so dass das Schulbuch durchaus geeignet ist, auch noch für Lehramtskandidaten eine gute und zusammenfassende Quelle biologischer Erkenntnisse zu sein. Es führt zu Beginn in die wissenschaftliche Arbeitsweise der Naturwissenschaften ein (Bayrhuber & Kull, 2010, S. 18-21) und behandelt Themen wie Zellbiologie, Genetik und Neurobiologie. Die Evolutionstheorie wird auf insgesamt 84 Seiten dargestellt. Einzelthemen sind hier: Evolutionstheorie, Stammesgeschichte, Verwandtschaft, Evolution des Menschen, kulturelle Evolution und abschließend die Bedeutung der Evolutionstheorie. Zu allen Teilgebieten werden Aufgabeneinheiten hinzugestellt, so dass die Schülerinnen und Schüler mit diesen Abschnitten des Lehrwerkes verstärkt Stoff lernen und wiederholen können.

Das Kursbuch umfasst in angemessener Weise die wichtigsten Themen des Fachs evangelische Religion und ist für Schülerinnen und Schüler der gymnasialen Oberstufe sehr gut aufbereitet. Das Lehrbuch ist so aufgebaut, dass zu den einzelnen Bereichen eine Ansammlung von Fragen vorgestellt wird, in deren Umkreis sich die Thematiken bewegen können. Einzelthemen des Lehrwerkes sind Wirklichkeit, Jesus Christus, Mensch, Gott und Kirche. Die Schöpfung wird im Bereich der Frage nach Wirklichkeit auf insgesamt 14 Seiten thematisiert, im Bereich Mensch fünf Mal und im Bereich Gott ein Mal. Es fällt auf, dass nicht nur literarische Gattungen (z.B. mythologische Erzählungen oder Hymnen) präsentiert werden, sondern auch Reden oder Aufsätze von Naturwissenschaftler/-innen sowie dogmatische bzw. systematische theologische Texte. Einzelthemen sind Mythos, Welt als Natur und als Schöpfung, Schöpfung oder Evolution, der Herrschaftsauftrag des Menschen. Das Kursbuch ist also fächerübergreifend angelegt. Dies ist ein entscheidender Unterschied zum Linder, der nur auf zwei Seiten (S. 504/505) fachübergreifende Zusammenhänge bewusst hervorhebt.

5.1 Analysebeispiel Linder Biologie Gesamtband

Das hier vorgestellte Beispiel ist der Thematik *Stammesgeschichte des Menschen* (Bayrhuber & Kull, 2010, S. 492ff.) entnommen. Auf eine kurze historische *Kontextualisierung* (Textbaustein 1) folgt eine Chronologie, die differenziert wird in *Vorfahren der Menschen* (Textbaustein 2) und darauf folgend in *frühe Vormenschen* (Textbaustein 3). Der gesamte Text (bis S. 497) beschreibt die Entwicklung chronologisch bis zum Homo sapiens und schließt mit einer Problematisierung der Einordnung und der Namensgebung von Fossilienfunden ab.

Textbaustein 1 – Linder Biologie
„Im Jahr 1856 wurden beim Kalkabbau im Neandertal bei Düsseldorf Skelettreste gefunden und dem Lehrer Johann Carl Fuhlrott aus (Wuppertal-) Elberfeld übergeben. Er beschrieb sie als Reste eines Menschen der ‚vorhistorischen' Zeit. Dieser Ansicht wurde von Fachleuten, allen voran vom Anatomen Rudolf Virchow, widersprochen. Es dauerte etwa 30 Jahre, bis sich herausstellte, dass Fuhlrott recht

gehabt hatte. Mit dem Fund des ‚Neandertalers' beginnt die wissenschaftliche Erforschung der menschlichen Stammesgeschichte."

Dieser Textbaustein 1 kann in Bezug auf Argumentationsmuster vernachlässigt werden. Es handelt sich bei diesem Textabschnitt um einen Verweis darauf, wann die wissenschaftliche Beschreibung der menschlichen Stammesgeschichte begonnen hat. Formal ist dieser Textabschnitt in fünf Sentenzen gegliedert und wie folgt aufgebaut:
1) Beschreibung eines Fundes mit den Angaben über Zeit, Ort usw.,
2) Beschreibung einer Beschreibung: er beschrieb als ...,
3) Beschreibung (formal) einer Diskussion,
4) Beschreibung der Bestätigung der Beschreibung aus (2),
5) Ableitung aus den Beschreibungen durch Setzungen,
5a) Fund = Neandertaler und
5b) Beschreibung in (2) markiert einen naturwissenschaftlichen „Neuansatz".

Um eine Argumentation und in deren Folge Argumentationsmuster zu finden, hätte im hier besprochenen Textbaustein 1 das inhaltliche Für und Wider der Analyse von Fuhlrott und dessen Gegnern benannt werden müssen. Da es sich um die Beschreibung eines historischen Vorganges handelt, der belegt werden kann, ist eine Argumentation auch nicht notwendig. So wie der Text gestaltet ist, verweist er auf ein historisches Ereignis, welches als naturwissenschaftlicher Neuansatz präsentiert wird. Aus den fünf Schritten der Kontextualisierung lässt sich allerdings eine Präsupposition herauspräparieren, die als Sinnvoraussetzung des gesamten Abschnittes zur Stammesgeschichte gelten kann. Sie könnte so formuliert werden: *Die menschliche Phylogenese ist naturwissenschaftlich erforschbar.*

Textbaustein 2 – Linder Biologie
„Vor etwa 30 Mill. Jahren [A][1] lebten Arten der Vorfahren der Altweltaffen [A1] als Baumtiere in Afrika. In der Zeit vor 24–16 Mill. Jahren [B] entstanden viele Arten [B ...n] einer Gruppe, die als Ursprungsgruppe von Menschenaffen und Menschen angesehen wird; am bekanntesten ist die ostafrikanische Gattung Proconsul [B 1 von n]. Vor etwa 17. Mill. Jahren [C] erreichten frühe Menschenaffen auch Europa. Sie bildeten hier die Gruppe der Dryopithecien [C ...n]. Vor etwa 12–10 Mill. Jahren [D] trennte sich eine Evolutionslinie zum Orang-Utan [D 1]. Vor ungefähr 9 Mill. Jahren [E] entstand die Evolutionslinie zum Gorilla [E 1]. Schließlich erfolgte vor 7–6 Mill. Jahren [F] die Auftrennung der Linie zum Menschen [F 1] und zum Schimpansen [F 2]. Etwa diese Alter besitzen zwei Fossilfunde, die sich daher nicht sicher einer der beiden Evolutionslinien zuordnen lassen [F 1 oder F 2]: aus Kenia ein Fund von Kieferstücken mit Zähnen und Extremitätenknochen, der den Namen Orrorin tugenesis erhielt; aus dem Tschad ein Schädelfund, Sahelanthropus tchadensis."

---

[1] Die Buchstaben und Ziffern in eckigen Klammern sind von mir in die Texte eingefügt und kennzeichnen die jeweiligen Auffälligkeiten im Text.

Der Textbaustein 2 scheint kein argumentativer Text zu sein, sondern eine chronologisch angelegte Beschreibung der menschlichen Phylogenese über einen Zeitraum von ca. 24 Mill. Jahren. Die Signalworte dieser Chronologie sind ‚vor etwa‘, ‚vor‘ sowie ‚vor ungefähr‘. Sie dient der Orientierung, um eine naturwissenschaftliche Zuordnung zu den Genera zu ermöglichen und erfüllt damit die Struktur der Folge und nicht, wie bei einem Kalender, die der Zählung. Freilich entsteht aus dieser Folge der Eindruck einer Kausalkette. Diese wäre allerdings unvollständig, es fehlen in ihr die notwendigen Ursachenbeschreibungen. Wird an den Textbefund das hier benutzte Instrument angelegt, so kann von einem unvollständigen Kausalmuster gesprochen werden. Dieses Muster bezieht sich auf die Wirkung und nicht auf die im Text vorgegebene Folge. Eine kausale Folge setzt eine Handlung voraus, die personal gebunden ist. Hingegen wird von einer Ursache-Wirkung-Relation gesprochen, wenn die Ursache personal oder nicht personal beschrieben werden kann.[2] Ein solches Kausalmuster wird definiert mit: „Wenn die Ursache ... vorliegt, tritt die Wirkung auf. Die Ursache liegt vor" (Kienpointner 1992: 336). An dieser Definition wird deutlich, weshalb im Text nur ein unvollständiges Kausalmuster identifiziert werden kann. Weshalb sich z.B. ‚Vor etwa 12-10 Mill. Jahren [D] eine Evolutionslinie zum Orang-Utan [D 1] trennte' wird nicht erläutert bzw. beschrieben. Viel eher suggeriert der Text, dass alle Aussagen im Rahmen des naturwissenschaftlichen Kontextes mit genügenden Beispielen (hier: Knochenfunde) belegt werden könnten. D.h. im Text lässt sich formal ein Muster finden; ein Strittiges ist nicht zu erkennen. Der einzige Hinweis auf eine Strittigkeit, die aber nicht weiter verfolgt wird, ist in der Formulierung ‚Etwa diese Alter besitzen zwei Fossilfunde, die sich daher nicht sicher einer der beiden Evolutionslinien zuordnen lassen ...' zu finden. Die aufgezeigten sechs Genera mit den jeweiligen Einzelbeispielen[3] sind die Inhalte der schon beschriebenen Struktur der Folge als unvollständiges Kausalmuster. Vorläufig kann der Textbaustein 2 in seiner Gesamtheit als Beleg für die in Textbaustein 1 formulierte Beschreibung der wissenschaftlichen Erforschung der menschlichen Stammesgeschichte gelesen werden. Die dort formulierte Präsupposition dient hier in der Tat als Prämisse. Zugleich wird die Präsupposition als Schlussregel etabliert. Der dazu notwendige Übergang soll durch eine Kausalitätskette ermöglich werden, die, wie gezeigt, unvollständig ist. Schematisch dargestellt ergibt sich das Folgende (vgl. Abbildung 2):

---

2 Wenn eine personal gebundene Ursache vorliegt, dann ist auch die Wirkung personal, z.B. bearbeitet der Tischler bewusst mit bestimmten Werkzeugen ein Holz und es entsteht sein Tisch als Antlitz seiner selbst (Hegel, 1999, S. 109-116; Herrschaft und Knechtschaft). Hingegen, wenn ein Sturm aufzieht, können Bäume gebrochen werden usw. Diese Wirkung ist unabhängig von einer Person, auch wenn sie von Personen beschrieben werden kann.
3 Für den Genus F werden zwei Einzelbeispiele angeführt.

Abbildung 2: Unvollständiges Kausalmuster der Großklasse I

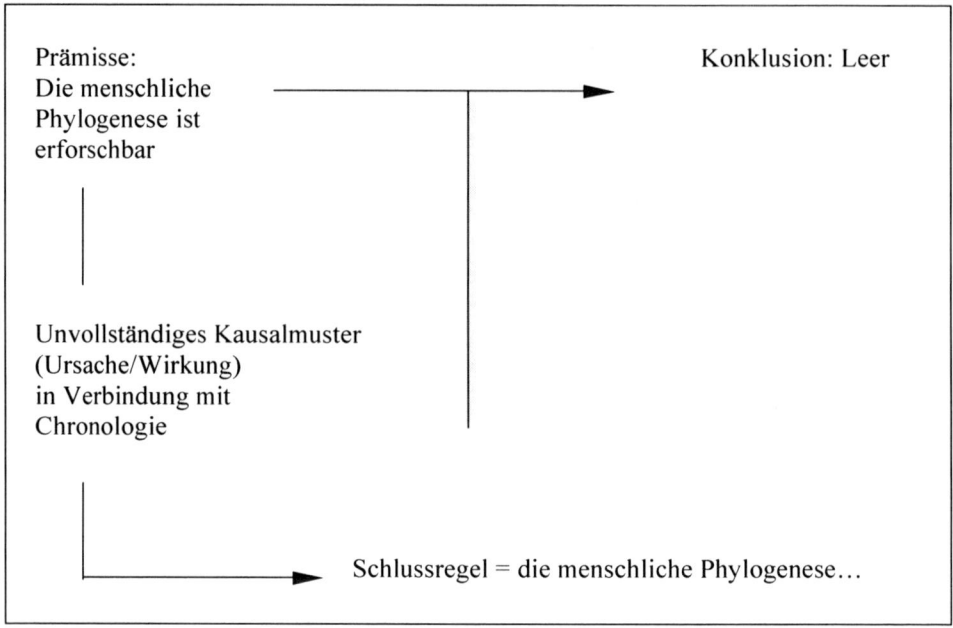

Im Textbaustein 2 lassen sich noch weitere auffällige Formulierungen finden. Es handelt sich dabei um Formulierungen, die zwar mit der Chronologie verbunden bleiben, allerdings jeweils andere Intensionen aufweisen. Deshalb werden diese beiden Formulierungen eigens als Textbaustein 2a und Textbaustein 2b analysiert.

Textbaustein 2a: In der Zeit vor 24-16 Mill. Jahren entstanden viele Arten einer Gruppe, die als Ursprungsgruppe von Menschenaffen und Menschen angesehen wird; am bekanntesten ist die ostafrikanische Gattung *Proconsul*.

Dieser Satz steht am Anfang des gesamten Textbausteins 2. Er zeigt eigene Sinnrelationen, die mit der gesamten Folgestruktur verbunden sind. Die Chronologie in den Hintergrund stellend, lassen sich in dieser Sentenz drei Relationen finden:
A) eine Relation zur Gattung (viele Arten einer Gruppe);
B) eine Relation zur Autorität (angesehen wird);
C) eine Relation zur Gattung als induktives Beispiel (am bekanntesten ist).
Da sich die Relationen A und B auf C beziehen, kann ein vollständiges induktives Beispielmuster der Großklasse II identifiziert werden. Der Gattungshinweis (viele Arten einer Gruppe) und das Verweisen auf eine nicht genannte Autorität (wird angesehen) zielen als Prämissen darauf ab, das mögliche Beispiel (am bekanntesten) als Konklusion[4] zu verwenden.

Das induktive Beispielmuster wird an pointierter Stelle des Gesamttextes eingesetzt. Die in Textbaustein 2 gezeigte Chronologie ist gleich zu Beginn durch den Verweis auf ein Beispiel unterbrochen, um die kausale Folgestruktur zu bekräftigen und damit die Präsuppositon >Die menschliche Phylogenese ist (naturwissen-

---

4   Dieses Beispiel könnte in weiterführenden Argumentationen als Konklusion, aber nicht mehr als Prämisse verwendet werden (Kienpointner, 1992, S. 243).

schaftlich) erforschbar.< als Prämisse einzusetzen und zu stützen. Dass hier eine Beschreibung vorliegt, bedarf wohl keiner weiteren Erläuterung, dass das Beispiel ein vollständiges Muster darstellt, ist mit der inneren Struktur des induktiven Beispielmusters begründbar. Die ‚ostafrikanische Gattung *Proconsul*' wird als typisch für anderes (Kienpointner, 1992, S. 366) beschrieben. Damit wird eine hinreichende Erklärung gegeben, die, wäre sie unvollständig, nicht funktionieren würde. Die gesamte Sequenz bzw. Relation läuft also darauf hinaus, am Beispiel Proconsul zu demonstrieren: In der naturwissenschaftlichen Forschung wird davon ausgegangen, dass diese Gattung dieselbe Eigenschaft hat wie die vielen (nicht näher bezeichnenden) Arten einer Gruppe, nämlich die gemeinsame Wurzel von Mensch und Menschenaffe zu sein. Wird diesem Gedanken gefolgt, ergibt sich für den Rest des Textes kein Grund mehr, die kausale Folge zu belegen, ein einfaches Benennen (z.B. Gorilla, Orang-Utan usw.) scheint dann ausreichend zu sein. Allerdings ist auch hier die Frage zu stellen, ob der Text argumentativ vorgeht. Die Satzsentenz selbst zeigt nichts Strittiges. Die ‚viele[n] Arten einer Gruppe, die als Ursprungsgruppe von Menschenaffen und Menschen angesehen' werden, werden im Text als Faktum behandelt und mit einem Beispiel demonstriert,[5] d.h. die Schlussregel wird durch das Beispiel etabliert. Insofern liegt auch hier, formal betrachtet, ein Argumentationsmuster vor, aber es handelt sich um keine Argumentation. Dafür spricht auch die Beobachtung, dass das ‚als ... angesehen wird' eine dahinterstehende Autorität[6] suggeriert. Wenn, so Kienpointner (Kienpointner, 1992, S. 394), Autoritätsmuster zur Bekräftigung von Schlussregeln eingesetzt werden, so bestätigt dies der hier analysierte Satz. Schematisch ergibt sich aus diesen Überlegungen die folgende Abbildung 3.

Abbildung 3: Vollständiges induktives Beispielmuster der Großklasse II

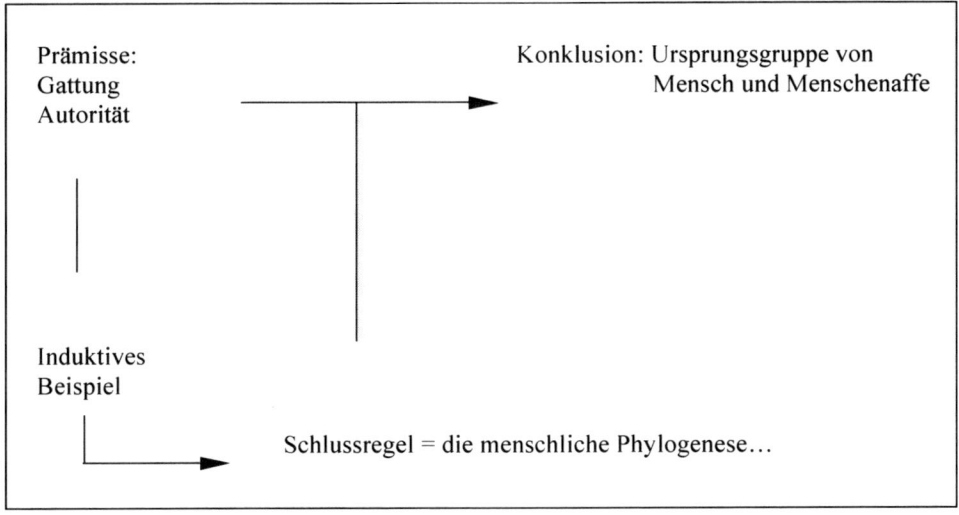

---

5 Der Text suggeriert mit „am bekanntesten", dass es noch andere Beispiele gibt, die hier, wie auch im Text davor, nicht eigens benannt werden.
6 Autorität hier nicht als Einzelperson, sondern eher als Gruppensubjekt – z.B. ‚von Evolutionsbiologen' oder ‚die in der biologischen Forschung weltweit' usw.

Der Textbaustein 2b hat den folgenden Wortlaut: Etwa diese Alter besitzen zwei Fossilfunde, die sich daher nicht sicher einer der beiden Evolutionslinien zuordnen lassen: aus Kenia ein Fund von Kieferstücken mit Zähnen und Extremitätenknochen, der den Namen *Orrorin tugenesis* erhielt; aus dem Tschad ein Schädelfund, *Sahelanthropus tchadensis*.

Erstmalig in dem hier analysierten Text wird mit ‚Etwa ... sich nicht mit Sicherheit' eine strittige Aussage angezeigt. Es fällt allerdings zugleich auf, dass eben hier nicht argumentierend vorgegangen wird, d.h. es sind keine Muster zu finden. Zwar könnten die beiden als Belege angeführten Befunde als illustrative Beispiele verwendet werden, aber es fehlt der Übergang von einer Prämisse zu einer anderen Prämisse bzw. zu einer Konklusion. So wie der Text präsentiert ist, wird auf diese Unsicherheit der Zuordnung nicht eingegangen, sondern es erfolgt ein Wechsel des Bezugsrahmens (Klimaveränderungen/Selektion). D.h. die Funde zeigen zwar eine Einordnungsunsicherheit an, werden aber in Bezug auf das Gesamte marginalisiert.

Textbaustein 3 – Linder Biologie

„Jene Form der menschlichen Evolutionslinie, die noch nicht alle anatomischen Merkmale des echten Menschen aufweisen und die keine gut behauenen Steinwerkzeuge herstellten, bezeichnet man als Vormenschen. Zahlreiche Funde aus Ost- und Südafrika (Abb. 491.1), die sich über einen Zeitraum von über 3 Mill. Jahren erstrecken, erlauben eine Einteilung in mehrere Gattungen. Die frühesten dieser Lebewesen gingen vermutlich zeitweilig aufrecht; die wichtigste Form war Ardipithecus ramidus."

Mit diesem letzten Beispiel beginnt eine Einzelcharakterisierung, die im Lehrbuch bei der Gattung Homo sapiens endet. Im Gegensatz zum Textbaustein 2 wird hier näher auf Eigenschaften eingegangen, welche der Abgrenzung innerhalb der menschlichen Phylogenese dienen. So gibt Textbaustein 3 eine Definition an, indem er Negativmerkmale benennt.

Abbildung 4: Negative Beschreibungsmerkmale zum Vormenschen

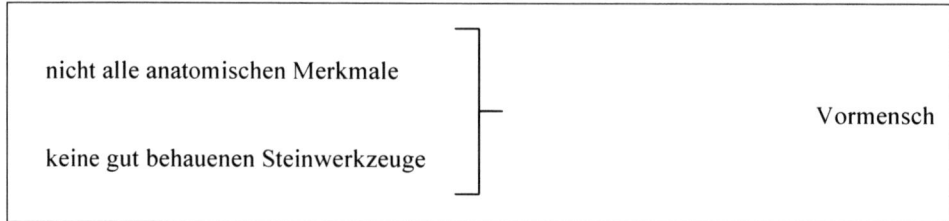

Im Zusammenhang mit der Benennung der wichtigsten Form „Ardipithecus ramidus" kann hier ein deskriptives Definitionsschema aus der Großklasse I entdeckt werden. Nach Kienpointner ist dieses Schema wie folgt festgelegt: „Was über die Definition ausgesagt wird, wird auch über das Definierte ausgesagt und umgekehrt." (Kienpointner, 1992, S. 250). Liest man die entsprechenden Sätze, lässt sich das Muster erschließen, nämlich: Wenn X und Y nicht erfüllt sind, dann handelt es sich um Z. X und Y sind beim „Ardipithecus ramidus" nicht erfüllt, also handelt es sich um einen (die wichtigste Form) Vormenschen.

Ein weiteres Muster (Autoritätsmuster) ist angezeigt mit der Formulierung „bezeichnet man". Auch hier ist mit Autorität die scientific community gemeint. Die Aussage „zahlreiche Funde erlauben", in Verbindung mit einer Zeit- und einer Ortangabe (3 Mill. Jahre, Ost- und Südafrika) geben Sicherheiten an, so dass Gattungsunterscheidungen und Merkmale (hier: teilweise aufrecht gehen) abgeleitet werden können. Es scheint in der Tat so zu sein, dass auch dieser Textbaustein ein Muster enthält, ihm aber das Strittige fehlt. Zur Verdeutlichung dieses Ergebnisses soll ein Beispiel angeführt werden. Die als Definitionsmuster der Großklasse I herausgestellte Satzsequenz könnte in einer Diskussion z.B. zum Thema Übergang vom Vormenschen zum Menschen sofort als Prämisse eingesetzt werden, wobei der Verfechter der These „Vormensch" sich zugleich auf eine kollektive Autorität (Evolutionstheoretiker der Welt) und auf das induktive Einzelbeispiel aus der Großklasse II stützen könnte. Im Versuch, eine solche Diskussion nachzuvollziehen, könnte der folgende Gesprächsverlauf möglich sein:

Sprecher A:
Also, ich denke, dass die Evolutionsbiologie noch gewaltige Lücken aufweist, wenn es um den Übergang von den Vorfahren des Menschen zum Menschen geht.

Sprecher B:
Mitnichten, da ist z.B. von den Vormenschen der „Ardipithecus ramidus" zu nennen.
(A)
Ein Vormensch deshalb, weil noch nicht alle anatomischen Merkmale ausgebildet waren, wie z.B. die Verkürzung der vorderen Extremitäten. Es waren auch noch keine guten Steinwerkzeuge vorhanden, zumindest wurden solche bisher nicht gefunden. **(B)**
Aber, und dies zeigen die Funde in Ost- und Südafrika, die sich immerhin über einen Zeitraum von 3 Mill. Jahren datieren lassen – dieses Wesen ging zumindest zeitweilig aufrecht und kann somit als ein Bindeglied zwischen Vorfahren des Menschen und Mensch bezeichnet werden. **(C)**
Diese Ansicht vertrete im Übrigen nicht nur ich, sondern auch Evolutionstheoretiker aus China und den USA. **(D)**

> A = induktives Beispielargument der Großklasse II
> B = Definitionsschema der Großklasse I
> C = Genus-Speziesschema der Großklasse I
> D = Autoritätsschema der Großklasse III

Zusammenfassend dürfte die Analyse der Textbausteine gezeigt haben, dass der Text verschiedene Relationen enthält, die als Argumentationsmuster identifizierbar sind. Alle Muster beziehen sich direkt oder indirekt auf die Chronologie, welche selbst als ein unvollständiges Kausalmuster herausgestellt werden konnte. Die Voraussetzung für eine Argumentation (das Strittige) fehlt in diesen Texten und wenn es vorhanden zu sein scheint (2b), dann wird darauf nicht weiter eingegangen. Die hier analysierten Bausteine können als Bekräftigung der Präsupposition angesehen werden, die, da sie ohne argumentative Stützung auskommen, im Folgetext weiterhin als Prämisse fungieren müsste. Eine Ursache für das Fehlen von Strittigem könnte sein, dass die Lehrbuchtexte im Linder auf der Ebene von Sachtexten angesiedelt werden müssen. Eine andere Ursache könnte lauten, dass das Lehrbuch zwar prinzipiell auf die Vorläufigkeit naturwissenschaftlicher Erkenntnisse verweist (Bayrhuber und Kull, 2010, S. 18f.), zu dieser Vorläufigkeit in den Texten selbst aber keinen Bezug herstellt. Insofern ist die Frage erlaubt, ob das Lehrwerk für Biologie nicht einer Überzeugung Vorschub leistet, die mit Wissenschaftsgläubigkeit hinreichend umschrieben ist.

5.2 Analysebeispiel Kursbuch Religion Oberstufe

Das nun vorzustellende Beispiel ist ein theologisch-systematischer Text des alttestamentlichen katholischen Bibelwissenschaftlers Erich Zenger. Dieser Text befindet sich im Kursbuch auf Seite 20 und ist in den Themenbereich *Wirklichkeit* eingeordnet. In diesem Themenbereich lassen sich noch klassische Schöpfungsmythen, aber auch Texte von Naturwissenschaftler/-innen und Theologen finden. Aus dem Gesamttext von Zenger werden ebenfalls drei Textbausteine vorgestellt.

Textbaustein 1 – Kursbuch Religion
„Die Frage nach dem Anfang von Welt und Mensch ist die Frage nach deren Ursprung [P 1a] und Urgrund [P 1b]. Als solche ist sie nicht die Frage nach dem Zeitpunkt [P 1c] und dem Modus [P 1d] des Anfangs, sondern nach der Qualität [P 1e] des Anfangs: die Frage nach dem Ursprung ist die Frage nach dem Zusammenhang und nach dem Ziel des Ganzen [P 1f]."

Die Frage nach dem Anfang in der Doppelheit von Welt und Mensch wird als Prämisse/Behauptung unterstellt und zwar als Frage nach dem Ursprung (P1a) und nach dem Urgrund (P1b). Grammatikalisch kann sich das „deren" nicht mehr auf „Mensch" beziehen (Relativsatz mit Possessivartikel), sondern nur auf „Welt". Dies bedeutet, dass sich die Prämisse/Behauptung auf eine Entität beschränkt: Die Welt. Der Autor setzt dabei voraus (Präsupposition), dass es einen Anfang gibt, die Textsequenz ist deskriptiv. Durch die Negation des Zeitpunktes (P 1c) und des Modus (P 1d) wird die Prämisse insgesamt gestärkt, wobei hier normative vorgegangen wird. Zugleich kommt es zu einer Verlagerung der einzelnen Teile (P 1a-d) durch das Aufwerfen der Frage nach Qualität (P 1e) sowie durch eine Verkürzung der ursprünglichen Prämisse auf „Ursprung" als teleologische Frage nach der Qualität des Ganzen im Zusammenhang. P 1f kann also modal gelesen werden als Zusammenfassung der gesamten Textsequenz. An dieser Stelle könnte eine Erweiterung der Präsupposition gesehen werden: Es gibt einen Zusammenhang des Ganzen. Die bisher vorgestellte Textsequenz zeigt also erst einmal das Aufstellen von Prämissen, die für den Fortgang des Textes einer Konklusion zugeführt werden sollen.

Textbaustein 2 – Kursbuch Religion

„Ob der Ur-feuerball, aus dem sich der Ur-knall ereignete [A1], ob Wasserstoff-Atome [A2] oder was immer naturwissenschaftlich gesehen „am Anfang" war – kein naturwissenschaftliches Welt-Modell will und kann die philosophischen und theologischen Fragen beantworten: Warum gibt es überhaupt etwas und nicht [vielmehr] nichts? Was ist der Grund des Anfangs? Ein Unfall oder ein Zufall? [...] Warum und wozu das Ganze? Und ich in ihm? Wie kann ich selbst einen Sinn haben, wenn dieses Ganze keinen Sinn hat? Und wie soll dieses Ganze jetzt einen Sinn haben, wenn es ihn nicht schon von Anfang an hatte? [...]"

Der Satz ‚Ob der Ur-feuerball, aus dem sich der Ur-knall ereignete, ob Wasserstoff-Atome oder was immer naturwissenschaftlich gesehen „am Anfang" war' zeigt das erste Argumentmuster des Textes. Es handelt sich dabei um das illustrative Beispielmuster[7] aus der Großklasse III, welches zweimal präsentiert wird (A: Urfeuerball – Urknall; Wasserstoff-Atome). Es scheint so, dass das Beispielmuster verschränkt ist mit einem im Sinne einer Ursache deskriptiven Kausalitätsgedanken (ob … aus; ob … was auch immer), welcher die Position der naturwissenschaftlichen Forschung einnimmt, um sie im Anschluss widerlegen zu können. Bezogen werden beide Beispiele darauf, dass sie das Ganze (den Anfang) illustrieren sollen. Diese Illustration ist allerdings eine negative. Zugleich erhärtet diese Feststellung, dass es sich um ein illustratives und nicht um ein induktives Beispielmuster handelt, weil die Argumente nicht als Konklusion, sondern im Folgesatz als Prämisse verwendet werden. Dieser lautet: ‚kein naturwissenschaftliches Welt-Modell will und kann die philosophischen und theologischen Fragen beantworten: Warum gibt es überhaupt etwas und nicht [vielmehr] nichts? Was ist der Grund des Anfangs? Ein Unfall oder ein Zufall? […] Warum und wozu das Ganze? Und ich in ihm? Wie kann ich selbst einen Sinn haben, wenn dieses Ganze keinen Sinn hat? Und wie soll dieses Ganze jetzt einen Sinn haben, wenn es ihn nicht schon von Anfang an hatte?'. Die erste Aussage stellt die Schlussfolgerung (Konklusion) aus den negativen Illustrationen des vorhergehenden und schon analysierten Satzes dar. Die sich anschließenden Fragen entfalten diese Konklusion und damit die Präsuppositionen >Anfang/ Ganzes, Zusammenhang<[8], indem sie fragend den Rahmen/Horizont angeben, innerhalb dessen überhaupt nach einem Anfang theologisch sinnvoll gefragt werden kann. Sie beziehen sich auf Welt und Mensch. Da die Konklusion negativ formuliert ist, kann sie als eine Abwehr von im Text nicht ausgeführten naturwissenschaftlichen Behauptungen, Erkenntnissen u.ä. zu einer Erklärung vom Anfang der Welt gelesen werden. Der Text zeigt hier deskriptive und normative Elemente. Deskriptiv deshalb, weil er mit den aufgeworfenen Fragen den Horizont absteckt, normativ, weil

---

7 Wenn eine personal gebundene Ursache vorliegt, dann ist auch die Wirkung personal, z.B. bearbeitet der Tischler bewusst mit bestimmten Werkzeugen ein Holz und es entsteht <u>sein</u> Tisch, als Antlitz seiner selbst (Hegel, 1999, S. 109-116; Herrschaft und Knechtschaft). Hingegen wenn ein Sturm aufzieht, können Bäume gebrochen werden usw. Diese Wirkung ist unabhängig von einer Person, auch wenn sie von Personen beschrieben werden kann.

8 Die Präsuppositionen von Fragesätzen sind die möglichen Antworten auf die Frage/die Fragen. (Ernst, 2002). Wenn von Entfaltung der Präsupposition besprochen wird, dann nur in dem Sinne, dass die Konklusion die Lücke in den individuelle Weltwissen schließen kann. Die Funktion der Konklusion ist somit u.a. die Überprüfung von inferiertem Wissen, welches in Überzeugungen eingeht.

dieser Horizont eine bestimmte (hier: die naturwissenschaftliche) Sicht ausschließt. Damit ist die Konklusion gleichzeitig der Übergang für den folgenden, hier nicht eigens vorgestellten Text, der darauf abhebt, den Fragehorizont argumentativ zu entwickeln. Es werden in diesem Textbaustein keine Argumentationsmuster verwendet, wohl aber zeigt diese Textpassage (Warum gibt es) das Strittige an. Es kann hier mit von Stutterheim (1997) argumentiert werden, dass diese Fragen den Rahmen und somit die Struktur des gesamten Textes festlegen.

Werden diese Überlegungen zu den beiden Textbausteinen zusammengefasst, so ergibt sich, dass dieser Text von einer Prämisse [P1f] ausgeht, mit der ein teleologischer Zusammenhang in Bezug auf einen Anfang/Ursprung behauptet wird. Die vorgelagerten Prämissenteile P1a bis P1e differenzieren diese eine Prämisse und transportieren damit eine Textkomposition als Trias von Deskriptivität – Negation – Normativität. Die eigentliche Prämisse P1f (sondern nach ... des Ganzen) kann auch als Konklusion gelesen werden. Dafür spricht, dass die formulierte Präsupposition, jetzt für beide Textbausteine zusammengefasst: >es gibt ein Ganzes<, eine generalisierende Aussage darstellt, die im Text selbst problematisiert wird. Die erste Problematisierung geschieht durch die illustrativen Beispielmuster, die zweite Problematisierung durch das Aufzeigen des Fragehorizontes, innerhalb dessen überhaupt sinnvoll nach dem Anfang gefragt werden kann. Daraus kann die folgende Schlussfolgerung gezogen werden: Unter der Voraussetzung, dass es ein Ganzes gibt,[9] welches ein existentielles Fragen nach dem Anfang auf einen Verstehenshorizont des Ganzen in Bezug auf einen personalen Sinn entfaltet, intendiert der Text die Möglichkeit, jenseits des naturwissenschaftlichen Beobachtens und Experimentierens eine Haltung einzunehmen, die einem bestimmten Weltmodus (Baumert, 2002, S. 113) entspricht. Der existentielle Präsuppositionstyp sowie die Verwendung des illustrativen Beispielmusters aus der Großklasse III verweisen darauf.

Der Autor des Textes greift auf ein Weltwissen[10] zurück und kann so im Zusammenhang mit der ersten Konklusion [P1f] die negative Formulierung – was Naturwissenschaft nicht kann – ebenfalls als Konklusion entfalten. Die Richtigkeit dieser Konklusion, deshalb ist sie negativ formuliert, soll normativ verstanden werden. In Bezug auf diese zweite Konklusion bleibt die Prämisse P1f eine Prämisse. Die einzelnen Prämissenteile 1a-f (Ursprung, Urgrund, Zeitpunkt, Modus, Qualität, Teleologie) sind in Bezug auf die Konklusion die inhaltlichen Argumente. Diese werden mit den angegebenen Mustern illustriert, um den Übergang zu ermöglichen und zwar als schlussregelillustrierende Argumentation in Bezug auf >Anfang; Ganzes/ Zusammenhang<. Eine mögliche Schlussfolgerung ergibt sich auch daraus, dass „die Geltung der in der Schlussregel ausgedrückten inhaltlichen Generalisierung nicht

---

9 Zum existentiellen Präsuppositionstyp vgl. Meibauer (2008, S. 48).
10 Weltwissen kann hier nur meinen, dass ich als Individuum schon (mindestens) einmal die Frage nach meinem Woher im nichtbiologischen Sinne gestellt habe, d.h. dass in meinem Erfahrungshorizont diese Frage relevant ist. Insofern ist Weltwissen (m)ein Erfahrungswissen und kann nicht auf Kognition beschränkt werden. Wie schwierig dieses Problem ist, hatte Kant mit seiner Aussage, dass alle unsere Erkenntnisse mit der Erfahrung anfangen (KdrV B1) angemahnt. In pädagogischen Zusammenhängen ist es die Erfahrung selbst, die reflektiert werden soll, damit um Welt gewusst werden kann. Zum Erfahrungsbegriff vgl. Gadamer (1990); zum pädagogisch reflektierten Erfahrungsbegriff vgl. Meyer-Drawen (2008); zum religionspädagogischen Erfahrungsbegriff vgl. Grümme (2007).

[...] selbstverständlich oder gar problematisch" ist (Kienpointner, 1992, S. 373f.), wie schon angedeutet.
Die Abbildung 5 stellt diese Überlegungen noch einmal schematisch dar.

Abbildung 5: Schematische Darstellung der ersten beiden Textbausteine aus dem Kursbuch Religion

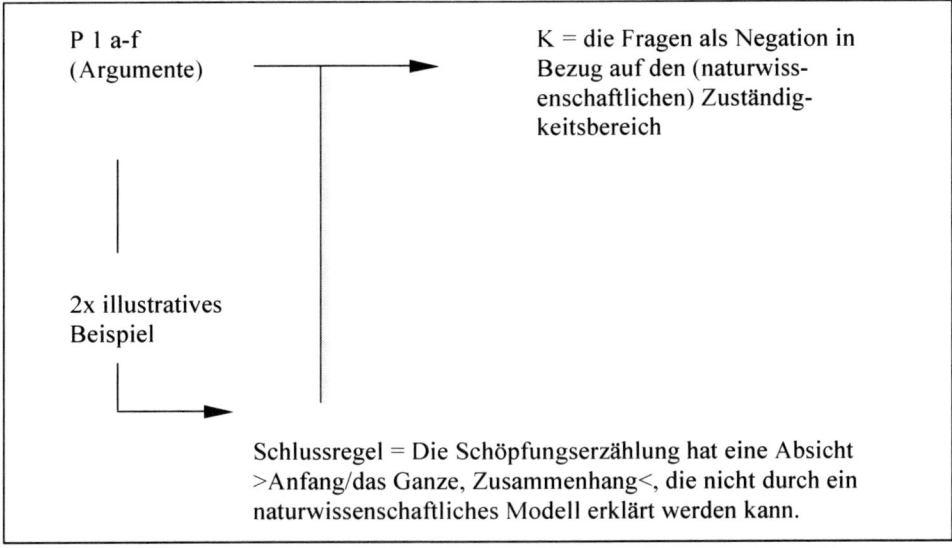

Textbaustein 3 – Kursbuch Religion

„Die altorientalischen Schöpfungsmythen und analog die biblischen Schöpfungsgeschichten reden eigentlich nicht darüber, wie es zu dieser Welt gekommen ist [A 1], sondern wie diese Welt ‚eigentlich' ist [A 2], wie der Mensch sie und sich in ihr sehen soll und vor allem: wie die Götter bzw. der Gott Israels zu dieser Welt stehen, sie halten und schützen sollen [...] [A 3]."

Das Adjektiv „analog" scheint auf ein Analogiemuster aus der Großklasse III zu verweisen, allein, es fehlt die ‚echte' Analogie, weil eine solche nur möglich ist, wenn zwei ‚Dinge' aus unterschiedlichen Bereichen miteinander verglichen werden. Eine echte Analogie liegt z.B. beim Wort *Bank* vor. Deshalb ist der erste Teilsatz nur ein Hinweis darauf, dass die Schöpfungsgeschichten zu den altorientalischen Schöpfungsmythen gehören, von diesen quasi ein Beispiel sind. Die gesamte Sequenz ist ein Vergleichsmuster aus der Großklasse I, welches eine Textgattung mit der Entstehung von Welt vergleicht und zwar durch Negation, also im Aufweisen dessen, was die Textgattung nicht leisten will oder kann.

Die zweite Sequenz nimmt die angemerkte Negation auf und begründet diese. Das Signalwort „sondern" gibt den formalen Verweis auf die Begründung, der inhaltliche Zusammenhang ist durch das doppelte „eigentlich" gegeben. M.a.W.: *Eigentlich macht X nicht das, sondern jenes.* Mit diesem normativen Vergleichsmuster aus der Großklasse I soll die Konklusion gestützt werden; zusätzlich werden dann noch Beispiele zur Illustration (Großklasse III) herangezogen: wie Mensch sich und sie sehen soll; wie die Götter/Gott Israels zur Welt steht; sie hält; sie schützt. In dieser Verschränkung von Vergleich und Illustration sowie unter Berücksichtigung des gesamten Kommentars zu den hier vorgetragenen Mustern ergibt sich hier das folgende Schema (Abbildung 6):

Abbildung 6: Schematische Darstellung des dritten Textbausteins aus dem Kursbuch Religion

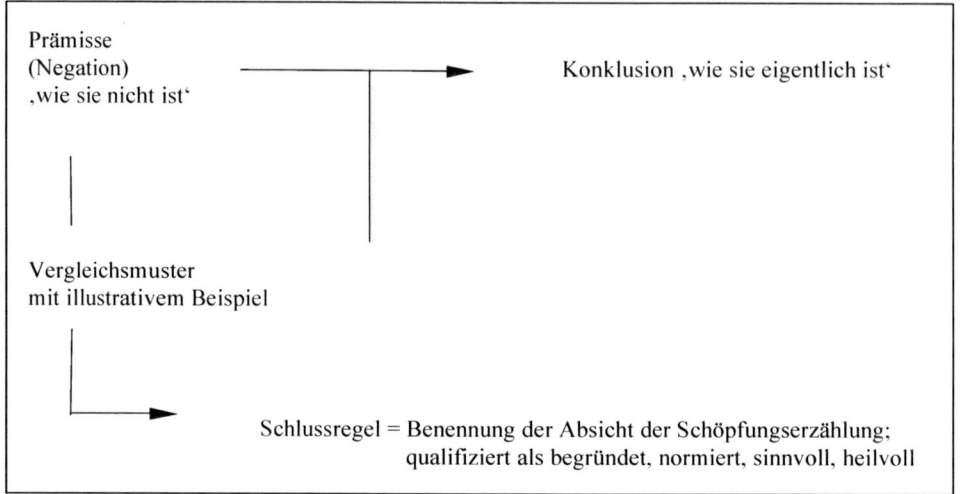

Zusammenfassend lässt sich an dieser Stelle festhalten, dass in den vorgestellten Texten des Kursbuches Religion ebenfalls Argumentationsmuster identifiziert werden können. Anders als im Schulbuch Linder Biologie zeigen die Texte für den Religionsunterricht, dass sie die dialogische Struktur deutlich in den Vordergrund stellen. Daraus ergibt sich eine weitere Beobachtung: Die Grundlage eines argumentativen Dialoges – das Strittige – ist im Kursbuch viel eher aufzufinden als im Lehrbuch für den Biologieunterricht. Dies mag u.a. daran liegen, dass die Texte des Kursbuches eher normative Texte sind und keine, die auf einer reinen Sachebene über etwas informieren wollen. Zugleich zeigen aber die Analysen, dass die Texte im Kursbuch nicht einfach nur auf einen Verstehensprozess hin angelegt sind; sie wollen auch erklären. Dennoch erscheinen sie, nach dem bisherigen Stand der hier vorgestellten religionspädagogischen Studie, geeigneter zu sein, um die dialogische und somit die argumentative Struktur des Unterrichts zu fördern. Eine evidenz-basierte Aussage dazu ist erst dann möglich, wenn die entsprechenden Schülertexte vorliegen, ausgewertet sind und einen Vergleich ermöglichen.

6. Fazit und weitere Forschung

Das hier vorgestellte Forschungsprojekt zur Identifizierung von Argumentationsmustern bewegt sich in einem interdisziplinären bzw. transdisziplinären Rahmen zwischen einem naturwissenschaftlichen und einem geisteswissenschaftlichen schulischen Fach. Die jeweiligen Einzelstudien werden in den Ergebnissen miteinander verglichen. Dies setzt die Erarbeitung eines gemeinsamen theoretischen Rahmens voraus. In der Wahl der Methode zur Analyse bzw. Auswertung von Schulbuchtexten wurden domänenspezifische Aspekte berücksichtigt.

Die dialogische Struktur des Unterrichts setzt voraus, dass die entsprechenden Lehrwerke so aufgebaut sind, dass schon auf der Ebene der jeweiligen fachlichen Wissenspräsentation für Schülerinnen und Schüler die Vorläufigkeit wissenschaftlicher Erkenntnisse einsichtig wird. Inwiefern dies auf die hier vorgestellten Lehrwerke zutrifft, kann freilich erst die vollständige Analyse zeigen auch bzw. gerade durch den Vergleich mit den schriftlichen Äußerungen der Schülerinnen und Schüler. Die entsprechenden Impulse sowie die dazu erarbeiteten Fragebögen werden gerade zur Erhebung der Schülertexte eingesetzt.

Literatur

Acar, O., Turkmen, L. & Roychoudhury, A. (2010). Student difficulties in socio-scientific argumentation and decision-making. Research findings: crossing the borders of two research lines. *International Journal of Science Education, 32*(9), 1191-1206.

Baalmann, W., Weitzel, H., Frerichs, V., Gropengießer, H. & Kattmann, U. (2004). Schülervorstellungen zu Prozessen der Anpassung. *Zeitschrift für die Didaktik der Naturwissenschaften, 10*, 7-28.

Baumert, J. (2002). *Deutschland im internationalen Bildungsvergleich.* In N. Killius, J. Kluge & L. Reisch (Hrsg.), Die Zukunft der Bildung (S. 100-150). Frankfurt am Main: suhrkamp.

Bayrhuber, H. & Kull, U. (2010). *Linder Biologie. Sekundarstufe II. Gesamtband* (23. Aufl.). Braunschweig: Schroedel.

Erduran, S. & Jiménez-Aleixandre, M. P. (Eds.) (2007). *Argumentation in Science Education: Perspectives from Classroom-Based Research.* Berlin/Luxemburg: Springer.

Ernst, P. (2002). *Pragmalinguistik. Grundlagen-Anwendungen-Probleme.* Berlin/New York: Walter de Gruyter.

Gadamer, H.-G. (1990). *Wahrheit und Methode. Grundzüge einer philosophischen Hermeneutik.* Tübingen: Mohr/Siebeck.

Gil, T. (2005). *Argumentationen. Der kontextbezogene Gebrauch von Argumenten.* Berlin: Parerga.

Gromadecki, U. (2008). *Argumente in physikalischen Kontexten. Welche Geltungsgründe halten Physikanfänger für überzeugend?* Dissertation Kiel. Berlin: Logos.

Gropengießer, H., Kattmann, U. & Krüger, D. (2010). *Biologiedidaktik in Übersichten.* In Zusammenarbeit mit K. Etschenberg, U. Gebhard, K.-H. Gehlhaar, I. Gropengießer, U. Harms, F. Horn, J. Langlet, H.-J. Lehnert, J. Mayer, S. Meyfarth, G. Pfligersdorffer & U. Unterbruner. Aulis Verlag in der Stark Verlagsgesellschaft.

Grümme, B. (2006). *„Nicht mehr als ein „Laberfach"? Argumentative Gesprächsmethoden im Religionsunterricht".* In E. Grundler & R. Vogt (Hrsg.), Argumentieren in Schule und Hochschule. Interdisziplinäre Studien (S. 131-145). Tübingen: Stauffenberg.

Grümme, B. (2007). *Vom Anderen eröffnete Erfahrung. Zur Neubestimmung des Erfahrungsbegriffs in der Religionsdidaktik.* Freiburg i.Br./Basel/Wien: Gütersloh/Herder.

Hegel, G.W.F. (1999): *Phänomenologie des Geistes. Hauptwerke Band 2.* Darmstadt: Wissenschaftliche Buchgesellschaft.

Höger, C. (2008). *Abschied vom Schöpfergott? Welterklärungen von Abiturientinnen und Abiturienten in qualitativ-empirisch religionspädagogischer Analyse*. Münster: LIT Verlag.

Hunze, G. (2007). *Die Entstehung der Welt als Schöpfung. Religiöses Lernen in naturwissenschaftlich geprägten Lebenswelten*. Stuttgart: Kohlhammer.

Jiménez-Aleixandre, M. P., Rodriguez, A. & Duschl., R. (2000). „Doing the lesson" or „doing science": Argument in high school genetics. *Science Education, 84*(6), 757-792.

Kienpointner, M. (1992). *Alltaglogik: Struktur und Funktion von Argumentationsmustern*. Stuttgart-Bad Cannstatt: Frommann-Holzboog.

Krettenhauer, T. (2005). Die Erfassung des Entwicklungsniveaus epistemologischer Überzeugungen und das Problem der Übertragbarkeit von Interviewverfahren in standardisierte Fragebogenmethoden. *Zeitschrift für Entwicklungspsychologie und Pädagogische Psychologie, 37*(2), 69-79.

Mayring, P. (2010). *Qualitative Inhaltsanalyse. Grundlagen und Techniken*. Weinheim und Basel: Beltz.

Meibauer, J. (2008). *Pragmatik. Eine Einführung* (2. Aufl.). Tübingen: Stauffenburg.

Meyer-Drawe, K. (2008). Lernen als Erfahrung. In K. Meyer-Drawe, *Diskurse des Lernens* (S. 187-216). München: Wielhelm Fink.

Nussbaumer, M. (1995). *Argumentation und Argumentationstheorie*. Heidelberg: Julius Groos.

Öhlschläger, G. (1979). *Linguistische Überlegungen zu einer Theorie der Argumentation*. Tübingen: Max Niemeyer.

Ross, A. (1989). *Begründung und Begriff. Wandlungen des Verständnisses begrifflicher Argumentationen*. Bd. I. Hamburg: Meiner.

Ross, A. (1990a). *Begründung und Begriff. Wandlungen des Verständnisses begrifflicher Argumentationen*. Bd. II: *Neuzeit*. Hamburg: Meiner.

Ross, A. (1990b). *Begründung und Begriff. Wandlungen des Verständnisses begrifflicher Argumentationen*. Bd. III: *Moderne*. Hamburg: Meiner.

Rothgangel, M. (1999). *Naturwissenschaft und Theologie. Wissenschaftstheoretische Gesichtspunkte im Horizont religionspädagogischer Überlegungen*. Göttingen: Vandenhoeck & Ruprecht.

Rothgangel, M & Wermke, M. (2006). Wissenschaftspropädeutik und Lebensorientierung als didaktische Kategorien. In M. Wermke, G. Adam, & M. Rothgangel (Hrsg.), *Religion in der Sekundarstufe II. Ein Kompendium* (S. 13-40). Göttingen: Vandenhoeck & Ruprecht.

Rupp, H. & Reinert, A. (Hrsg.). (2004). *Kursbuch Religion Oberstufe*. Stuttgart: Calwer.

Toulmin, S. (1958). *The uses of argument*. Cambridge University Press: Cambridge.

v. Aufschnaiter, C., Erduran, S., Osborne, J. & Simon, S. (2008). Arguing to learn and learning to argue: Case studies of how students' argumentation relates to their scientific knowledge. *Journal of Research in Science Teaching, 45*(1), 101-131.

v. Stutterheim, C. (1997). *Einige Prinzipien des Textaufbaus. Empirische Untersuchungen zur Produktion mündlicher Texte*. Tübingen: Max Niemeyer.

Weitzel, H. (2006). *Biologie verstehen: Vorstellungen zu Anpassung* (Beiträge zur Didaktischen Rekonstruktion Bd. 15). Oldenburg: Didaktisches Zentrum.

Winkler, I. (2006). Argumentierendes Schreiben im Deutschunterricht im Spiegel von Aufgaben für Lern- und Leistungssituationen. In E. Grundler & R. Vogt (Hrsg.), *Argumentieren in Schule und Hochschule. Interdisziplinäre Studien* (S. 157-166). Tübingen: Stauffenberg.

Martina von Heynitz

Konzeptualisierungen von Kompetenz im Bereich des literarischen Lernens in den Lehrwerken *deutsch.punkt* und *Deutschbuch* für die 10. Klasse

Zusammenfassung

Im vorliegenden Beitrag sollen exemplarisch ausgewählte Ergebnisse der Analyse von Deutschlehrwerken für die 10. Klasse und ihrer Lernaufgaben zu Erzähltexten[1] Auskunft darüber geben, ob und welchen Veränderungen die Konzeptionen literar-ästhetischer Bildung in Lehrwerken seit den jüngsten Entwicklungen nach der PISA-Testung 2000 und der Einführung outputorientierter Bildungsstandards unterliegen und welches Verständnis des Begriffs *Kompetenzorientierung* in die Konzeption ihrer Lernaufgabensets bzw. -arrangements einfließt: Liegen Orientierungen an Lesekompetenzmodellen (PISA, IQB) vor, werden aktuelle fachdidaktische Überlegungen und Forschungsergebnisse zu literarischen Rezeptionskompetenzen aufgegriffen (Spinner, 2007), bestehen Anschlussmöglichkeiten an die Bildungsstandards und die Vorgaben für die zentralen Abschlussprüfungen zum Mittleren Schulabschluss? Wenngleich die Diskussion um die Messbarkeit von Kompetenzen die Unterrichtspraxis selbst nicht unmittelbar berühren dürfte, führen die im Zuge der PISA-Testungen eingeführten Bildungsstandards und zentralen Abschlussprüfungen Implikationen für die Unterrichts- und Lernaufgabenkultur mit sich, die im Rahmen der Analyse aktueller Lehrwerke des Deutschunterrichts auch anhand des Umgangs mit literarischen Texten nachgezeichnet werden können. Output- und Kompetenzorientierung sind Schlagwörter, die über den Versuch der Leistungssteuerung auch die Praxis des Literaturunterrichts betreffen. Im Unterschied zu quantitativen oder qualitativen Schulbuchwirkungsstudien sollen im Rahmen der Lehrwerks- und Lernaufgabenanalyse keine Aussagen über die tatsächliche Realisierung und Wirksamkeit der vermittels der Lehrwerke angeregten Lernprozesse in der Unterrichtspraxis getroffen werden. Anhand der fachdidaktischen Analyse sollen stattdessen Einsichten in das bei den Schulbuchautoren – Fachdidaktikerinnen und Fachdidaktikern sowie Lehrerinnen und Lehrern – vorhandene fachdidaktische *Wissen* über die Bausteine literar-ästhetischer Bildung und ihre Vermittlungsprozesse nach den PISA-Testungen 2000 gewonnen werden, das die Unterrichtspraxis maßgeblich mitbestimmen dürfte.

Nachfolgend soll zunächst eine kurze Übersicht über den derzeitigen Stand der Erforschung von Deutschlehrwerken und ihren Lernaufgaben im Umgang mit literarischen Texten nach PISA und der Einführung outputorientierter Bildungsstandards gegeben werden. Im Anschluss daran werden unterschiedliche Konzeptualisierungen literarischer Rezeptionskompetenz am Beispiel ausgewählten Materials aus Deutschlehrwerken für die 10. Klasse, *Deutschbuch* und *deutsch.punkt*, vorgestellt und veranschaulicht. Im Vergleich dürfte deutlich werden, dass derzeit heterogene

---

1 Eine entsprechende Übersicht liefert von Heynitz (2012) in ihrer Dissertation „Bildung und literarische Kompetenz. Bildungstheoretische und fachdidaktische Konzeptualisierungen im Bereich literar-ästhetischen Lernens".

Vorstellungen kompetenzorientierten Lehrens und Lernens im Bereich der didaktischen Konzeption von Literaturunterricht vorherrschen. Es zeigen sich vor allem auch qualitative Unterschiede: Während im *Deutschbuch* konstruktive Annäherungen an den Kompetenzbegriff im Sinne eines fachdidaktisch angemessenen Verständnisses literarischer Rezeptionskompetenz vorgenommen werden, lassen sich am Beispiel des Lehrwerks *deutsch.punkt* eher die Problemstellungen eines zu einseitig auf Outputorientierung ausgerichteten Begriffsverständnisses nachzeichnen.

Schlüsselbegriffe
Lehrwerks-/Lernaufgabenanalyse, literarische Rezeptionskompetenz, Outputorientierung, Bildungsstandards, domänenspezifische Kompetenzkonzepte

1. Forschungsstand zur Untersuchung von Lehrwerken und Lernaufgaben nach PISA

In der um PISA und die sich anschließenden Reformen einsetzenden fachdidaktischen Diskussion konnte bzw. kann der Kompetenzbegriff – trotz aller berechtigten Kritik am Umgang PISAs mit literarischen Texten im Rahmen von Modellierung und Operationalisierung – in der Konzentration auf die Fachlichkeit des Lernens (Kämper-van den Boogaart, 2011) konstruktiv zur Erforschung zentraler Bausteine literarischen Verstehens genutzt werden.

Analyse und Forschung im Bereich von didaktischen Unterrichtsmaterialien wie Lehrwerken und Lernaufgaben des Literaturunterrichts stellen bislang innerhalb der nach PISA 2000 und den Bildungsreformen entstandenen Debatte allerdings ein eher unterrepräsentiertes Gebiet deutschdidaktischer Forschung dar, die sich zunächst vor allem auf Test- und Leistungsaufgaben konzentrierte (Artelt, Stanat, Schneider, Schiefele & Lehmann, 2004; Köster, 2004; Schweitzer, 2007). Der Mangel an Untersuchungen zu Verstehensaufgaben im Bereich literarischer Rezeptionskompetenzen dürfte u.a. auf die Schwierigkeiten der Modellierung genuin literar-ästhetischer Rezeptionskompetenzen zurückzuführen sein, aus der sich bislang keine verallgemeinerbaren Aussagen für gelungene Lernaufgaben oder didaktische Konzepte generieren lassen, wie auch Spinner (2010) konstatiert: „Für einen kompetenzorientierten Unterricht gibt es nun allerdings noch kein ausgearbeitetes Modell, das theoretisch fundiert und empirisch gestützt eine anzustrebende Lernentwicklung für den Umgang mit Literatur beschreibt."

Entsprechend finden sich nur wenige generalisierbare Hinweise zur kompetenzorientierten Gestaltung literarischer Lernprozesse. Fingerhut (2010, S. 216) beispielsweise plädiert für eine „kompetenz-erwerbs-orientierte Abfolge von Aufgabenstellungen". Leubner und Saupe (2008, S. 5) erinnern daran, dass „(…) ein Aufgabenset (…) nur dann gut sein [kann], wenn es in ergiebiger Weise (Teil-)Kompetenzen des Textverstehens berücksichtigt." Verallgemeinerbare Kriterien oder konkrete Aufgabenvorschläge zur Wahrung der inhaltlichen bzw. fachdidaktischen Güte von Lernaufgaben oder zur Konzeption sinnvoll kompetenzorientierter Aufgaben sind über die genannten hinaus nur vereinzelt zu finden (Zabka, 2010; Spinner, 2010).

Die zu Lernaufgaben vorliegenden Untersuchungen gelangen bislang zu einem eher negativen Urteil (Leubner & Saupe, 2008, S. 187): „Das Aufgabenset ermöglicht den Schülern insgesamt kein hinreichendes Textverstehen." Winkler (2004, S. 86) moniert, dass häufig kaum zielführendes und sinnvolles Arbeiten ermöglicht werde. Müller (2010, S. 247) kommt zu dem Schluss, dass „[d]ie zur Zeit auf dem Markt befindlichen Lesebuchreihen (...) mehrheitlich noch nicht die jüngste Diskussion um Aufgaben im Literaturunterricht (...) [berücksichtigen]."

2. Konzeptualisierungen von Kompetenz im Umgang mit erzählender Literatur

Die nachfolgend dargestellten Untersuchungsergebnisse fokussieren im Besonderen den Umgang mit verschiedenen Wissensbereichen zur Konstruktion von Bedeutung und zur Generierung von Textverstehen. Im Rahmen der Funktionalisierung von Wissen kann vor allem auch überprüft werden, ob notwendige Textverstehensoperationen und erforderliche Teilkompetenzen bei der Aufgabenkonstruktion so bedacht wurden, dass Verstehenshorizonte in der Beschäftigung mit literarischen Texten eröffnet werden können.

2.1 Konzeptualisierung von Kompetenz am Beispiel ausgewählter Lernaufgaben im Lehrwerk *deutsch.punkt*

2.1.1 Konzeption und Aufgabenanalyse

Die einzelnen Kapitel des Lehrwerks deutsch.punkt[2] von Biesemann et al. (2009) versuchen im Rahmen ihrer gleichbleibenden Aufteilung einen unmittelbaren Bezug zu kompetenztheoretisch orientierten Vorgaben herzustellen, indem zunächst Vorwissen aktiviert, Kompetenzen überblickt, diese in einem dritten Schritt gefestigt und schließlich viertens überprüft/evaluiert werden sollen (vgl. S. 2ff.). Es wird dabei ein auf strategisches wie formales Wissen gerichteter Fokus vorgenommen. Dieser zielt zum einen darauf ab, Schülerinnen und Schülern bestimmtes Textwissen zu vermitteln, das auf formale Merkmale der Texte, beispielsweise auf ihre Gattungszugehörigkeit, Bezug nimmt. Zum anderen nehmen die einzelnen Kapitel neben der Vermittlung formalen Textwissens auch methodisches Wissen zur Erschließung der Texte in den Blick, die transparente und mustergültige Wege zum Verständnis eines Textes aufzeigen sollen. Analog dazu ist das Lehrwerk mit seinen einzelnen Lernvorhaben (S. 2) von den Entwicklern vor allem als Selbstlernbuch (S. 9) ausgewiesen worden, indem verstärkt auf Formen eigenständigen Arbeitens der Schülerinnen und Schüler gesetzt wird, die auch Fingerhut (2010, S. 215) als Prämisse gelingender Kompetenzorientierung im Unterricht benennt.

Im Kapitel Grammatik und Stil soll die Anwendung von Wissen für die Textdeutung im Rahmen der Betrachtung sprachlicher Mittel veranschaulicht wer-

---
2 Die Seitenangaben im Kapitel 2.1 beziehen sich, sofern nicht anders angegeben, auf dieses Lehrwerk.

den. Im Mittelpunkt der Betrachtung steht der nachfolgend abgedruckte anspruchsvolle Text „Der Nachbar" von Franz Kafka:

„Franz Kafka
Der Nachbar

Mein Geschäft ruht ganz auf meinen Schultern. Zwei Fräulein mit Schreibmaschinen und Geschäftsbüchern im Vorzimmer, mein Zimmer mit Schreibtisch, Kasse, Beratungstisch, Klubsessel und Telefon, das ist mein ganzer Arbeitsapparat. So einfach zu überblicken, so leicht zu führen. Ich bin ganz jung und die Geschäfte rollen vor mir her. Ich klage nicht, ich klage nicht.
   Seit Neujahr hat ein junger Mann die kleine, leerstehende Nebenwohnung, die ich ungeschickterweise so lange zu mieten gezögert habe, frischweg gemietet. Auch ein Zimmer mit Vorzimmer außerdem aber noch eine Küche. – Zimmer und Vorzimmer hätte ich wohl brauchen können – meine zwei Fräulein fühlten sich schon manchmal überlastet –, aber wozu hätte mir die Küche gedient? Dieses kleinliche Bedenken war daran schuld, dass ich mir die Wohnung habe nehmen lassen. Nun sitzt dort dieser junge Mann. Harras heißt er. Was er dort eigentlich macht, weiß ich nicht. Auf der Tür steht: ›Harras, Bureau.‹ Ich habe Erkundigungen eingezogen, man hat mir mitgeteilt, es sei ein Geschäft ähnlich dem meinigen. Vor Kreditgewährung könne man nicht geradezu warnen, denn es handle sich doch um einen jungen, aufstrebenden Mann, dessen Sache vielleicht Zukunft habe, doch könne man zum Kredit nicht gerade raten, denn gegenwärtig sei allem Anschein nach kein Vermögen vorhanden. Die übliche Antwort, wenn man nichts weiß.
   Manchmal treffe ich Harras auf der Treppe, er muss es immer außerordentlich eilig haben, er huscht förmlich an mir vorüber. Genau gesehen habe ich ihn noch gar nicht, den Büroschlüssel hat er schon vorbereitet in der Hand. Im Augenblick hat er die Tür geöffnet. Wie der Schwanz einer Ratte ist er hineingeglitten und ich stehe wieder vor der Tür ›Harras, Bureau‹, die ich schon viel öfter gelesen habe, als sie es verdient. Die elend dünnen Wände, die den ehrlich tätigen Mann verraten, den Unehrlichen aber decken. Mein Telefon ist an der Zimmerwand angebracht, die mich von meinem Nachbarn trennt. Doch hebe ich das bloß als besonders ironische Tatsache hervor. Selbst wenn es an der entgegengesetzten Wand hinge, würde man in der Nebenwohnung alles hören. Ich habe mir abgewöhnt, den Namen der Kunden beim Telefon zu nennen. Aber es gehört natürlich nicht viel Schlauheit dazu, aus charakteristischen, aber unvermeidlichen Wendungen des Gesprächs die Namen zu erraten. – Manchmal umtanze ich, die Hörmuschel am Ohr, von Unruhe gestachelt, auf den Fußspitzen den Apparat und kann es doch nicht verhüten, dass Geheimnisse preisgegeben werden.
   Natürlich werden dadurch meine geschäftlichen Entscheidungen unsicher, meine Stimme zittrig. Was macht Harras, während ich telefoniere? Wollte ich sehr übertreiben – aber das muss man oft, um sich Klarheit zu verschaffen –, so könnte ich sagen: Harras braucht kein Telefon, er benutzt meines, er hat sein Kanapee an die Wand gerückt und horcht, ich dagegen muss, wenn geläutet wird, zum Telefon laufen, die Wünsche des Kunden entgegennehmen, schwerwiegende Entschlüsse fassen, großangelegte Überredungen ausführen – vor allem aber während des Ganzen un-

willkürlich durch die Zimmerwand Harras Bericht erstatten. Vielleicht wartet er gar nicht das Ende des Gespräches ab, sondern erhebt sich nach der Gesprächsstelle, die ihn über den Fall genügend aufgeklärt hat, huscht nach seiner Gewohnheit durch die Stadt und, ehe ich die Hörmuschel aufgehängt habe, ist er vielleicht schon daran, mir entgegenzuarbeiten." (S. 154).

Im Vorfeld der Analyse und Interpretation des Kafka-Textes auf der Grundlage seiner sprachlichen Gestaltung werden die Schülerinnen und Schüler mit tabellarischen Auflistungen konfrontiert, die grundlegende Kenntnisse zu Wortarten, Satzbau, Stilvarianten sowie rhetorisch-stilistischen Mitteln in Erinnerung rufen (S. 146ff.). Wie bedenklich solche Definitionen, die losgelöst von Textbeispielen vorgenommen werden, beispielsweise im Bereich der Bildsprache sind, zeigt folgender Eintrag zu dem Stichwort Metapher (S. 152):

Metapher	Eine Art verkürzter Vergleich ohne „wie", bei dem eine Vorstellung in einen anderen Bedeutungsbereich „übertragen" wird.	*Eine Krähe hackt der anderen kein Auge aus.*

Da Metaphern in literarischen Texten höchst unterschiedlicher Natur und Gestalt sind und im Grunde nur in ihrem jeweiligen Kontext verstanden werden können, musste sich das Schulbuchautorenteam hinsichtlich des erforderlichen Beispiels gezwungen sehen, auf eine zur konventionellen Redensart erstarrte Metapher zurückzugreifen. Dieses Vorgehen erscheint mit Blick auf den Umgang mit Metaphern in literarischen Texten – auf der Ebene ihrer Identifikation, von dem Umgang mit ihrer Bedeutung für die Interpretation ganz zu schweigen – wenig sinnvoll und hilfreich. Doch nur so kann im Schulbuch leichthin von der übertragenen Bedeutung gesprochen werden, die sich den Schülerinnen und Schülern zwar an dieser singulären, kontextlosen Stelle erschließen mag, die aber für die Analyse und Interpretation anderer Metaphern in literarischen Kontexten wenig hilfreich sein wird.

Zu dem Text Kafkas findet sich im Anschluss an diese Reaktivierung rein reproduktiven Wissens folgendes Aufgabenset (S. 155):
1. Tauscht euch über die Wirkung der Erzählung „Der Nachbar" von Franz Kafka auf euch aus. Halte dein erstes Textverständnis auch schriftlich fest.
2. Untersucht in der Gruppe die sprachliche Gestaltung der Erzählung mit Hilfe der Leitfragen auf S. 153. Verteilt dazu folgende Analysebereiche untereinander:

Satzbau: Satzstrukturen	Wortwahl: Verbformen	Wortwahl: Bildlichkeit	rhetorisch-stilistische Mittel

Tragt anschließend die Ergebnisse zusammen und charakterisiert gemeinsam den sprachlichen Stil der gesamten Erzählung.
3. Im Folgenden findest du Auszüge aus einer Interpretation. Ordne den sprachlichen Beobachtungen (in der linken Spalte) den passenden Deutungsansatz (in der rechten Spalte) zu und begründe.

Die Erzählung besteht zunächst überwiegend aus kurzen, parataktischen Sätzen, die gegen Ende des Textes immer mehr von Sätzen mit komplexen Satzstrukturen abgelöst werden.	Obwohl er das Gegenteil behauptet, fühlt sich der Erzähler von seinen Aufgaben überfordert. Die Verantwortung lastet schwer auf ihm.
Im zweiten Absatz stellt der Erzähler die Ergebnisse seiner Erkundigungen über den Nachbarn im Konjunktiv dar. Die Vermutungen über diesen in den letzten beiden Absätzen stehen dagegen im Indikativ.	Der Erzähler erlebt den für ihn fremden Nachbarn als Bedrohung, obwohl und gerade weil er nichts von ihm weiß. Er unterstellt ihm böse Absichten und weist ihm die Schuld für sein eigenes mögliches Scheitern zu, um die Verantwortung nicht bei sich selber suchen zu müssen.
Im ersten Absatz fallen ein Parallelismus („So einfach zu überblicken, so leicht zu führen") sowie die Wiederholung des Satzes „Ich klage nicht" auf.	Der Erzähler versucht, sich als nüchternen, klar denkenden Geschäftsmann darzustellen, verliert aber zunehmend den Überblick darüber, was Realität ist und was nur seiner Fantasie entspringt.
(…)	(…)

4. Ergänze die angeführten Deutungsansätze durch dein eigenes Textverständnis (vgl. Aufg. 1). Stütze auch dies durch deine sprachlichen Beobachtungen.

In der Vorbereitung auf die Zusammenführung von sprachlicher Gestaltung und Inhalt des Erzählten zum Zwecke der Deutung sollen die Schülerinnen und Schüler in Aufgabe 1 zunächst ein erstes Textverständnis festhalten – eine Aufgabe, die ihnen angesichts der Fragen, die der Text aufwirft, Schwierigkeiten bereiten dürfte.

Aufgabe 2 fordert im Anschluss daran unmittelbar zur Betrachtung der sprachlichen Mittel auf. Dabei fehlt ein direkter Zusammenhang zwischen Aufgabe 1 und 2 sowie eine konkrete Frage- bzw. Problemstellung, die den Nutzen der Untersuchung für die Schülerinnen und Schüler verdeutlichen und legitimieren würde. Ohne diesen Fragehorizont in Form einer übergeordneten Zielsetzung, die über die Anweisung, eine Sprachuntersuchung anzustellen, hinausginge, erscheint die geforderte Textarbeit in ihrem formalen Rahmen, wenngleich auf ein konkretes Textbeispiel bezogen, über die Maßen ‚trocken' und wenig motivierend. Mit der Konzentration auf stilistische Formalia des Textes wird der Blick auf die Wahrnehmung der für die Bedeutungskonstruktion relevanten Textstellen zudem eher verstellt.

In Aufgabe 3 wird die Funktion sprachlicher Textbeobachtungen für die Bedeutungskonstruktion in den Mittelpunkt gestellt. Damit wird im Unterschied zu früheren Schulbüchern der Versuch unternommen, den Schritt von der Textbeobachtung zur -deutung gezielt zu didaktisieren und für die Schülerinnen und Schüler transparent zu gestalten. Im Rahmen der Umsetzung im Lehrwerk führt dies aber eher zur Vermittlung eines wenig angemessenen Umgangs mit literarischen Texten auf der Ebene ihrer Deutung: Für die Lösung der Aufgabe sollen die Schülerinnen und Schüler einzelne sprachliche Beobachtungen mit einem jeweils passenden Deutungsansatz verbinden. Es bieten sich vor dem Hintergrund der Mehrdeutigkeit literarischer Texte aber immer potentiell verschiedene, wenngleich nicht beliebige Schlussfolgerungen an. Didaktische Anregungen, die eine eindeutige Zuordnung der im Lehrbuch vorgegebenen Beobachtungen zu bestimmten Deutungsansätzen fokussieren, erscheinen daher wenig sinnvoll. Diese Form der Didaktisierung des Interpretationsprozesses regt mehr zu dem Trugschluss an, sprachliche Beobachtungen könnten stets in sich gleichsam kausal ergebende Deutungsansätze überführt werden.

2.1.2 Bewertung der Konzeption und der Aufgaben

Insgesamt lässt sich das Abheben auf formales Wissen als Hinweis für eine solche Konzeptualisierung von Kompetenz- und Outputorientierung lesen, die mehr an der Überprüfbarkeit und transparenten Bewertbarkeit des schulisch Erlernten interessiert ist als an der literaturwissenschaftlichen wie fachdidaktischen Angemessenheit zu vermittelnder Kenntnisse und Fähigkeiten. Sinnvolle Wege der Kompetenzorientierung werden eher verstellt, indem eine Fokussierung abfragbaren Wissens auf der Ebene der Reproduktion und der Identifikation bestimmter Textmerkmale vorgenommen wird, die dem Verstehen literarischer Texte wenig förderlich erscheint, da der Frage nach potentiellen Verwendungsweisen solchen Wissens für das Verständnis literarischer Texte kaum sinnvoll nachgegangen wird. Kompetenz wird hier offenbar vor allem als Repertoire an formalen Kenntnissen verstanden. Tabellarische Auflistungen verschiedener Untersuchungsaspekte auf formaler Beschreibungsebene sichern lediglich einen gewissen Wissensstand, der im Hinblick auf angemessene und gelingende Deutungen von den Schülerinnen und Schüler aber kaum sinnvoll angewendet werden soll.

Dem Schulbuchautorenteam ist einerseits zugute zu halten, dass das Lehrwerk im Grunde in der Absicht entwickelt wurde, literarisches Lernen für die Schülerinnen und Schüler transparent und greifbar zu machen. Entgegen der ursprünglich möglicherweise durchaus sinnvollen Absicht wird aber auf die falschen Mittel gesetzt: Wo literarische Rezeptionskompetenzen vermittelt werden sollen, steht stattdessen bestimmtes Fachwissen im Vordergrund, das aber kaum in die Textdeutung integriert wird. Damit liegt dem Lehrwerk deutsch.punkt im Umgang mit literarischen Texten ein unangemessenes Verständnis des Kompetenzbegriffs zugrunde: Vordergründig wird starke Kompetenzorientierung suggeriert, tatsächlich aber das Gegenteil geleistet. In dieser Form findet eher eine Anbindung an die von Seiten der Fachdidaktik kritisierten Defizite der PISA-Testaufgaben statt. Die dort bezeichneten Kritikpunkte – fachdidaktisch z.T wenig angemessene und die Gegenstände marginalisierende Testaufgaben – werden im Rahmen des Lehrwerks deutsch.punkt in einer unzureichenden Didaktisierung kompetenzorientierten Unterrichts fortgeführt. Es entsteht der Eindruck, das Lehrwerk sei im Resultat weniger auf literarisches Lernen als vielmehr auf das erfolgreiche Bestehen von Prüfungen ausgerichtet, die solches Wissen erfragen – Wissen, das sich ebenso leicht vermitteln wie überprüfen lässt. Betrachtet man in diesem Zusammenhang den Mangel an hinreichend klar und zielgerichteten Arbeitsaufträgen, so ist davon auszugehen, dass auch für die Schülerinnen und Schüler angesichts meist recht formalisierter Textarbeit das Interesse an guten

Prüfungsergebnissen wohl als hauptsächliche Motivationsförderung gesehen werden muss. Der Ratlosigkeit des Schulbuchautorenteams hinsichtlich einer sinnvollen Didaktisierung und Vermittlung je erforderlicher Rezeptionskompetenzen wird mit didaktischem Pragmatismus begegnet, indem weitgehend eine Konzentration auf unmittelbar greifbare Gegenstände erfolgt. Angesichts der auf diese Weise eher nur proklamierten Kompetenzorientierung trifft hier das zu, was Klieme und Hartig (2007, S. 13) im Zusammenhang eines zu breiten Kompetenzbegriffs kritisch angemerkt haben: „Die Gefahr (…) liegt darin, eine (…) Vermittlung zu suggerieren, die allenfalls als Leitvorstellung besteht. (…). Damit verbundene ‚Erlösungshoffnungen' (Geißler & Orthey, 2002, S. 73) machen aber lediglich auf ungelöste Theorie- und Praxisfragen aufmerksam."

2.2 Konzeptualisierung von Kompetenz am Beispiel ausgewählter Lernaufgaben im Lehrwerk *Deutschbuch*

2.2.1 Konzeption und Aufgabenanalyse

Anders als in deutsch.punkt setzt man im Lehrwerk Deutschbuch[3] (Schurf & Wagener, 2009) auf eine thematisch gebundene Gliederung (S. 3ff.), bei der einzelne Teilkompetenzen literarischer Rezeptionskompetenz über verschiedene Kapitel verteilt werden. Am Beispiel eines Lernaufgabensets im Kapitel „Die Welt als Labyrinth – Parabeln verstehen und vergleichen" (S. 175ff.) können auf der Ebene der Funktionalisierung von Wissen zum Zwecke der Bedeutungskonstruktion Anschlussmöglichkeiten an die Untersuchung der dargestellten Lernaufgaben des Lehrwerks deutsch.punkt hergestellt werden. Während im Lehrwerk deutsch.punkt Kenntnisse z.T. recht isoliert bzw. häufig ohne angemessene Anwendung an Textbeispielen erworben werden, sucht das Deutschbuch Kennen und Können zu verbinden. Im Rahmen der Ausführungen in den Handreichungen wendet man sich von solchen Formen des Lernens ab, die auf den separaten Erwerb von Kenntnissen setzen. Es wird betont, dass „nicht nur auf der Ebene von Materialien, sondern konkret auf der Ebene der Tätigkeiten der Schülerinnen und Schüler" (S. 6) eine Übertragung des zuvor Gelernten erforderlich sei, um Kenntnisse und Fähigkeiten nachhaltig zu sichern.

Folgt man den didaktischen Erläuterungen in den Handreichungen zur Konzeption und den Zielsetzungen des Kapitels im Umgang mit parabolischen Texten, liegt der Schwerpunkt der Beschäftigung mit Parabeln auf der Vermittlung der Fähigkeit, „semantische Inkohärenzen (das Zufällige, Konstruierte, Unwahrscheinliche im Text) als Signale für die Bedeutungskonstruktion zu nutzen [und] Irritationsstellen des Textes als Ausgangspunkte für die Hypothesenbildung einzusetzen" (S. 201). Dabei lassen sich Zusammenhänge beispielsweise zu Überlegungen von Literaturdidaktikern wie Kämper-van den Boogaart und Pieper (2008, S. 58f.) herstellen. Die Beschreibung der Teilkompetenz parabolisches Verstehen im Deutschbuch ist zudem anschluss-

---

3 Sofern nicht anders angegeben, beziehen sich die Seitenangaben im Abschnitt 2.2 auf dieses Lehrwerk.

fähig an die literaturdidaktischen Überlegungen Kammlers im Zusammenhang mit der Teilkompetenz des Symbolverstehens. Symbolverstehen wird bei Kammler im Rückgriff auf die literaturwissenschaftliche Tradition als Verstehensprozedur (2006, S. 197) charakterisiert, die Leser/-innen dann anwenden, „wenn eines oder mehrere Textelemente pragmatisch keinen Sinn machen, sich also eine weitere Bedeutung aufdrängt" (ebd.). Da ungeübte Leser/-innen dazu neigen, über solche Textstellen hinweg zu lesen und diese im Zuge des Versuchs kohärenter Deutung auf der Grundlage des leicht(er) Verständlichen zu glätten, müssen die Lesegewohnheiten der Schülerinnen und Schüler entsprechend trainiert werden, wie in den Handreichungen zutreffend ausgeführt wird: „[J]ede Parabel [weist] mindestens ein Transfersignal [auf], welches dem Leser indiziert, dass er das Erzählte nicht wörtlich nehmen, sondern eine zweite Bedeutung finden soll." (S. 200). Insofern erhebt das Schulbuchautorenteam durchaus zu Recht den Anspruch, mit seinen Erläuterungen an aktuelle literaturdidaktische Überlegungen anzuknüpfen. Damit wendet man sich deutlich gegen eine Unterrichtspraxis, die im Zuge der PISA-Debatte von Seiten der Fachdidaktik dafür kritisiert wurde, dass Unbestimmtheitsstellen und Textanomalien in der Konzentration auf das ad hoc Verständliche im Sinne bloßer Informationsentnahme häufig eher ignoriert wurden.

Die Beschäftigung mit Kafkas Parabel „Eine kaiserliche Botschaft" soll exemplarisch in den Umgang mit parabolischen Texten einführen. Das dazu konzipierte Lernaufgabenset fokussiert – so die Handreichungen – im Zusammenhang mit der Bedeutungskonstruktion durch die Leserin und den Leser vor allem Wissen über die „spezifischen Textsortenmerkmale der Parabel" (ebd.) als erforderliche Werkzeuge des Textverstehens.

„Franz Kafka
Eine kaiserliche Botschaft (1919)

Der Kaiser – so heißt es – hat Dir, dem Einzelnen, dem jämmerlichen Untertanen, dem winzig vor der kaiserlichen Sonne in die fernste Ferne geflüchteten Schatten, gerade Dir hat der Kaiser von seinem Sterbebett aus eine Botschaft gesendet. Den Boten hat er beim Bett niederknien lassen und ihm die Botschaft ins Ohr zugeflüstert; so sehr war ihm an ihr gelegen, dass er sie sich noch ins Ohr wiedersagen ließ. Durch Kopfnicken hat er die Richtigkeit des Gesagten bestätigt. Und vor der ganzen Zuschauerschaft seines Todes – alle hindernden Wände werden niedergebrochen und auf den weit und hoch sich schwingenden Freitreppen stehen im Ring die Großen des Reichs – vor allen diesen hat er den Boten abgefertigt. Der Bote hat sich gleich auf den Weg gemacht; ein kräftiger, ein unermüdlicher Mann; einmal diesen, einmal jenen Arm vorstreckend schafft er sich Bahn durch die Menge; findet er Widerstand, zeigt er auf die Brust, wo das Zeichen der Sonne ist; er kommt auch leicht vorwärts, wie kein anderer. Aber die Menge ist so groß; ihre Wohnstätten nehmen kein Ende. Öffnete sich freies Feld, wie würde er fliegen und bald wohl hörtest Du das herrliche Schlagen seiner Fäuste an Deiner Tür. Aber stattdessen, wie nutzlos müht er sich ab; immer noch zwängt er sich durch die Gemächer des innersten Palastes, niemals wird er sie überwinden; gelänge ihm dies, nichts wäre gewonnen; die Höfe wären zu durchmessen; und nach den Höfen der zweite umschließende Palast; und wieder

Treppen und Höfe; und wieder ein Palast; und wieder Treppen und Höfe; und wieder ein Palast; und so weiter durch Jahrtausende; und stürzte er endlich aus dem äußersten Tor – aber niemals, niemals kann es geschehen – liegt erst die Residenzstadt vor ihm, die Mitte der Welt, hochgeschüttet voll ihres Bodensatzes. Niemand dringt hier durch und gar mit der Botschaft eines Toten. – Du aber sitzt an Deinem Fenster und erträumst sie dir, wenn der Abend kommt." (S. 176).

Aufgabe 1 (ebd.) regt dazu an, sich im Anschlussgespräch nach der ersten Lektüre über den Inhalt des Gelesenen auszutauschen, der sicherlich Anlass für unterschiedliche Sichtweisen auf den Text und für die Diskussion entstandener Fragen bietet:

---

1. Sammelt in einem Brainstorming Ideen zur Deutung der rätselhaften Geschichte. Konzentriert euch dabei vor allem auf den letzten Satz.

Bereits die Beantwortung der Frage, worum es in der Erzählung geht, dürfte den Schülerinnen und Schülern schwer fallen. Diese Schwierigkeiten ergeben sich mit Blick auf Fragen nach dem Adressaten, seiner Beziehung zum kaiserlichen Sender der geheimnisvollen Botschaft, als auch hinsichtlich der Betonung der Unmöglichkeit, die Botschaft überbringen zu können. Der Abgleich mit dem eigenen Weltwissen muss die Leserin und den Leser, die/der sich mit dem Personalpronomen *Du* potentiell angesprochen fühlen könnte, zu der Annahme führen, dass es sich bei dem im Text genannten *Du* um eine besonders wichtige Person handeln muss – denn den meisten Menschen werden keine *kaiserlichen* Botschaften zuteil, wie auch in den Handreichungen erläutert wird (vgl. S. 203). Diese Irritationen und Leerstellen des Textes müssen auf der Grundlage genauer Textwahrnehmung von der Leserin und vom Leser in der Auseinandersetzung mit dem Text geklärt und gefüllt werden, um eine angemessene Bedeutungskonstruktion vornehmen zu können. Die Aufgabenstellung regt allerdings nicht dazu an, diese Fragen zu formulieren und auf ihrer Grundlage eine übergeordnete Problemfrage zu entwickeln, an der sich die weitere Textarbeit orientieren könnte. Es wird nicht zum Nachdenken über die auf der Grundlage der semantischen Inkohärenzen des Textes aufgeworfenen Fragen angeregt, sondern stattdessen bereits zur Sammlung von ‚Ideen zur Deutung' des Textes. Damit wird der Blick der Schülerinnen und Schüler unmittelbar auf die Herstellung kohärenter Sinn- und Deutungszusammenhänge gelenkt, die angesichts der Textlektüre entstandenen Fragen kommen kaum zur Geltung.

In Aufgabe 2 (S. 176) sollen nun ‚wichtige Schlüsselbegriffe' notiert werden, um diese in einem weiteren Schritt mit möglichen Deutungsansätzen zu verbinden – ein Vorgehen, das auch im Lehrwerk deutsch.punkt gewählt wurde:

2 a)	Sucht in Partnerarbeit Textstellen, die für euch wichtige Schlüsselbegriffe enthalten. Notiert sie – in eigenen Worten formuliert – auf Karteikarten.
2 b)	Überlegt, welche Bedeutung diese Textstellen haben könnten, und haltet sie Ebenfalls auf Karteikarten fest. Hier ist ein Anfang gemacht. **Schlüsselbegriffe** stehen auf blauen Karten, mögliche **Deutungen** auf roten.

Im Kontrast zu den didaktischen Zielsetzungen wird in Aufgabe 2 wiederum das im Text ad hoc Verständliche fokussiert. Als Schlüsselbegriffe werden somit nur solche Textbeobachtungen aufgegriffen, die unmittelbar für die Herstellung kohärenter Sinnzusammenhänge genutzt werden können. Die Auswahl der Schlüsselbegriffe ist zudem relativer Beliebigkeit ausgesetzt, da im Vorfeld dieser Aufgabenstellung keine Kriterien zur Auswahl der Schlüsselbegriffe entwickelt werden. Um dem entgegenwirken zu können, wäre es spätestens in dieser Stelle des Lernaufgabensets im Anschluss an Aufgabe 1 weitaus sinnvoller, Wissen um die Transfersignale parabolischer Texte in die Lernaufgaben zu integrieren. Entsprechende Informationen finden sich zwar als Paratext in einem Merkkasten (S. 177), diese werden hier aber nicht genutzt:

Bildteil	**Sachteil**	Eine erzählte Parabel hat – wie eine mathematische Parabel – zwei einander symmetrische Hälften. Dem Erzählten (Bildteil) auf der einen entspricht ein Gemeintes (Sachteil) auf der anderen Seite. In dem Erzählten müssen Stellen aufgespürt werden, von denen aus man auf die Bedeutung der Parabelerzählung schließen kann. Das ist manchmal sehr einfach, weil der Erzähler einen Vergleich zwischen dem, was er vorträgt, und dem, was er meint, anbietet: „Das Himmelreich ist gleich …" beginnen die Gleichnisse des Lukas-Evangeliums (z.B. das vom „verlorenen Sohn"). In modernen Parabeln fehlen oft solche klaren Angaben. Sie müssen vom Leser durch eigenes Nachdenken gefunden werden.
Gesagtes *(die erzählte Geschichte)* Text	Gemeintes *(die erschlossene Bedeutung)* Sinn	

Die Auswahl von Schlüsselbegriffen könnte im Zugriff auf das Wissen um Textsignale, die eine übertragene Bedeutung indizieren, bei der Re-Lektüre des Textes sehr viel gezielter erfolgen. Spätestens mit Aufgabe 2 b) muss von einer fehlenden Vermittlung textsortenspezifischen Wissens im Bereich parabolischen Erzählens sowie dessen Funktionalisierung für das Textverstehen in Form notwendiger Operationen gesprochen werden. Dieses Defizit wird in der Konzentration auf Deutungen, die den Schlüsselbegriffen zugeordnet werden sollen, zunehmend verstärkt. Aufgrund der fehlenden Anbindung dieses Merkkastens an die Lernaufgaben ist die Didaktisierung des Arbeitsschritts vom ‚Gesagten aufs Gemeinte' zu schließen für die Schülerinnen und Schüler kaum nachvollziehbar, da unklar sein dürfte, welche Textstellen für eine Deutung hilfreich sein könnten. Die Aufgabenstellungen sind zu Beginn des Sets insgesamt nicht nur hinsichtlich ihrer wenig präzisen Formulierung, sondern auch mit Blick auf die von den Schülerinnen und Schüler zu leistenden Arbeitsschritte zu wenig zielführend. Die didaktischen Zielsetzungen, die in den Handreichungen hinsichtlich der Konzeption des Kapitels zutreffend benannt werden, können zumindest zu Beginn des Aufgabensets, dem hinsichtlich jeder weiteren Textarbeit entscheidende Bedeutung zukommt, nicht entsprechend in die Aufgabenstellungen integriert werden. Die in Aufgabe 3 (S. 177) geforderte Zuordnung von Schlüsselbegriffen und Deutungsansätzen sowie die Entscheidung für einen Deutungsansatz in Aufgabe 4 (S. 178) wirken dementsprechend ähnlich willkürlich gesetzt wie zuvor die Auswahl der Schlüsselbegriffe:

3. Ordnet eure Karten nach folgendem Muster an der Wand. Orientiert euch an der unten stehenden Information.
4. Entscheidet euch für eine Deutung und baut diese zu einer Interpretation aus.

Schlüsselbegriff (Bildteil)	**mögliche Deutungen (Sachteil)**
Palast und Stadt haben eine labyrinthische Struktur. Der Bote müht sich, aber sein Weg ist unendlich. Er tritt auf der Stelle.	Es gibt Probleme, die überwunden werden/ nicht zu überwinden sind, und die mit der labyrinthischen Struktur zu tun haben.
…	Mit dem Palast ist möglicherweise die Welt/ das Sinngefüge der Welt gemeint.
Eine Botschaft wird gesendet.	Meine Schullaufbahn kommt mir manchmal so vor wie der Weg durch diesen unendlichen Palast."

Ohne die Erarbeitung von Kriterien bzw. konkret erforderlichen Analyse- und Interpretationsaspekten dürfte es fraglich sein, ob sich die Schülerinnen und Schüler auf der Ebene der textimmanenten Analyse begründet für einen der Deutungsansätze entscheiden und diesen plausibel begründen können.

2.2.2 Bewertung der Konzeption und der Aufgaben

Insgesamt lassen sich deutliche Unterschiede zwischen den literaturdidaktischen Erläuterungen in den Handreichungen und der Gestaltung der Lernarrangements und Aufgabensets im Lehrwerk aufzeigen. Auf der Ebene der Handreichungen für Lehrkräfte werden durchaus sinnvolle Prämissen der Unterrichtsgestaltung für literarische Verstehensprozesse benannt, die mit neueren, kompetenzorientierten Überlegungen der Fachdidaktik übereinstimmen. Der literaturtheoretische wie -didaktische Überbau des Lehrwerks sowie die Gegenstandsanalysen zu den einzelnen Texten fokussieren und benennen die zum Verständnis eines Textes notwendigen Teilkompetenzen und reflektieren ihr Zusammenwirken. Erfordernisse des

Textes werden im Wechselspiel mit den Voraussetzungen der Schülerinnen und Schüler gesehen, indem einzelne Arbeitsschritte und Operationen formuliert werden. Besonders im Vergleich zu früheren Ausgaben des Deutschbuchs vom Cornelsen-Schulbuchverlag – gedacht wird hier an den Vergleich zur letzten vor den PISA-Testungen im Jahr 2000 publizierten Ausgabe – können positive Veränderungen in der Konzeption und Gestaltung des Lehrwerks vermerkt werden. Während die oft induktiven und häufig offenen Aufgabenstellungen der Vorläufer des Deutschbuchs eher auf eine Didaktik des ‚Zwischen-den-Zeilen-Lesens' zu setzen schienen, soll dieser Verstehens- und Erkenntnisprozess nun zunehmend in lehr- und lernbaren Arbeitsschritten formuliert und in Lernaufgaben übersetzt werden. Sinnvoll vermieden wird somit zugleich eine Konzentration auf die Vermittlung reinen Reproduktionswissens, das von den Schülerinnen und Schüler nicht konkret an Textbeispielen erprobt werden kann – wenngleich hinsichtlich aller hier genannter Aspekte der zuvor beschriebene Optimierungsbedarf auf der Ebene der Lernaufgaben besteht. Denn Primärtext, Lernaufgaben, Paratexte und didaktische Erläuterungen werden in den Handreichungen nicht in ein sinnvolles Verhältnis gesetzt; die zur Erschließung des Textes notwendigen Operationen werden in den Handreichungen zwar erläutert, spiegeln sich in diesem Lernarrangement aber nicht wieder.

3. Fazit

Insgesamt dürfte anschaulich geworden sein, dass der Schulbuchmarkt derzeit von höchst unterschiedlichen Vorstellungen von Kompetenzorientierung im Bereich der Literaturdidaktik geprägt ist. Dabei lassen sich deutliche Unterschiede zwischen den einzelnen Konzeptualisierungen benennen: Wenngleich durchaus Mängel in der Ausführung des Deutschbuchs bestehen, so lässt sich dieses doch als ausbaufähiger Versuch gezielter Kompetenzorientierung in der Praxis des Literaturunterrichts lesen, der sich durchaus kritisch von einem oberflächlichen ‚teaching-to-the-test' distanziert und neuere fachdidaktische Erkenntnisse in sinnvoller Weise bemüht ist aufzunehmen, indem einzelne Teilkompetenzen zum Verständnis literarischer Texte in den Blick genommen werden sollen. Gerade der Vergleich beider Lehrwerke bestätigt die bereits dargestellte These, dass eine Trennung von Wissen und dessen potentieller Funktionalisierung für den Verstehensprozess, wie in deutsch.punkt vorgenommen, dem Lernfortschritt der Schülerinnen und Schüler kaum förderlich sein dürfte.

Anschlussfähig an die Bildungsstandards und das bei PISA vorgelegte literacy-Konzept bzw. Lesekompetenzmodell sind im Grunde beide Lehrwerke, obschon in ganz unterschiedlich zu beurteilender Weise: In deutsch.punkt findet eher eine häufig defizitäre und unkritische Adaption der Erkenntnisse der empirischen Bildungs- und Lehr-/Lernforschung statt. Die berechtigten Anfragen der Fachdidaktik an die empirische Bildungsforschung sind hier nicht reflektiert worden, mit den Lernaufgaben können oft nur untere Kompetenzstufen bedient werden. Die in Anlehnung an das Lesekompetenzmodell fehlende Unterscheidung zwischen Lese- und literarischen Rezeptionskompetenzen führt hier zu einer z. T. unsachgemäßen Behandlung literarischer Texte. Wenngleich dieser erweiterte Textbegriff auch in den Handreichungen zum Deutschbuch (vgl. S. 8) benannt wird, werden dort doch die Besonderheiten literarischer Texte als Lerngegenstände beachtet, indem die Lernarrangements auf die Spezifika der Teilkompetenzen literarischer Rezeptionskompetenz rekurrieren. So ist das Deutschbuch bemüht, die Bildungsstandards im Umgang mit literarischen Texten in ihrer Vielfalt in die Vermittlungsprozesse einzubinden, während die im Bereich des Könnens genannten Standards vom Lehrwerk deutsch.punkt kaum abgedeckt werden können.

Diese Ergebnislage veranschaulicht abschließend auch der Vergleich in Tabelle 1.

Tabelle 1: Übersicht exemplarischer Untersuchungsaspekte und -ergebnisse

Vergleichsaspekt \ Lehrwerk	deutsch.punkt	Deutschbuch
Konzeption	– kompetenzorientiertes Layout/ häufige Verwendung des Begriffs *Kompetenz* – didaktische Konzeption und die Ausführung auf Aufgabenebene zeigen übereinstimmende Problemstellungen	– kompetenzorientierte didaktische Konzeption (Handreichungen), z.T. Mängel bei der Umsetzung auf der Ebene der Lernaufgaben
Vermittlungsprozesse mit Blick auf ...		
– die Förderung der Bausteine / Teilkompetenzen literarischen Verstehens	– insg. kaum genuin literarische Textverstehenskompetenzen	– insg. Versuch gezielter Förderung genuin literarischer Rezeptionskompetenzen
– die Funktionalisierung von strategischem und Text-/ Kontext-Wissen	– schematisierende Darstellungen und Vermittlung von Lesestrategien und Interpretationsverfahren – Konzentration auf Reproduktionswissen, kaum Anwendung zur Förderung von Textverstehen	– teilweise sinnvolle Funktionalisierung von Wissenskontexten für die Eröffnung von Verstehenshorizonten / angemessene Verknüpfung von Wissen & Können
Anschlussfähigkeit an ... *– Bildungsstandards Deutsch* *– literacy-Konzept / Lesekompetenzmodell (PISA)/ Lehr-/Lernpsychologie* *– fachdidaktische Modellierungen literarischer Rezeptionskompetenz*	– Lesekompetenzen auf der Stufe der Informationsentnahme und der Identifikation von Textmerkmalen – z.T. fachdidaktisch wenig haltbare Unterscheidungen aufgrund defizitärer Ableitungen aus Lesekompetenzmodellen und fachdidaktischen Modellierungen	– Anregung zur Vermittlung literarischer Teilkompetenzen in Anlehnung an Bildungsstandards, Lehr-/ Lernpsychologie & fachdidaktische Modellierung der Bausteine literarischen Verstehens

Wünschenswert wäre vor allem eine stärkere und in die Lernaufgaben integrierte Funktionalisierung unterschiedlicher, für je verschiedene literarische Texte erforderlicher Wissensbereiche. Wissen sollte gezielt zur Eröffnung von Verstehenshorizonten oder auch zur Überprüfung der Plausibilität von Deutungsansätzen im Abgleich mit der genauen Lektüre literarischer Texte eingesetzt und in dieser Absicht didaktisch aufbereitet werden. Die Ausrichtung auf outputorientierte Vorgaben darf demgegenüber nicht zur Vermittlung vor allem reproduktiven Wissens führen, das sich leicht einüben und überprüfen lässt, Wege des angemessenen und kompetenten Umgangs mit unterschiedlichen literarischen Texten in der Trennung von Wissen und Können aber eher verstellt, als initiiert. Auf der Grundlage der bewussten Funktionalisierung von Wissen können einzelne Bausteine bzw. Teilkompetenzen literarischer Rezeptionskompetenz dagegen gezielt gefördert werden, so wie beispielsweise das Wissen um die Merkmale parabolischer Texte deren Verständnis im Rahmen didaktisch angemessener Vermittlung durchaus unterstützen kann.

Klare Orientierungen sinnvoller Konzeptualisierung von Kompetenz im Umgang mit literarischen Texten und deren Integration in Lernaufgaben liegen in beiden Lehrwerken nicht vor. Sichtbar wird anhand der Ergebnisse aber neben den noch zu bearbeitenden Defiziten auf der Ebene der Lehrwerkskonzeption und -gestaltung auch die zu leistende Aufgabe der Literaturdidaktik hinsichtlich des Vermögens, klare Orientierungen für die Praxis des Lehrens und Lernens bieten zu können.

Literatur

Artelt, C., Stanat, P., Schneider, W., Schiefele, U. & Lehmann, R. (2004). Die PISA-Studie zur Lesekompetenz. Überblick und weiterführende Analysen. In U. Schiefele, C. Artelt, W. Schneider & Stanat, P. (Hrsg.), *Struktur, Entwicklung und Förderung von Lesekompetenz. Vertiefende Analysen im Rahmen von PISA 2000* (S. 139-168). Wiesbaden: VS-Verlag.

Biesemann, J. u.a. (2009). *deutsch.punkt. Zugänge zur Oberstufe.* Stuttgart, Leipzig: Ernst-Klett-Verlag.

Fingerhut, K.-H. (2010). Aufgabenkultur im kompetenzorientierten Unterricht. In H. Rösch (Hrsg.), *Literarische Bildung im kompetenzorientierten Unterricht* (S. 215-228). Freiburg i. Br.: Fillibach.

Kämper-van den Boogaart, M. (2011). Zur Fachlichkeit des Literaturunterrichts. *Didaktik Deutsch, 17*(30), 22-39.

Kämper-van den Boogaart, M. & Pieper, I. (2008). Literarisches Lesen. Didaktik Deutsch. Sonderheft: *Beiträge zum 16. Symposion Deutschdidaktik.* 14. Jg. (S. 46-65). Baltmannsweiler: Schneider Verlag Hohengehren.

Kammler, C. (2006). Symbolverstehen als literarische Rezeptionskompetenz. Zu Uwe Timm „Am Beispiel meines Bruders" (Jahrgangsstufe 11-13). In C. Kammler (Hrsg.), *Literarische Kompetenzen – Kompetenzen im Literaturunterricht. Modelle für die Primar- und Sekundarstufe* (S. 196-213). Seelze: Klett/Kallmeyer.

Klieme, E. & Hartig, J. (2007). Kompetenzkonzepte in den Sozialwissenschaften und im erziehungswissenschaftlichen Diskurs. *Zeitschrift für Erziehungswissenschaft*, Sonderheft 8, 11-29.

Köster, J. (2004). Konzeptuelle Aufgaben – Jenseits von Orientierungslosigkeit und Gängelei. In J. Köster, W. Lütgert & J. Creutzburg (Hrsg.), *Aufgabenkultur und Lesekompetenz. Deutschdidaktische Positionen* (S. 165-184). Frankfurt/M., Berlin, Bern, Bruxelles, New York, Oxford, Wien: Lang.

Leubner, M. & Saupe, A. (2008). *Textverstehen im Literaturunterricht und Aufgaben.* Baltmannsweiler: Schneider Verlag Hohengehren.

Müller, K. (2010). Das Lesebuch und andere printbasierte Medien für den Lese- und Literaturunterricht. In W. Ulrich (Hrsg.), *Deutschunterricht in Theorie und Praxis. Bd. 1-3: Lese- und Literaturunterricht.* (S. 243-272). Baltmannsweiler: Schneider Verlag Hohengehren.

Schurf, B. & Wagener, A. (2009). *Deutschbuch 10. Texte, Themen und Strukturen* (neue Ausgabe). Erarb. von G. Brenner u.a., unter Beratung von K.-H. Fingerhut. Berlin: Cornelsen.

Schweitzer, K. (2007). *Der Schwierigkeitsgrad von Textverstehensaufgaben. Ein Beitrag zur Differenzierung und Präzisierung von Aufgabenbeschreibungen.* Frankfurt/M., Berlin, Bern, Bruxelles, New York, Oxford, Wien: Lang.

Spinner, K. (2007). Literarisches Lernen. *Praxis Deutsch, Zeitschrift für den Deutschunterricht, Sonderheft: Lesen nach PISA* (S. 4-14). Seelze: Friedrich Verlag.

Spinner, K. (2010). Literaturunterricht in allen Schulstufen und -formen: Gemeinsamkeiten und Besonderheiten. In H. Rösch (Hrsg.), *Literarische Bildung im kompetenzorientierten Deutschunterricht* (S. 93-112). Freiburg i. Br.: Fillibach.

von Heynitz, M. (2012). *Bildung und literarische Kompetenz. Bildungstheoretische und fachdidaktische Konzeptualisierungen im Bereich literar-ästhetischen Lernens* (im Druck). Frankfurt/M., Berlin, Bern, Bruxelles, New York, Oxford, Wien: Lang.

Winkler, I. (2004). Aufgabenstellungen und ihre Bedeutung für die Ausbildung von Textverstehensstrategien. In J. Köster, W. Lüttgert & J. Creutzburg (Hrsg.), *Aufgabenkultur und Lesekompetenz. Deutschdidaktische Positionen* (S. 81-90). Frankfurt/M., Berlin, Bern, Bruxelles, New York, Oxford, Wien: Lang.

Zabka, T. (2010). Diskursive und poetische Aufgaben zur Texterschließung. In H. Willenberg (Hrsg.), *Kompetenzhandbuch für den Deutschunterricht* (S. 199-209) (2. unv. Aufl.). Baltmannsweiler: Schneider Verlag Hohengehren.

Brigitte Bollman-Zuberbühler, Alexandra Totter, Franz Keller

Begleitforschung als ein Instrument zur inhaltlichen Qualitätssicherung in der Lehrmittelentwicklung „Mathematik 1 bis 3, Sekundarstufe I"

Zusammenfassung

Lehrmittel leisten einen wesentlichen Beitrag zur Unterrichtsqualität. Sie vermitteln zwischen Bildungsstandards bzw. Lehrplänen und der Praxis und strukturieren durch ihre Konzeption Unterrichtsprozesse. Die Bedeutung der Lehrmittel für den Unterricht wird allgemein anerkannt. Seitens der Lehr-/Lernforschung wird jedoch angeregt, mehr in die inhaltliche Qualitätssicherung von neuen Lehrmitteln zu investieren. Insbesondere sollten die Materialien besser erprobt werden, bevor sie auf den Markt kommen.

Mit „Mathematik 1 bis 3, Sekundarstufe I" wurde ein Lehrmittel entwickelt, das sich durch eine sorgfältige konzeptionelle Planung und eine zweiphasige, breit abgestützte Gesamterprobung aller Materialien für die drei Schuljahre auszeichnet. Zudem wurde zur inhaltlichen Qualitätssicherung erstmals eine empirische Begleitforschung im Sinne einer formativen Evaluation durchgeführt, welche die traditionelle Erprobung ergänzte. Das Ziel bestand darin, während dreier Jahre punktuell Schülerrückmeldungen und Schülerleistungen zur Arbeit mit dem Lehrmittel zu untersuchen und die Resultate zur Optimierung des Lehrmittels zu nutzen. Durch eine sorgfältige Planung der Schnittstellen im Arbeitsprozess von Autoren- und Evaluationsteam konnten Ergebnisse in die Überarbeitung der Materialen einfließen.

Der Nutzen der empirischen Begleitforschung zeigte sich in drei Punkten: Erstens konnten aus den Ergebnissen konkrete Maßnahmen zur Verbesserung des Lehrmittels abgeleitet werden. Zweitens wurde ein Konzept zur Zusammenarbeit von Autoren- und Evaluationsteam entwickelt, das für künftige Projekte zur Verfügung steht. Drittens trägt die Gesamterprobung im Schulfeld mit einer systematischen Einbindung von Lehrpersonen und Schülerinnen und Schüler dazu bei, die Akzeptanz des Lehrmittels im Schulfeld zu erhöhen.

Schlüsselbegriffe

Lehrmittelentwicklung, Mathematik Sekundarstufe I, Begleitforschung, formative Evaluation, Qualitätssicherung

1. Einleitung

Lehrmittel[1] nehmen im täglichen Unterrichtsgeschehen eine zentrale Funktion ein, indem sie Lehrpersonen in der Planung, Durchführung und Reflexion des Unterrichtes unterstützen. Lehrpersonen orientieren sich bei inhaltlichen und methodi-

---

1 Als Lehrmittel wird im Folgenden ein Lehrwerk bezeichnet, das neben den klassischen Printmedien wie Schulbuch und Arbeitsheften für Schüler/-innen auch Handbücher für die Lehrpersonen und elektronische Medien umfasst (vgl. Astleitner, in diesem Buch).

schen Entscheidungen zur Unterrichtsgestaltung an Lehrmitteln (z.B. Kaufmann, 1998; Valverde, Bianchi, Wolfe, Schmidt, & Houang, 2002), weil sie „... den Unterricht übersichtlich halten, die Komplexität von Themen reduzieren, das zeitliche Nacheinander festlegen, die inhaltlichen Stationen des Lernens herstellen und die Struktur von Aufgaben und Leistungen bestimmen" (Oelkers, 2010, S. 34). Lehrmittel leisten nicht nur einen wesentlichen Beitrag zur Qualität von Unterricht, sondern auch zur Implementation von Bildungsstandards (Oelkers & Reusser, 2008; Valverde et al., 2002; Wiater, 2003).

Mathematiklehrmittel sind durch die Lernaufgaben im Hinblick auf den Lehr-/Lernprozess traditionsgemäss stark strukturiert (z.B. Oelkers & Reusser 2008; Rezat, 2011), da einzelne Themen inhaltlich aufeinander aufbauen. Mathematiklehrmittel werden deshalb von Lehrpersonen auch als stärker handlungsleitend erlebt als Lehrmittel in anderen Fächern. Für das Lehren und Lernen von Mathematik ist jedoch nicht die Menge der eingesetzten Lehrmittel, sondern deren Qualität entscheidend (z.B. Helmke, 2003). Diese misst sich einerseits an den theoretischen Ansprüchen wie z.B. der Bildungsplanung oder Fachdidaktiken. Andererseits muss ein Lehrmittel im Unterrichtsalltag praktikabel sein und die Nutzenden, Lehrpersonen und Schüler/-innen, ansprechen (vgl. Kapitel 2).

Die bisherigen Ausführungen machen deutlich, dass die inhaltliche Qualität eines Lehrmittels von zentraler Bedeutung ist. Seit einigen Jahren wird deshalb gefordert, dass mehr in den Entwicklungsprozess von Lehrmitteln investiert wird und Lehrmittelentwicklungen durch empirische Untersuchungen gestützt werden (vgl. Adamina, 2004; Oelkers, 2008; Wellenreuther, 2004). Bisherige Untersuchungen beziehen sich meist nur auf bestimmte Aspekte eines Lehrmittels (z.B. Wiater, 2003). So wurden beispielsweise Schulbuchtexte hinsichtlich der Verständlichkeit untersucht (z.B. Gräsel, 2010).

Wie die nachfolgenden Ausführungen zeigen, setzte das Autorenteam in der Entwicklung des Mathematiklehrmittels für die Sekundarstufe I genau an diesem Punkt an. Zentrales Element der inhaltlichen Qualitätssicherung war die Gesamterprobung des Lehrmittels in mehr als 100 Schulklassen. Dabei wurden nicht nur einzelne Aufgaben oder Kapitel in den Klassen erprobt. Vielmehr wurden in diesen Klassen während dreier Schuljahre bereits sämtliche Materialien der sogenannten Erprobungsversion eingesetzt. Die Gesamterprobung des Lehrmittels „Mathematik 1 bis 3, Sekundarstufe I" wurde genutzt, um zusätzlich zu den systematischen Rückmeldungen durch die Lehrpersonen erstmals eine empirische Begleitforschung (formative Evaluation) mit Schülerinnen und Schülern durchzuführen.

Nachfolgend werden die wesentlichen Punkte im Entwicklungsprozess des Lehrmittels „Mathematik 1 bis 3, Sekundarstufe I" dargestellt. Im zweiten Kapitel werden der Auftrag und die Ansprüche an die inhaltliche Qualität des Lehrmittels beschrieben. Zudem enthält das Kapitel eine Übersicht über die Lehrmittelbestandteile und deren Funktion im Lehr-/Lernprozess. Das dritte Kapitel zeigt die Instrumente zur inhaltlichen Qualitätssicherung, die im Entwicklungsprozess eingesetzt wurden. In Kapitel vier wird die neu konzipierte Begleitforschung und deren Einbettung in den Entwicklungsprozess genauer vorgestellt. Dabei wird an einem Beispiel aufgezeigt, welches Datenmaterial erfasst wurde, wie dieses ausgewertet und welche Konsequenzen für die Überarbeitung der Erprobungsversion abgeleitet wurden. Da der vierjährige Entwicklungszyklus des Lehrmittels „Mathematik 1" inzwischen abgeschlossen ist, werden im letzten Kapitel der Nutzen sowie die Möglichkeiten und Grenzen einer empirischen Begleitforschung diskutiert und ein Fazit für zukünftige Lehrmittelentwicklungen gezogen.

2. Konzeptionelle und nutzungsbasierte Qualitätsansprüche an Lehrmittel

Das Lehrmittel „Mathematik 1 bis 3, Sekundarstufe I" wurde vom Bildungsrat des Kantons Zürich in Auftrag gegeben. Dieser Auftrag bestand darin, für die gesamte Sekundarstufe I (7.-9. Schuljahr) ein neues obligatorisches Lehrmittel für Arithmetik/ Algebra, Geometrie, Sachrechnen und Stochastik für drei Anforderungsstufen zu schaffen. Das Lehrmittel soll binnendifferenzierte Unterrichtsformen ermöglichen und die Durchlässigkeit zwischen den Anforderungsstufen garantieren (Bildungsrat des Kantons Zürich, 2007).

Die Entwicklung des neuen Mathematiklehrmittels stellte das Autorenteam vor die große Herausforderung, sowohl den Ansprüchen der Theorie wie auch der Praxis zu genügen (vgl. Adamina, 2004; Kaufmann, 1998; Mayer, 2001, 2010). Ansprüche an die Qualität eines Lehrmittels werden einerseits „Top-Down" seitens der konzeptuellen Begutachter/-innen wie Bildungsplaner/-innen, Fachwissenschaftler/-innen und Fachdidaktikexperten und -expertinnen formuliert. Andererseits bestehen klare Ansprüche seitens der Nutzenden („Bottom-Up"), insbesondere der Lehrpersonen und der Schülerinnen und Schüler.

Für den Entwicklungsprozess war es wichtig, dass die Ansprüche beider Gruppen ernst genommen werden. Nur so konnte es gelingen, ein Produkt zu entwickeln, das sich längerfristig im Schulfeld etabliert. Im Folgenden wird dargestellt, welche Ansprüche (Top-Down, Bottom-Up) an das Lehrmittel „Mathematik 1 bis 3, Sekundarstufe I" gestellt wurden, wie das Autorenteam diesen begegnete und welche Lehrmittelbestandteile letztlich daraus resultierten.

2.1 Top-Down: Didaktische Fundierung und konzeptuelle Umsetzung

Grundsätzlich hat sich ein Autorenteam in der Lehrmittelentwicklung an den geltenden Bildungsstandards und Lehrplänen zu orientieren. Weiter wird vorausgesetzt, dass sich ein Entwicklungsteam dem aktuellen fachdidaktischen, fachwissenschaftlichen und erziehungswissenschaftlichen Diskurs stellt und sich entsprechend positioniert (z.B. Boyer, 2003; Mayer, 2001). Eine solche Auseinandersetzung vereinfacht die Entwicklung der Manuskripte und ermöglicht es, während der Erprobung gezielte Rückmeldungen einzuholen. Zudem erleichtert eine transparente Darstellung der zentralen didaktischen Anliegen die Begutachtung des Lehrmittels und dessen Implementierung im Schulfeld.

In der Entwicklung des Lehrmittels „Mathematik 1 bis 3, Sekundarstufe I" stützte sich das Autorenteam auf den Ansatz der allgemeinen Didaktik von Hans Aebli (1983, 1985). Aeblis handlungsorientierte operative Didaktik wird bis heute als bedeutsam für die Strukturierung von Lehr-/Lernprozessen angesehen, weil sich Aebli mit der kognitionspädagogischen Tiefenstruktur des Lernens auseinander setzte (vgl. Messmer & Reusser, 2006). Der/die Lernende erwirbt nach Aebli (1983) bewegliche und flexibel einsetzbare Wissensstrukturen durch den etappenweisen Aufbau von Handlungen, Operationen und Begriffen. Dabei geht es darum, den Schülerinnen und Schülern anhand praktischer Problemstellungen (Alltagsbezug, Handlungsorientierung) „ausreichende Erfahrungsgrundlagen für die Bildung, Abgrenzung und Konsolidierung abstrakter Begriffe zu verschaffen und sie zur Überprüfung von Hypothesen durch Experimente anzuleiten" (Kiper, 2006, S. 83f.). Der einprägsame Lernzyklus „Problemlösender Strukturaufbau", „Durcharbeiten", „Üben und Wiederholen" und „Anwenden" (kurz PADUA) wird auch in der Ausbildung von Studierenden an der Pädagogischen Hochschule Zürich als Instrument zur Planung, Durchführung und Reflexion von Mathematikunterricht seit mehreren Jahren erfolgreich eingesetzt.

Zur Sicherstellung der unterrichtsbezogenen Handhabbarkeit wurde das Modell vom Autorenteam für das Lehrmittel in einem vereinfachten Modell – dem EVTA-Modell – umgesetzt. Es unterscheidet die vier Funktionen „Einstieg", „Vertiefen", „Trainieren" und „Anwenden" und bezieht sich dabei auf größere Einheiten im Strukturaufbau, als sie Aebli in seinem Modell beschreibt. Die Funktionen finden sich in den entsprechenden Lehrmittelbestandteilen wieder (vgl. Kapitel 2.3).

Ergänzend zur erwähnten Handlungsorientierung wurden in der Entwicklung der Materialien weitere zentrale mathematikdidaktische Prinzipien wie beispielsweise das entdeckende Lernen berücksichtigt (vgl. www.mathematik-Sek1.ch). Insgesamt soll das Lehrmittel stufen- und niveaugerecht vollständige Lernprozesse unterstützen und den Schülerinnen und Schülern die Möglichkeit geben, über sinnvolle inner- und außermathematische Problemstellungen nachhaltige Grundvorstellungen und Struktureinsichten zu entwickeln.

2.2 Bottom-Up: Qualitätsansprüche aus Sicht der Nutzenden und deren Umsetzung

Die Qualität eines Lehrmittels zeigt sich unter anderem darin, dass die einzelnen Lehrmittelbestandteile aufeinander abgestimmt sind und sich Nutzende leicht zurechtfinden. Dies betrifft sowohl die Handhabung der einzelnen Produkte wie das Verständnis über die Funktion der Produkte bzw. Aufgaben im Lehr-/Lernprozess. Nachfolgend werden die Ansprüche der beiden wichtigsten Nutzergruppen, Lehrpersonen und Schülerinnen und Schüler dargestellt.

2.2.1 Lehrpersonen

Für Lehrpersonen ist es wichtig, dass ein Lehrmittel den Lehrplänen und Bildungsstandards eines Fachs entspricht. Die Lernziele sollten möglichst mit den vorgegebenen Materialen und exemplarisch ausgewählten Inhalten erreicht werden (z.B. Adamina, 2004; Kaufmann, 1998). Lehrmittel sollen weiter gut strukturiert und offen konzipiert sein und eine breite Palette von unterschiedlichen Materialien und Medien anbieten.

Diese Anliegen wurden in die Entwicklung des Lehrmittels „Mathematik 1 bis 3, Sekundarstufe I" aufgenommen. Ausgangspunkt für die Entwicklung der Materialien waren der aktuelle Lehrplan und die im Lehrmittelkonzept beschriebenen didaktischen Anliegen. Daraus ergaben sich die einzelnen Lehrmittelbestandteile mit ihren spezifischen Funktionen in der Unterstützung der Lehr-/Lernprozesse. Für die Lehrpersonen wurde ein Handbuch erstellt, in dem die didaktischen Intentionen und die Funktion der einzelnen Lehrmittelbestandteile im Lernprozess der Schülerinnen und Schüler beschrieben sind. Das Handbuch soll die Lehrpersonen in der Grob- und Feinplanung des Unterrichts unterstützen. Dazu wurde für jedes Kapitel ein Überblick erstellt (1) zu den intendierten Lernzielen in den drei Anforderungsstufen, (2) zu den Inhalten und den speziellen didaktischen Anliegen inklusive Anregungen zur Unterrichtsgestaltung, (3) zu den Materialien und Medien und (4) zu den Aufgaben in den Arbeitsheften der drei Anforderungsstufen I (hoch), II (mittel) und III (tief) (vgl. Kapitel 2.1 und 2.3). Ansonsten soll das Lehrmittel die Lehrpersonen in der methodischen Umsetzung nicht unnötig einschränken und Anpassungen an ein bestimmtes Umfeld bzw. an die Voraussetzungen der Lernenden zulassen.

2.2.2 Schülerinnen und Schüler

Für Schülerinnen und Schüler ist es wichtig, dass der Einstieg in ein neues Thema gelingt: Jugendliche sollen durch geeignete Alltagsbezüge und Problemstellungen auf allen Leistungsniveaus Erfolge erleben und so für die Auseinandersetzung mit dem neuen Thema motiviert werden, respektive Freude am Mathematiktreiben entwickeln (z.B. Kaufmann, 1998). Die Aufgabenstellungen in den Arbeitsheften sollen für die Schülerinnen und Schüler verständlich sein, so dass sie auch eigenständig gelöst werden können und das Layout soll die Jugendlichen ansprechen (z.B. Adamina, 2004; Wellenreuther, 2004).

Damit das neue Lehrmittel „Mathematik 1 bis 3, Sekundarstufe I" Lernen in allen drei Anforderungsstufen gleichermaßen ermöglicht, wurde in der Entwicklung auf folgende innere und äußere Differenzierungsangebote geachtet:
- Ein mathematisches Thema wurde in der Regel immer gleichzeitig für alle Niveaus konzipiert. Der Kern der Aufgaben wurde für das tiefste Leistungsniveau entwickelt, das Angebot dann für die höheren Leistungsniveaus ausgeweitet und vertieft.
- Die Einstiegsaufgaben im Themenbuch wurden so verfasst, dass die Jugendlichen auf allen Niveaus durch die individuelle und gemeinsame Auseinandersetzung mit den Sachverhalten ein grundlegendes Verständnis für eine neue Struktur entwickeln.
- Zur Vertiefung der Inhalte aus dem Themenbuch wurden für die Anforderungsstufen I (hoch), II (mittel) und III (tief) Arbeitshefte entwickelt. Diese enthalten ein reiches Übungsangebot und sind auf die sprachlichen Möglichkeiten der Jugendlichen abgestimmt.
- Das webbasierte, passwortfreie elektronische Angebot wurde als integraler Bestandteil des Lehrmittels entwickelt und bietet viel zusätzliches Übungsmaterial und die Möglichkeit zu selbstgesteuertem, eigenverantwortlichem Lernen.

- Zur Unterstützung individueller Lernprozesse wurde ein Begleitheft verfasst, das neben einer schülergerechten Darstellung der mathematischen Theorie Raum für eine lernprozessbegleitende Dokumentation der eigenen Überlegungen, Einsichten und Erkenntnisse enthält.

Die erwähnten Angebote zur Differenzierung und Individualisierung vereinfachen den Umgang mit der großen Heterogenität der Mathematikleistungen innerhalb einer Anforderungsstufe und zwischen den Anforderungsstufen (Moser & Angelone, 2008): Denn einzelne Jugendliche einer Klasse können immer auch mit Aufgaben der nächsthöheren/-tieferen Anforderungsstufe arbeiten.

2.2.3 Lehrmittelbestandteile und deren Funktion im Lehr-/Lernprozess

Das Lehrmittel besteht aus verschiedenen Printprodukten und einem integrierten webbasierten Angebot. Den jeweiligen Bestandteilen kommt eine spezifische Funktion im Lehren und Lernen von Mathematik zu. Ein Überblick über die Bestandteile des Lehrmittels „Mathematik 1 bis 3, Sekundarstufe I" gibt die Tabelle 1. Weitere Informationen finden sich auf der Webseite des Verlags unter www.mathematik-sek1.ch und im Handbuch für die Lehrpersonen (Keller, Bollmann, Rohrbach & Schelldorfer, 2011).

Tabelle 1: Bestandteile des Lehrmittels „Mathematik 1 bis 3, Sekundarstufe I"

Produkt	Inhalte und Funktionen im Lehr-/Lernprozess
Themenbuch Mehrwegbuch	Handlungsorientierte und/oder realitätsnahe Einstiegsaufgaben zur Erarbeitung individueller, sachlich richtiger Einsichten, Erkenntnisse und Strukturen.
Arbeitsblätter Kopiervorlagen	Ergänzendes Angebot zur direkten Bearbeitung gewisser Themenbuchaufgaben.
Arbeitsheft I Arbeitsheft II Arbeitsheft III Einwegbücher	Vertiefende Übungen zu den mathematischen Inhalten der Themenbuchaufgaben. Niveaudifferenziertes Angebot für die Anforderungsstufen I (hoch), II (mittel) und III (tief).
Begleitheft Einwegbuch	Reflexions- und Theorieteil des Lehrmittels: Linke Heftseiten mit Regeln, Definitionen und Beispielen für jedes Kapitel. Rechte Seiten mit Raum zur individuellen Dokumentation und Reflexion der Lernprozesse.
Webangebot	Integraler Bestandteil des Lehrmittels für alle Nutzenden. Bietet (1) ein dynamisches Angebot mit Veranschaulichungen zu Aufgaben des Themenbuchs, (2) eine Trainingssoftware zum individuellen Üben mathematischer Fertigkeiten und (3) weitere Unterlagen wie Lernzielübersichten.
Handbuch Lehrerordner	Gibt den Lehrpersonen eine Übersicht über die mathematikdidaktischen Anliegen und die Jahresplanung. Enthält fachliche Hinweise zum Aufbau und zu den Inhalten der einzelnen Teilkapitel sowie Vorschläge zur Unterrichtsgestaltung. Bietet niveaudifferenzierte Übersichten zu den Aufgaben und zu den intendierten Lernzielen. Enthält Kopiervorlagen und Lösungen zu allen Themenbuchaufgaben inklusive Arbeitsblätter.
Lösungen I-III Ordner	Enthält Lösungen zu allen Aufgaben der Arbeitshefte I bis III

3. Instrumente zur inhaltlichen Qualitätssicherung in der Lehrmittelentwicklung

Qualitätssicherung in der Entwicklung von Lehrmitteln ist auf verschiedenen Ebenen angesiedelt: Projektleitung und Projektmanagement leisten ihren Beitrag zur inhaltlichen und zeitlichen Koordination aller Projektbeteiligten. Die Verantwortlichen für Gestaltung und Druck von Printmedien bzw. der Gestaltung einer Webplattform tragen dazu bei, wie gut das Produkt die Lernenden und Lehrenden anspricht. Die Autorenschaft schließlich verantwortet die inhaltliche Qualität des Produktes, die den in Kapitel 2 beschriebenen Ansprüchen genügen sollte.

In Anbetracht des Umfangs des neuen Mathematiklehrmittels wurden im Lehrmittelkonzept zur inhaltlichen Qualitätssicherung gezielt und systematisch Rückmeldungen von Fachdidaktikexpertinnen, Praxisexperten und Lehrpersonen eingeplant. Zudem wurde erstmals während der Erprobung eine empirische Begleitforschung konzipiert, mit dem Ziel, Datenmaterial von Schülerinnen und Schüler zu erfassen und auszuwerten und die daraus gewonnenen Erkenntnisse in die Lehrmittelüberarbeitung einfließen zu lassen (Bollmann & Berweger, 2008).

Der Entwicklungszyklus von „Mathematik 1", „Mathematik 2" und „Mathematik 3" dauerte je vier Jahre (Abbildung 1). Im ersten Jahr wurde die Erprobungsversion aller Lehrmittelbestandteile entwickelt. Im zweiten und dritten Jahr begannen die Testklassen bzw. die Evaluationsklassen[2] mit der Gesamterprobung der Materialien (vgl. 3.2 und 3.3). Im vierten Jahr wurden alle Rückmeldungen aus den Erprobungen eingearbeitet und die endgültige Druckversion erstellt.

In diesem Entwicklungszyklus wurden spezifische Instrumente zur inhaltlichen Qualitätssicherung eingesetzt (siehe 3.1 bis 3.4 und Kapitel 4). Während der Entwicklung der Erprobungsversion waren es vorwiegend fachwissenschaftliche und fachdidaktische Rückmeldungen von Experten (Top-Down-Perspektive) und Peerfeedbacks innerhalb des Autorenteams.

Abbildung 1: Instrumente zur inhaltlichen Qualitätssicherung in der Lehrmittelentwicklung

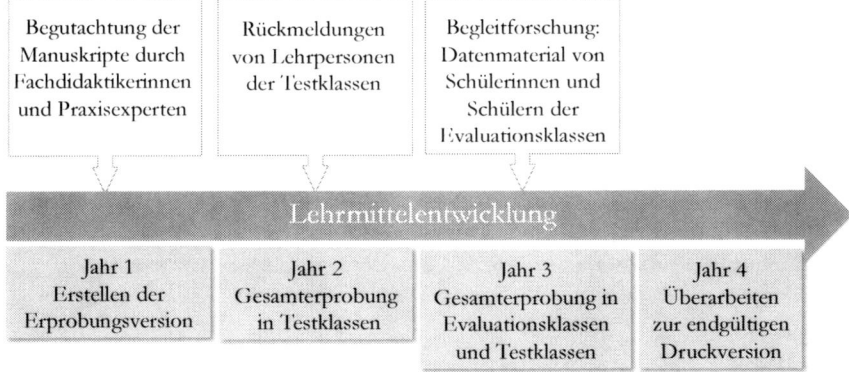

---

2 In Testklassen lag der Fokus auf den Rückmeldungen von Lehrpersonen, in den Evaluationsklassen auf Schülerdaten.

In den Erprobungen lag der Fokus auf den Rückmeldungen der Nutzenden: Lehrpersonen der Testklassen und Schülerinnen und Schüler der Evaluationsklassen (Bottom-Up-Perspektive).

3.1 Expertenrückmeldungen während der Entwicklung der Erprobungsversion

Die Manuskripte für die Erprobungsversion von „Mathematik 1 bis 3, Sekundarstufe I" wurden unter Einbezug eines Beraterteams entwickelt. Ausgangspunkt dafür waren einerseits die im Lehrmittelkonzept beschriebenen zentralen fachdidaktischen Anliegen und andererseits die vom Autorenteam erstellten Jahresübersichten und inhaltlichen Kurzbeschreibungen der einzelnen Kapitel.

Die Manuskripte zu jedem Kapitel wurden in drei Phasen geschrieben: Zu Beginn wurde eine erste Fassung von Themenbuch und Begleitheft ausgearbeitet und kritisch reflektiert. Dabei prüften das Autorenteam und die Fachdidaktikexpertinnen, ob sich die Einstiegsaufgaben im Hinblick auf die zu erarbeitenden Inhalte eigneten. Zudem wurde festgelegt, welche Strukturen in den einzelnen Anforderungsstufen erarbeitet werden sollten. In der zweiten Phase wurden das Themenbuch und das Begleitheft überarbeitet und die Arbeitshefte für die drei Anforderungsstufen geschrieben sowie die Aufgaben für die Webplattform skizziert. Auch diese Aufgaben wurden nochmals intensiv diskutiert. In der dritten und letzten Phase wurde das fertige Manuskript für die Erprobung verfasst. Dieses ging nach der Einarbeitung der letzten Korrekturvorschläge von Autorenteam, Beraterteam und Praxisexperten in die Erprobung.

3.2 Standardisierte Rückmeldungen durch Lehrpersonen

Sämtliche Materialien zum Lehrmittel „Mathematik 1 bis 3, Sekundarstufe I" wurden in Testklassen und in Evaluationsklassen während dreier Schuljahre erprobt. Die Lehrpersonen dieser Gesamterprobungen nahmen an obligatorischen Einführungskursen teil (1,5 Tage pro Schuljahr). Ziel dieser Schulungen war, dass die Lehrpersonen die zentralen Anliegen der einzelnen Kapitel verstanden und gewisse Einstiegsaktivitäten bereits selber einmal durchführten.

In den Testklassen erfolgten die Rückmeldungen der Lehrpersonen auf zwei unterschiedliche Arten: In einer Gruppe wurden detaillierte Rückmeldungen zu allen Aufgaben eingeholt, während die zweite Gruppe elektronische Umfragen zur generellen Einschätzung der einzelnen Teilkapitel des Lehrmittels beantwortete.

3.2.1 Detaillierte Rückmeldungen

Insgesamt 18 Lehrpersonen aus acht verschiedenen Schulen in vier Schweizer Kantonen beteiligten sich an dieser klassischen Erprobung. In sechs Schulen nahm jeweils das ganze Jahrgangsteam teil. Dadurch konnten Fragen zur Durchlässigkeit bei Umstufungen und Fragen zu Synergien, die sich durch die zeitliche und inhaltliche Parallelführung der Themen im Jahrgangsteam ergaben, geklärt werden. Jede Lehrperson verfasste während der Gesamterprobung standardisierte schriftliche Auswertungsprotokolle zu allen behandelten Aufgaben.

Getrennt nach Anforderungsstufen wurden in Quartalssitzungen zuerst generelle Rückmeldungen zu den Teilkapiteln und anschließend detaillierte Rückmeldungen zu den einzelnen Lehrmittelbestandteilen (Begleitheft, Themenbuch, Arbeitsblätter, Arbeitsheft, dynamische Veranschaulichungen und webbasierte Trainingsaufgaben) gesammelt und diskutiert. Im Rahmen dieser Sitzungen wurden zudem konkrete Anregungen der Lehrpersonen zur praktischen Handhabung der Materialien für die Überarbeitung aufgenommen.

3.2.2 Generelle Kapitelbeurteilungen

Das Schulamt der Stadt Zürich bat im Rahmen einer tiefgreifenden Reform ebenfalls um eine Beteiligung an der Lehrmittelerprobung. Diese Gruppe von rund 60 Lehrpersonen füllte jährlich zwei elektronische Umfragen aus. Dabei beurteilten die Lehrpersonen jedes Teilkapitel hinsichtlich des Schwierigkeitsgrades und der Stofffülle und verfassten bei Bedarf frei formulierte Rückmeldungen zu den einzelnen Kapiteln.

3.3 Begleitforschung mit Evaluationsklassen

Zusätzlich zur klassischen Erprobung wurde in der Entwicklung von „Mathematik 1 bis 3, Sekundarstufe I" erstmals eine empirische Begleitforschung mit 13 Evaluationsklassen durchgeführt. Die Datenerhebung erfolgte während einer weiteren Gesamterprobung des Lehrmittels. Dabei wurden jedes Jahr zu fünf Themenfeldern punktuell Schülerrückmeldungen und Schülerleistungen von rund 230 Jugendlichen zur Arbeit mit dem Lehrmittel untersucht.

Die Begleitforschung und das Zusammenspiel von Begleitforschung und Lehrmittelentwicklung werden im Kapitel 4 erläutert.

3.4 Einarbeitung aller Rückmeldungen und Forschungsergebnisse in die Überarbeitung

Die einzelnen Kapitel der Erprobungsversion wurden aufgrund der Rückmeldungen aller Lehrpersonen sowie der Erkenntnisse aus der Begleitforschung nochmals sorgfältig überarbeitet. Dadurch konnten der Aufgabenumfang und das Anspruchsniveau für die drei Anforderungsstufen vor Erstellung der endgültigen Druckversion angepasst werden. Einzelne Aufgaben oder Aufgabengruppen wurden beispielsweise verändert, ergänzt, weggelassen oder es wurden neue, alternative Aufgaben kreiert. Einzelne Texte wurden sprachlich überarbeitet, das Layout des Themenbuchs und der Arbeitshefte optimiert (vgl. auch 4.3).

4. Begleitforschung als Instrument zur Qualitätssicherung

Im Gegensatz zu vielen Lehrmitteln, die vor ihrer Einführung keinen nennenswerten empirischen Kontrollen unterliegen, also weder Testserien im Feld voraussetzen noch den Lernerfolg von Schülerinnen und Schülern mit in Betracht ziehen (Oelkers, 2008; Schmidt, 2010), wurde in unserem Projekt mit den umfangreichen Gesamterprobungen und der integrierten empirischen Begleitforschung ein neuer Weg zur inhaltlichen Qualitätssicherung der Materialien beschritten.

Der Aufwand einer formativen Evaluation schien in Anbetracht der vielen Betroffenen (alle Schüler/-innen und Lehrpersonen, die mit dem obligatorischen Lehrmittel arbeiten) und des Umfangs der zu entwickelnden Materialien als gerechtfertigt (Hager, 2000). Da vor Beginn der Lehrmittelentwicklung im deutschsprachigen Raum keine vergleichbaren Begleitforschungsprojekte existierten, musste dieses von Grund auf konzipiert werden (Bollmann & Berweger, 2008). Dabei wurde besonders auf die Einbettung der Begleitforschung in den Entwicklungszyklus des Lehrmittels geachtet, um sicher zu stellen, dass die Erkenntnisse aus der Begleitforschung in die Endüberarbeitung aufgenommen werden konnten.

Eine formative Evaluation soll generell die Entwicklung eines Evaluationsgegenstandes (hier das Lehrmittel) begleiten und diesen verbessern. Die Evaluation versteht sich dabei als eine systematische Untersuchung, die nachvollziehbar ist und auf empirisch gewonnenen Daten beruht und sich an die Standards der Genauigkeit, Nützlichkeit, Durchführbarkeit und Fairness zu halten hat (DeEval, 2002). Nachfolgend werden einige Punkte, die in der praktischen Umsetzung dieser Standards im Begleitforschungsprojekt wichtig waren, kurz erläutert:

- Nützlichkeit: Die Ergebnisse der Begleitforschung sollen effektiv zur Optimierung des Lehrmittels beitragen und dort ansetzen, wo das Autorenteam Klärungsbedarf sieht.
- Durchführbarkeit: Um die Klassen nicht allzu stark zu belasten, wurde pro Schuljahr die Anzahl der Untersuchungen limitiert.
- Genauigkeit: Die Erhebungsinstrumente mussten vorgängig entwickelt und erprobt werden. Die Datenerhebung wurde standardisiert durchgeführt.
- Fairness: Lehrpersonen und Schülerinnen und Schüler wurden in jedem Schuljahr ausführlich über die Ziele der Begleitforschung informiert. Das Datenmaterial wurde anonymisiert ausgewertet.

4.1 Einbettung der Begleitforschung in die Lehrmittelentwicklung

Die empirische Begleitforschung war zeitlich eng in die Lehrmittelentwicklung eingebunden. In jedem Jahr der Lehrmittelentwicklung gab es für jedes zu untersuchende Thema eine Schnittstelle, an der die Arbeiten von Autoren- und Evaluationsteam genau koordiniert werden mussten (vgl. Tabelle 2).

Tabelle 2: Einbettung der Begleitforschung in die Lehrmittelentwicklung

Ablauf	Lehrmittelentwicklung durch das Autorenteam	Begleitforschung durch das Evaluationsteam
Jahr 1	Erprobungsversion entwickeln	Fragestellungen mit dem Autorenteam erarbeiten
Jahr 2	Unterrichtsmaterialien in Testklassen erproben und Rückmeldungen der Lehrpersonen erfassen	Erhebungsinstrumente entwickeln und in Testklassen erproben
Jahr 3	Unterrichtsmaterialien in den Evaluationsklassen erproben bzw. evaluieren	Datenerhebung und Datenauswertung durchführen, Evaluationsberichte verfassen
Jahr 4	Erprobungsversion überarbeiten	Überarbeitungsvorschläge mit dem Autorenteam besprechen

Insgesamt wurden über die drei Schuljahre hinweg rund 15 Themenfelder (in Tabelle 3 fett gedruckt) mit je vier Schnittstellen evaluiert, was die Komplexität in der zeitlichen Planung massiv erhöhte und eine klare Projektplanung bedingte. Tabelle 3 zeigt, zu welchen Kapiteln von „Mathematik 1 bis 3, Sekundarstufe I" im Rahmen der Begleitforschung punktuell Datenerhebungen in den Evaluationsklassen stattfanden. Nachfolgend wird am Beispiel der „Wahrscheinlichkeit" ein Einblick in eine Untersuchung gegeben. Fragestellungen und Erkenntnisse aus der Untersuchung zum Themenfeld „Variablen" sowie Konsequenzen für die Überarbeitung wurden bereits früher beschrieben (vgl. Bollmann-Zuberbühler, 2011).

Tabelle 3: Kapitelübersicht „Mathematik 1 bis 3"

Mathematik 1	Mathematik 2	Mathematik 3
Kongruenzabbildungen	**Die Welt der rationalen Zahlen**	**Funktionen**
Die Welt der natürlichen Zahlen	**Aussagen am rechtwinkligen Dreieck**	Ähnlichkeit
Daten, Größen und Prozente	**Funktionale Zusammenhänge**	Umgang mit Daten
Körper und ihr Aufbau	Prisma und Pyramide	**Potenzen, Wurzeln, Binome**
Wahrscheinlichkeit	**Kaufen und Bezahlen**	Gerundete und andere Körper
Die Welt der ganzen Zahlen	Rund um den Kreis	**Genauigkeit**
Ebene Figuren	**Wahrscheinlichkeit und Statistik**	Gleichungen
Rechnen mit Variablen	Gerundete Körper	Muster in der Ebene
Würfel und Quader	In Bewegung	**Rund ums Geld**

Anmerkung: Fett gedruckt sind alle Kapitel, in denen ein Themenfeld empirisch untersucht wurde.

4.2 Mögliche Fragestellungen und ein Beispiel einer Untersuchung

Mögliche Themen für die empirischen Untersuchungen ergaben sich aus Fragen zur Entwicklung von mathematischen Vorstellungen und Fertigkeiten, zur wahrgenommenen Unterstützung von Lernprozessen durch die einzelnen Lehrmittelbestandteile und zu Veranschaulichungen, Darstellungs- oder Schreibformen im Mathematiklehrmittel.

Im Folgenden wird ein Auszug aus der empirischen Untersuchung zum Kapitel 5 „Wahrscheinlichkeit: Regelmäßigkeiten des Zufalls" des Mathematiklehrmittels „Mathematik 1, Sekundarstufe I" gezeigt. In diesem Kapitel befassten sich die Schülerinnen und Schüler erstmals mit dem Thema Wahrscheinlichkeit.

4.2.1 Fragestellungen, Stichprobe und Datenerhebung

Gemeinsam mit dem Autorenteam wurde der Fokus der Untersuchung auf folgende Fragestellungen gelegt, mit dem Ziel möglichst konkrete Hinweise für die Überarbeitung des Kapitels zu erhalten:
- Über welche mathematischen Vorkenntnisse zum Aufbau von mathematischen Vorstellungen zur Wahrscheinlichkeit verfügen die Schülerinnen und Schüler?
- Wie gut gelingt es, erste mathematische Vorstellungen zur Wahrscheinlichkeit auf allen drei Anforderungsstufen zu vermitteln?
- Wie nehmen die Schülerinnen und Schüler das Mathematiklehrmittel zu diesem „neuen" Kapitel wahr?

Aufgrund dieser Fragestellung wurden zu Beginn (t1) und am Ende der Arbeit am Kapitel (t2 und t3) empirische Untersuchungen durchgeführt. Tabelle 4 zeigt die Größe der Stichproben zu den drei Erhebungszeitpunkten mit der Verteilung der Schülerinnen und Schüler auf die Anforderungsstufen I (hoch), II (mittel) und III (tief) sowie nach Geschlecht.

Tabelle 4: Stichproben zu den drei Erhebungszeitpunkten nach Anforderungsstufen und Geschlecht

Erhebungszeitpunkt	N	AS I	AS II	AS III	Knaben	Mädchen
Online-Erhebung (t1)	182	61.5 % (112)	31.3 % (57)	7.1 % (13)	50.8 %	49.2 %
Papier-Bleistift Test (t2)	209	65.6 % (137)	28.2 % (59)	6.2 % (13)	50.8 %	49.2 %
Online-Erhebung (t3)	190	68.4 % (130)	26.8 % (51)	4.7 % (9)	49.2 %	50.8 %

Anmerkung: AS I, AS II, AS III = Anforderungsstufen I (hoch), II (mittel), III (tief)

Folgende Instrumente zur Datenerhebung unter Verwendung unterschiedlicher Aufgabenformate (siehe Tabelle 5) wurden eingesetzt. Diese Instrumente wurden im Jahr zuvor entwickelt und in einem Vorlauf mit Schülerinnen und Schülern in Testklassen erprobt. Für das Evaluationsjahr wurden die Tests hinsichtlich der Aufgabenauswahl, der Verständlichkeit und Aufgabenschwierigkeit optimiert.[3]

Tabelle 5: Aufgabenformate in den Datenerhebungen

Aufgabenformate	Online-Erhebung (t1)	Papier-Bleistift-Test (t2)	Online-Erhebung (t3)
Multiple-Choice-Aufgaben (richtige Antwort erkennen und ankreuzen)	✓		
Halboffene Aufgaben (fehlende Zahl berechnen und einsetzen)	✓	✓	
Richtig-falsch Aufgaben (Aussagen prüfen, ob sie zutreffen oder nicht)	✓		
Offene Aufgaben (Schülerinnen und Schüler formulieren frei Antworten)	✓	✓	✓
Multiple-Choice Aufgaben zu Affekt			✓
Multiple-Choice Aufgaben zu Motivation			✓

4.2.2 Auszüge aus den Ergebnissen der empirischen Untersuchungen

Im Folgenden werden einige Ergebnisse aus den empirischen Untersuchungen zum Kapitel 5 „Wahrscheinlichkeit: Regelmäßigkeiten des Zufalls" dargestellt. Es wird auszugsweise aus jeder der drei Untersuchungen (t1, t2 und t3) eine Aufgabe mit Ergebnissen präsentiert. Zu welchen Überarbeitungen jede der Untersuchungen beitrug, wird jeweils am Ende des Beispiels beschrieben.

Die Online-Erhebung (t1) hatte das Ziel zu prüfen, über welche mathematischen Vorkenntnisse Schülerinnen und Schüler zu Beginn ihrer Arbeit mit dem Kapitel verfügten. Im Speziellen wurde untersucht, ob das Vorwissen zum Prozent- und Bruchbegriff ausreichend war. In der dargestellten Aufgabe wurde der Frage nachgegangen, ob Schülerinnen und Schüler einen Anteil als Prozentzahl darstellen konnten (siehe Tabelle 6).

Anhand der Ergebnisse wurde deutlich, dass Schülerinnen und Schüler aus Anforderungsstufe II und III Probleme hatten, Prozentzahlen zu bestimmen, wenn der Nenner nicht 100 war.

Als Konsequenz aus den Gesamtergebnissen der Online-Erhebung (t1), die zeigten, dass Schülerinnen und Schüler aus den niedrigeren Leistungsniveaus Schwierigkeiten mit der Bestimmung von Prozentzahlen hatten, wurde folgende Überarbeitung vorgenommen. Bevor Schülerinnen und Schüler in das Kapitel 5 „Wahrscheinlichkeit, Regelmäßigkeiten des Zufalls" einsteigen, sollte die Vorstellung zum

---

3 An der Überarbeitung der Testinstrumente war Barbara Drollinger-Vetter (2011) im Rahmen des internen Projektes „Vertiefungsprojekt: Einführung in die Wahrscheinlichkeit" wesentlich mitbeteiligt.

Prozentbegriff sorgfältig aufgebaut und gefestigt werden. Dazu wurde ein vorausgehendes Kapitel zu Daten und Größen erweitert um das Thema Prozente.

Tabelle 6: Aufgabenbeispiel aus der Online-Erhebung (t1) mit Lösungshäufigkeiten in den drei Anforderungsstufen

Aufgabe: Bestimme den Anteil in Prozent: *Beispiel: 10 von 100: 10 %*	**Korrekte Lösungen**		
	AS I (N = 112)	**AS II** (N = 57)	**AS III** (N = 13)
44 von 100: ___ (Lösung 44 %)	89.3 %	79.3 %	53.8 %
40 von 200: ___ (Lösung 20 %)	74.0 %	27.6 %	0.0 %

Anmerkungen: AS I, AS II, AS III = Anforderungsstufen I (hoch), II (mittel), III (tief). Die Prüfung der Lösungshäufigkeiten nach Geschlecht ergab keine statistisch signifikanten Unterschiede zwischen Mädchen und Knaben.

Im Rahmen des Papier-Bleistift-Tests (t2) wurde untersucht, wie es gelang, erste mathematische Vorstellungen zur Wahrscheinlichkeit auf allen drei Anforderungsstufen zu vermitteln. In verschiedenen Aufgaben wurde der Frage nachgegangen, ob Schülerinnen und Schüler die Wahrscheinlichkeit eines Laplace-Experimentes nach dem Prinzip „günstige/mögliche Fälle" bestimmen konnten. In der dargestellten Aufgabe wurde zum Beispiel ein Bild von einem Glücksrad mit 10 gleich großen Feldern vorgegeben. Die Zahl 4 kam in einem Feld vor, die Zahl 1 in vier Feldern (vgl. Tabelle 7).

Die Ergebnisse zeigten, dass Schülerinnen und Schüler aus Anforderungsstufe II und III Probleme bei der Bestimmung der Wahrscheinlichkeit des Laplace-Experiments „Glücksrad" hatten.

Aufgrund der Gesamtergebnisse des Papier-Bleistift-Tests (t2) wurden in der Überarbeitung des Mathematiklehrmittels zusätzlich bildgestützte Aufgaben von Laplace-Experimenten in den Arbeitsheften des Mathematiklehrmittels für die Anforderungsstufen II und III zur Verfügung gestellt.

Tabelle 7: Aufgabenbeispiel aus dem Papier-Bleistift Test (t2) mit Lösungshäufigkeiten in den drei Anforderungsstufen

Aufgabe	**Korrekte Lösungen**		
	AS I (N = 137)	**AS II** (N = 59)	**AS III** (N = 13)
Wie groß ist die Wahrscheinlichkeit, dass der Zeiger in einem Feld mit der Zahl 4 stehen bleibt? (Lösung: 1/10, 0.1, 10%)	94.9 %	69.5 %	30.8 %
Wie groß ist die Wahrscheinlichkeit, dass der Zeiger in einem Feld mit der Zahl 1 stehen bleibt? (Lösung: 4/10, 2/5, 0.4, 40%)	86.9 %	40.7 %	30.8 %

Anmerkungen: AS I, AS II, AS III = Anforderungsstufen I (hoch), II (mittel), III (tief). Die Prüfung der Lösungshäufigkeiten nach Geschlecht ergab keine statistisch signifikanten Unterschiede zwischen Mädchen und Knaben.

Die Online-Erhebung (t3) diente dazu, nach Abschluss des Kapitels, Rückmeldungen der Schülerinnen und Schüler zum Kapitel 5 „Wahrscheinlichkeit: Regelmäßigkeiten des Zufalls" zu erheben. Zum Beispiel wurden positive Affekte mittels einer standardisierten Skala (Rakoczy, Buff & Lipowsky, 2005) erhoben.

Abbildung 2 zeigt, dass alle Mittelwerte um bzw. über dem theoretischen Mittelwert von 2,5 liegen. Die Schülerinnen und Schüler verbanden dieses Kapitel mit einem positiven Affekt. Betrachtet man die Ergebnisse aufgeschlüsselt nach den drei Anforderungsstufen, so fällt auf, dass vor allem Schülerinnen und Schüler des niedrigsten Leistungsniveaus (Anforderungsstufe III) diesem neuen Kapitel positiv gegenüber standen.

Dieses Ergebnis wurde auch durch eine inhaltliche Analyse der Frage „Was hat dir am neuen Mathematiklehrmittel zu Kapitel 5 „Wahrscheinlichkeit, Regelmäßigkeiten des Zufalls" gut gefallen?" aus der Online-Befragung (t3) bestätigt. Viele der 190 frei formulierten Rückmeldungen bezogen sich darauf, dass den Schülerinnen und Schülern das Kapitel gut gefiel, dass es spannend und interessant war und Spaß machte. Neben dieser allgemeinen Aussage wurde von den Schülerinnen und Schülern explizit geschätzt, dass sie in diesem Kapitel Spiele, Versuche bzw. Experimente durchführen konnten, sowohl von Hand als auch computergestützt. Positiv erwähnt wurde auch die Möglichkeit zum selbstständigen Arbeiten.

Abbildung 2: Positive Affekte aufgeschlüsselt nach Anforderungsstufen

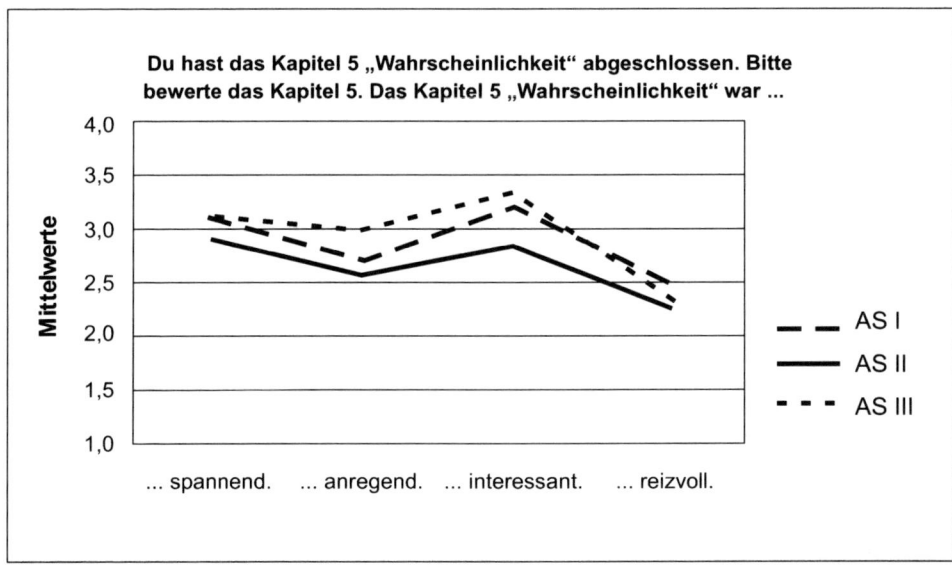

Anmerkungen: Antwortmöglichkeiten 1 = nie, 2 = selten, 3 = manchmal, 4 = häufig. AS I, AS II, AS III = Anforderungsstufen I (hoch), II (mittel), III (tief). Die Prüfung der Lösungshäufigkeiten nach Geschlecht ergab keine statistisch signifikanten Unterschiede zwischen Mädchen und Knaben.

Insgesamt lieferten die empirischen Untersuchungen umfangreiche Informationen bzw. Leistungsdaten zu mathematischen Vorstellungen und Fertigkeiten der Schülerinnen und Schüler. Darüber hinaus war es möglich, erste Aussagen zu machen, wie das jeweils untersuchte Kapitel motivational und affektiv bei den Schülerinnen und Schülern ankam oder wie die Jugendlichen ein Webangebot nutzten. In der gemeinsamen Diskussion der Ergebnisse aus den empirischen Untersuchungen legten das Autorenteam und das Evaluationsteam fest, welche Aufgaben, Veranschaulichungen, Darstellungs- und Schreibformen im Zuge der Optimierung des Mathematiklehrmittels überarbeitet wurden.

5. Nutzen der Begleitforschung für die Lehrmittelentwicklung

Die Entwicklung des Lehrmittels „Mathematik 1, Sekundarstufe I" wurde inzwischen abgeschlossen. Dies ermöglicht es, ein Fazit aus der Begleitforschung zu ziehen.

Für die Planung künftiger Lehrmittelentwicklungsprojekte ist es zentral, den Nutzen einer empirisch gestützten Lehrmittelentwicklung aufzuzeigen. Dieser kann im vorliegenden Projekt als instrumenteller Nutzen, als konzeptueller Nutzen und als Überzeugungsnutzen beschrieben werden (vgl. 5.2). Grundsätzlich zeigt sich ein Nutzen erst, wenn es gelingt, empirische Untersuchungen erfolgreich in die Lehrmittelentwicklung einzubetten. Einige Kriterien, die sich dabei als wichtig erwiesen haben, sind nachfolgend zusammengestellt.

5.1 Kriterien für eine erfolgreiche Einbettung der Begleitforschung in die Lehrmittelentwicklung

Insgesamt ist es in der Entwicklung der Materialien zu „Mathematik 1, Sekundarstufe I" gelungen, die Begleitforschung im Rahmen der Ressourcen umzusetzen und damit einen Beitrag zur Qualitätssicherung zu leisten. Als besonders nützlich hat sich dabei erwiesen, dass die Begleitforschung bereits in der Konzeptentwicklung des Lehrmittels mitgedacht und entsprechend budgetiert wurde.

Unsere Erfahrungen im Rahmen einer Gesamterprobung zeigten, dass eine empirische Begleitforschung viel zur Qualitätssicherung im Entwicklungsprozess eines Lehrmittels beitragen kann. Beschränkte Ressourcen und eine enge zeitlichen Koppelung an den Entwicklungszyklus der Materialien erfordern jedoch die Beachtung folgender Kriterien:
1) Die Ziele der Begleitforschung werden in Zusammenarbeit mit dem Autorenteam definiert. Die Forschungsfragen beziehen sich auf konkrete Lehrmittelbestandteile bzw. Aufgaben des Lehrmittels.
2) Die empirischen Untersuchungen beantworten Fragen, die nicht oder nur teilweise mit einer traditionellen Erprobung geklärt werden können.
3) Der Umfang des Evaluationsvorhabens wird einerseits bestimmt durch die personellen und finanziellen Ressourcen und andererseits durch eine verantwortbare Belastung der Schulklassen.

4) Für die Erprobung neuer Erhebungsinstrumente muss ein Zeitfenster eingeplant werden.
5) Die Evaluationsergebnisse sollen für die abschließende Überarbeitung der Erprobungsversion zur endgültigen Druckversion zur Verfügung stehen. Evaluationsteam und Autorenteam erarbeiten gemeinsam Überarbeitungsvorschläge. Dabei werden auch die Rückmeldungen aus der traditionellen Erprobung einbezogen.

5.2 Instrumenteller Nutzen, konzeptueller Nutzen und Überzeugungsnutzen

Wie in anderen Evaluationen misst sich der Wert der Begleitforschung am erzielten Nutzen. Im vorliegenden Projekt zeigte sich ein Nutzen in allen drei von Stockmann und Meyer (2010, S. 180) formulierten Typen:
1) Der für das Projekt wichtigste Typ ist der direkte instrumentelle Nutzen. Am Ende der gesamten Projektentwicklung lagen zu rund 15 Themenfeldern Evaluationsergebnisse mit Überarbeitungsvorschlägen für das Lehrmittel vor. Durch verschiedene Leistungstests konnten beispielsweise der Schwierigkeitsgrad der Aufgaben und die Anforderungen an die Schülerinnen und Schüler in den drei Anforderungsstufen klarer definiert werden. So wurde das schwächste Niveau entlastet und für das höchste Niveau wurden zusätzliche anspruchsvolle Aufgaben zum Tüfteln entwickelt.
2) Ein konzeptioneller Nutzen entsteht nach Stockmann und Meyer dann, „… wenn die Evaluationsergebnisse, das generelle Denken über Problemstellungen beeinflussen" (ebd. S. 180). In der Begleitforschung wurde aufgezeigt, wie Datenmaterial von Schülerinnen und Schüler im Zuge einer Gesamterprobung systematisch in die Lehrmittelentwicklung integriert werden kann. Solche Daten sollten – in welcher Form auch immer – in jeder Lehrmittelentwicklung eine zentrale Rolle spielen. Als besonders wichtig erwies sich dabei die zeitliche Koordination von Entwicklung und Evaluation sowie die Kommunikation und Kooperation zwischen den Projektbeteiligten.
3) Der dritte Typ ist der Überzeugungsnutzen. Die Akzeptanz eines Lehrmittels im Schulfeld ist zentral. Systematisch eingeholte Rückmeldungen von Beratenden, von Lehrpersonen und Schüler/-innen sind wesentliche Instrumente zur Qualitätssicherung. Empirische Untersuchungen, wie sie in der Begleitforschung durchgeführt wurden, ergänzen die traditionelle Erprobung und tragen durch die breite Einbindung von Lehrpersonen sowie Schülerinnen und Schülern im Rahmen einer Gesamterprobung zur Akzeptanz im Schulfeld bei – vorausgesetzt die Forschungsergebnisse fließen zusammen mit allen anderen Rückmeldungen auch wirklich in die Überarbeitung des Lehrmittels ein.

5.3 Ausblick: Begleitforschung als Standard für künftige Lehrmittelentwicklungen

Bei der Entwicklung des Lehrmittels „Mathematik 1 bis 3, Sekundarstufe I" wurde die Begleitforschung erstmals systematisch während einer Gesamterprobung eingesetzt. Neben dem bereits beschriebenen Nutzen konnten auch gute Erfahrungen in der Zusammenarbeit mit den Evaluationsklassen gemacht werden. Als wichtig haben sich die halbjährlichen Treffen mit den Lehrpersonen erwiesen, um Fragen zu klären und Informationen auszutauschen. Insgesamt zeigten sowohl die Lehrpersonen als auch die Schülerinnen und Schüler (siehe Zitate unten) viel Verständnis und Wohlwollen für die Anliegen der Begleitforschung.

> *„Dass man dieses Lehrmittel mit Schülern erprobt, finde ich gut. Es ist auch gut, das die Schüler Rückmeldungen schreiben können und, dass man weiß, ob die Schüler überhaupt drauskommen."*
> *„Ich mag die Online-Umfragen nicht so, aber da sie auch zur Verbesserung des Lehrmittels beitragen, fülle ich sie gerne aus."*

Begleitforschung in der Lehrmittelentwicklung muss sich erst etablieren. In der Entwicklung des Lehrmittels „Mathematik 1 bis 3, Sekundarstufe I" konnten wegweisende Erfahrungen zur geforderten empirisch gestützten Lehrmittelentwicklung (z.B. Adamina, 2004; Oelkers 2008; Schmidt, 2010) gemacht werden. Es ist gelungen, im Rahmen einer Gesamterprobung regelmäßig Rückmeldungen und Leistungsdaten von Schülerinnen und Schüler einzuholen und die Ergebnisse der empirischen Untersuchungen für die inhaltliche Qualitätssicherung des Lehrmittels zu nutzen. Entscheidend für diese erfolgreiche Implementierung war, dass das Autoren- und Evaluationsteam die Fragestellungen gemeinsam festlegten und dabei klärten, ob die zu erwartenden Ergebnisse im Vergleich zur traditionellen Erprobung effektiv zusätzliche Hinweise für die Optimierung des Lehrmittels liefern. Zentral waren zudem Zeitfenster für die Erprobung der Testinstrumente und die sorgfältige Einbettung der Begleitforschung in den Entwicklungszyklus des Lehrmittels.

Je nach Lehrmitteltyp sind auch andere Ansätze einer Begleitforschung denkbar bzw. es können andere Schwerpunkte in die Untersuchung einfließen. Dies ändert nichts an der Tatsache, dass die von uns dargelegten Kriterien für eine erfolgreiche Einbettung der Begleitforschung in die Lehrmittelentwicklung vorgängig mitgedacht und der zu erwartende Nutzen beschrieben werden sollte. Der Nutzen umfasst dabei nicht nur den direkten Beitrag zur Überarbeitung des Lehrmittels, sondern auch weitere Bereiche wie z.B. die Akzeptanz des Lehrmittels im Schulfeld. Zudem können Materialien aus den Untersuchungen wie Schülerdokumente oder Videoaufnahmen auch in die Aus- und Weiterbildung von Lehrpersonen (z.B. in Einführungskurse zum Lehrmittel) einfließen.

Inwiefern formative Evaluationen in zukünftigen Lehrmittelprojekten zum festen Bestandteil einer Lehrmittelentwicklung werden, ist eine offene Frage. Es geht letztlich um eine Kosten-Nutzen-Analyse, die von der Größe eines Lehrmittelprojekts abhängt. Es ist jedoch wünschenswert, dass in jede Konzeptentwicklung entsprechende Überlegungen mit einbezogen werden.

Literatur

Adamina, M. (2004). Bottom up und top down – die Verschränkung von schulpraktischen und grundlegenden fachdidaktischen Anliegen bei der Entwicklung von Lern- und Lehrmaterialien. In C. Aeberli (Hrsg.), *Lehrmittel neu diskutiert* (S. 67-91). Zürich: Lehrmittelverlag des Kantons Zürich.

Aebli, H. (1983). *Zwölf Grundformen des Lehrens. Eine allgemeine Didaktik auf psychologischer Grundlage.* Stuttgart, Klett-Cotta.

Aebli, H. (1985). Das operative Prinzip. *mathematiklehren, 11*, 4-6.

Bildungsrat des Kantons Zürich (2007). Beschluss vom 12. März 2007. Volksschule. Mathematiklehrmittel für die Sekundarstufe. Neuschaffung. Zugriff am 15. September 2011 http://www.bi.zh.ch

Bollmann-Zuberbühler, B. (2011). Wissenschaftliche Begleitevaluation – Lehrmittelentwicklung auf neuen Wegen. *ilz.ch, 1/2011*, 4-7.

Bollmann, B. & Berweger, S. (2008). Vorprojekt: Begleitevaluation zur Entwicklung des neuen Mathematiklehrmittels Sekundarstufe I. Prozessbericht zum internen Projekt. Zürich: Pädagogische Hochschule Zürich. Zugriff am 7. Februar 2012 http://www.phzh.ch/de/Forschung/Projektdatenbank.

Boyer, L. (2003). Schulbuchforschung als gemeinsame Aufgabe von Erziehungswissenschaft, Fachwissenschaft und Fachdidaktik in Österreich. In W. Wiater (Hrsg.), *Schulbuchforschung in Europa – Bestandsaufnahme und Zukunftsperspektive* (S. 55-64). Bad Heilbrunn: Julius Klinkhard.

DeGEval (2002). *Standards für Evaluation.* Köln, Gesellschaft für Evaluation.

Drollinger-Vetter, B. (2011). *Vertiefungsprojekt: Einführung in die Wahrscheinlichkeit.* Unveröffentlichter Abschlussbericht des internen Projekts der Forschungsgruppe „MINT-Didaktik & System Schule" der Pädagogischen Hochschule Zürich.

Gräsel, C. (2010). Lehren und Lernen mit Schulbüchern – Beispiele aus der Unterrichtsforschung. In E. Fuchs, J. Kahlert & U. Sandfuchs (Hrsg.), *Schulbuch konkret – Kontexte, Produktion, Unterricht.* (S. 137-148). Bad Heilbrunn: Klinkhardt.

Hager, W. (2000). Wirksamkeits- und Wirksamkeitsunterschiedshypothesen, Evaluationsparadigmen, Vergleichsgruppen und Kontrolle. In W. Hager, J. L. Patry & H. Brezing (Eds.), *Evaluation psychologischer Interventionsmaßnahmen* (S. 180-201). Bern: Hans Huber.

Helmke, A. (2003). *Unterrichtsqualität erfassen, bewerten, verbessern.* Seelze: Kallmeyersche Verlagsbuchhandlung.

Kaufmann, E. (1998). Das Lehrbuch in Sekundarschulen. In J. Freund, H. Gruber & W. Weidinger (Hrsg.), *Guter Unterricht – Was ist das? Aspekte von Unterrichtsqualität.* Wien: ÖVB pädagogischer Verlag.

Keller, F., Bollmann, B., Rohrbach, C. & Schelldorfer, R. (2011). *Mathematik 1, Sekundarstufe I.* Zürich: Lehrmittelverlag Zürich.

Kiper, H. (2006). Rezeption und Wirkung der Psychologischen Didaktik. In M. Baer, M. Fuchs, P. Füglister, K. Reusser & H. Wyss (Hrsg.), *Didaktik auf psychologischer Grundlage. Von Hans Aeblis kognitionspsychologischer Didaktik zur modernen Lehr- und Lernforschung* (S. 74-85). Bern: h.e.p. verlag ag.

Mayer, B. (2001). Schulbuchforschung: Die Theorie zur Praxis der Lehrmittelentwicklung. *i-mail, 2001/1*, 4-6.

Mayer, B. (2010). Lehrmittelqualität im Fokus. *ilz.ch, 2/2010*, 4-5.

Messmer, R. & Reusser, K. (2006). Aeblis Didaktik auf psychologischer Grundlage im Kontext der zeitgenössischen Didaktik. In M. Baer, M. Fuchs, P. Füglister, K. Reusser & H. Wyss (Hrsg.), *Didaktik auf psychologischer Grundlage. Von Hans Aeblis kognitionspsychologischer Didaktik zur modernen Lehr- und Lernforschung* (S. 52-73). Bern: h.e.p. verlag ag.

Moser, U. & Angelone, D. (2008). *PISA 2006: Porträt des Kantons Zürich.* Zürich, KDMZ.

Oelkers, J. (2010). Bildungsstandards und deren Wirkung auf die Lehrmittel. *Beiträge zur Lehrerbildung, 28 (1),* 33-41.

Oelkers, J. (2008). *Lehrplanentwicklung, Lehrmittel und Bildungsstandards.* Vortrag anlässlich der Klausurtagung der Leitungskonferenz des Staatsinstituts für Schulentwicklung und Bildungsforschung, 30.9.2008 im Bildungszentrum St. Quirin. Zugriff am 8. September 2011 http://www.ife.uzh.ch/index.php?treenode_id=143

Oelkers, J. & Reusser, K. (2008). *Qualität entwickeln – Standards sichern – mit Differenz umgehen.* Bonn: Bundesministerium für Bildung und Forschung.

Rakoczy, K., Buff, A. & Lipowsky, F. (2005). Teil 1 Befragungsinstrumente. In E. Klieme, C. Pauli & K. Reusser (Hrsg.), *Dokumentation der Erhebungs- und Auswertungsinstrumente zur schweizerisch-deutschen Videostudie „Unterrichtsqualität, Lernverhalten und mathematisches Verständnis.* Frankfurt am Main: Materialien zur Bildungsforschung, Band 13.

Rezat, S. (2011). Wozu verwenden Schüler ihre Mathematikschulbücher? Ein Vergleich von erwarteter und tatsächlicher Nutzung. *Journal für Mathematik-Didaktik, 32(2),* 153-177.

Schmidt, G.-D. (2010). Wie erprobt man Schulbücher? In E. Fuchs, J. Kahlert & U. Sandfuchs (Hrsg.), *Schulbuch konkret – Kontexte, Produktion, Unterricht.* (S. 245-252). Bad Heilbrunn: Klinkhardt.

Stockmann, R. & W. Meyer (2010). *Evaluation. Eine Einführung.* Opladen: Verlag Barbara Budrich.

Valverde, G. A., Bianchi, L. J., Wolfe, R. G., Schmidt, W. H., & Houang, R. T. (2002). *According to the book – using TIMSS to investigate the translation of policy into practice through the world of textbooks.* Dordrecht: Kluwer.

Wellenreuther, M. (2004). *Lehren und Lernen – aber wie? Empirisch-experimentelle Forschungen zum Lehren und Lernen im Unterricht.* Baltmannsweiler: Schneider Verlag Hohengehren.

Wiater, W. (2003). Das Schulbuch als Gegenstand pädagogischer Forschung. In W. Wiater (Hrsg.), *Schulbuchforschung in Europa – Bestandesaufnahme und Zukunftsperspektive* (S. 11-22). Bad Heilbrunn: Julius Klinkhardt.

Dank:

Wir danken allen Personen, die zum Gelingen dieses Projektes beigetragen haben, insbesondere den Autoren Christian Rohrbach und René Schelldorfer, den Beraterinnen Claudia Albertini und Barbara Drollinger-Vetter, den Praxisexperten und allen Lehrpersonen und Schülerinnen und Schülern der Erprobungen.

Martin Wirthensohn
LEVANTO – Ein Tool zur praxisorientierten Schulbuchevaluation

Zusammenfassung
Levanto ist ein flexibles Online-Instrument zur Beurteilung von Lehrmitteln. Die Erarbeitung der verwendeten 52 Beurteilungskriterien und die Eigenschaften des Tools werden thematisiert. *Levanto* ist webbasiert, die Einschätzungen werden im Webbrowser vorgenommen. Die Kriterien können gewichtet werden. *Levanto* liefert grafische Auswertungen, die als PDF heruntergeladen werden können. Mehrere Einzelbeurteilungen können zu einer Gruppenauswertung zusammengefasst werden. *Levanto* wurde im Herbst 2009 ins Web gestellt und hat sich inzwischen zum de facto Standard in der deutschsprachigen Schweiz entwickelt. Die Rückmeldungen aus der Praxis sind sehr positiv. *Levanto* trägt offensichtlich dazu bei, die Diskussion bei Lehrmittelentscheiden zu fokussieren und zu versachlichen. Entscheide werden transparenter und nachvollziehbarer. Das Tool soll kontinuierlich weiterentwickelt werden mit dem Ziel, den Evaluationsprozess zu professionalisieren und zu standardisieren.

Schlüsselbegriffe
Online-Instrument, Kriterienkatalog, Lehrmittelkommission, Standards der Lehrmittelevaluation, Beurteilungskriterien

1. Einleitung

Die Schweiz weist mit ihren 26 Kantonen bzw. Halbkantonen ein äußerst kleinräumiges föderalistisches Bildungssystem auf. Was die Volksschule betrifft, verfügen alle Kantone über die Bildungshoheit und bestimmen daher grundsätzlich weitgehend selbstständig über die strukturelle und inhaltliche Ausgestaltung der Schule. So hat beispielsweise jeder Kanton das Recht einen eigenen Lehrplan zu entwickeln, die Anzahl Unterrichtsstunden der Fächer festzulegen und zu entscheiden, welche Lehrmittel[1] mit welchem Lehrmittelstatus (obligatorisch/empfohlen/fakultativ etc.) eingesetzt werden. Um die Beurteilung und Auswahl der Lehrmittel kümmert sich in den Kantonen die sogenannte Lehrmittelkommission und die ihr angegliederten Fachgremien. Das Evaluationstool *Levanto*[2] wurde primär deshalb entwickelt, um die Lehrmittelkommissionen bei der Beurteilung der Lehrmittel zu unterstützen.

Die Interkantonale Lehrmittelzentrale (ilz), welche *Levanto* entwickelt hat, ist ein Zusammenschluss von 18 Deutschschweizer Kantonen und dem Fürstentum Liechtenstein mit dem Ziel, koordinierend auf die Lehrmittelentwicklung in der Schweiz einzuwirken. Gegründet wurde diese Organisation 1973. Sie hat ihren Sitz in Rapperswil. Nähere Informationen finden sich unter www.ilz.ch.

---

1   Der Begriff „Lehrmittel" wird hier synonym zum Begriff „Schulbuch" verwendet.
2   Levanto ist ein Akronym für den Begriff Lehrmittelevaluationstool sowie ein Ort in der Region Ligurien, Italien.

Die Entwicklung von LEVANTO erfolgte über einen Zeitraum von rund zwei Jahren in engem Kontakt mit Lehrmittelfachleuten und Mitgliedern von Lehrmittelkommissionen. Ein wesentliches Ziel der Entwicklung bestand darin, ein praxistaugliches Tool zu schaffen, das wissenschaftlichen Ansprüchen genügt.

2. Beurteilungskriterien

Bei der Entwicklung eines Tools zur Beurteilung von Lehrmitteln kommt zwangsläufig der Auswahl und Evaluation der Beurteilungskriterien eine entscheidende Bedeutung zu. Erstaunlicherweise hat sich im Rahmen der Schulbuchforschung (Olechowski, 1995) nur eine relativ beschränkte Zahl von Arbeiten mit diesem Aspekt auseinander gesetzt. Beispielsweise wurden von Hermann Funk (2004) und Hartmut Weber (2008) Kriterienkataloge für die Analyse von Lehrwerken vorgelegt, welche in die Entwicklung von LEVANTO eingeflossen sind. Die Unterlagen verschiedener Bundesländer zur Begutachtung von Lehrmitteln wurden ausgewertet, beispielsweise jene von Bayern und Brandenburg. Eine weitere Quelle bildeten schließlich die bereits bisher zur Beurteilung von Lehrmitteln verwendeten Kriterienkataloge der Kantone, die der Interkantonalen Lehrmittelzentrale angehören.

Nach Abschluss dieser Sichtungsphase waren rund 200 Beurteilungskriterien vorhanden, die sich inhaltlich vielfach auf ähnliche Aspekte bezogen, sich jedoch hinsichtlich der Formulierungen unterschieden. Zusammen mit Fachleuten für die Beurteilung von Lehrmitteln, darunter kantonale Lehrmittelverantwortliche, Mitglieder von Lehrmittelkommissionen und Fachdidaktiker, konnte diese Zahl auf 60 Kriterien reduziert werden. Diese 60 Kriterien wurden schließlich im Sinne einer Expertenevaluation Fachleuten für Lehrmittelevaluation vorgelegt mit der Bitte zu beurteilen, ob die Kriterien für eine Evaluation von Lehrmitteln unabdingbar sind, ob relevante Aspekte vernachlässigt wurden oder Formulierungen zu beanstanden sind. Aufgrund der entsprechenden Rückmeldungen wurden schliesslich 52 Kriterien definitiv ausgewählt, die nun in LEVANTO enthalten sind. Sie lassen sich grob in drei Bereiche aufteilen: in einen pädagogisch-didaktischen Bereich, einen thematisch-inhaltlichen Bereich und in einen formal-gestalterischen Bereich (vgl. Tabelle 1). Fachspezifische Kriterien sind in LEVANTO in der Startphase nicht enthalten. Der entsprechende Aufwand dafür wäre zu groß gewesen. Es ist jedoch geplant, fachspezifische Beurteilungsmerkmale mittelfristig in LEVANTO zu integrieren. Die jetzt in LEVANTO enthaltenen Kriterien umfassen somit Aspekte, die grundsätzlich bei jeder Lehrmittelevaluation relevant sind. Die Findungsphase der Beurteilungskriterien hat insgesamt über ein Jahr gedauert.

Tabelle 1: Struktureller Aufbau von *LEVANTO*

Bereiche	Dimensionen	Beurteilungskriterien
Pädagogisch-didaktischer Bereich	Lehrplankongruenz	Lernziele Inhalte Kompetenzen
	Lernprozess	Lernziele Dimensionen des Lernens Aspekte des Lernprozesses Lernstrategien, Lerntechniken Lernformen
	Unterricht	Methodenvielfalt Lektionenzahl
	Individualisierung	Zugangsweisen Förderung des selbstständigen Lernens Lernstandskontrolle
	Innere Differenzierung	Lernen auf mehreren Niveaus Lernzielorientiertes Arbeiten Aufgaben/Übungen für mehrere Niveaus
	Äußere Differenzierung	Jahrgangsübergreifender Unterricht/ Altersdurchmischtes Lernen
Thematisch-inhaltlicher Bereich	Ausgewogenheit	Werthaltung, Religion, Gender und Werbung
	Inhaltsauswahl	Korrektheit Aufbau Authentizität Abstimmung Illustrationen/Text Grundinformaton/Erweiterungen Interessensdifferenzierung Vertiefung Einbettung Vor-/Folgelehrmittel Bezug zu anderen Fachbereichen Überfachliche Themen Überfachliche Kompetenzen
	Zielgruppenorientierung	Inhalte Sprache Einbezug der Alltagsrealität Heterogenität
Formal-gestalterischer Bereich	Gliederung und Aufbau	Übersichtlichkeit Struktur
	Design und Gestaltung	Zielgruppengerechte Umsetzung Gestaltung unterstützt Inhalte
	Äußere Form	Medieneinsatz Umweltverträglichkeit/Ökologie Materialqualität Wirtschaftlichkeit
	Usability (elektronische LM)	Bedienung Orientierung Hilfen

3. Konzeptionelle Überlegungen zum Design

Parallel zur Formulierung der Beurteilungskriterien erfolgten die Planungsarbeiten für das Design des Tools. Wir stellten uns die Frage, wie heute ein Instrument gestaltet sein sollte, das es den Beurteilenden erlaubt, ihre Einschätzungen ohne großen Aufwand einzugeben, die eingegebenen Werte aussagekräftig zu visualisieren und gleichzeitig den administrativen Aufwand zu minimieren. Schnell war klar, dass das Beurteilungstool im Idealfall webbasiert sein sollte. Damit wäre die Plattformunabhängigkeit gegeben, alle am Internet angeschlossenen Computer hätten Zugriff auf das Tool und es wäre einfach, neue Versionen umgehend allen Nutzenden zur Verfügung zu stellen. Natürlich sollte das Werkzeug selbsterklärend sein, gleichzeitig aber auch möglichst flexibel nutzbar, um unterschiedlichen Beurteilungssituationen gerecht zu werden. Unter anderem deshalb wurde die Möglichkeit integriert, neben der Einschätzung der Kriterien diese auch zu gewichten (Funk, 2004). Durch diese Auf- oder Abstufung der Kriterien können beispielsweise je nach Evaluation divergente schulische Settings oder unterschiedliche Bedürfnisse berücksichtigt werden. Es ist eben nicht jedes Kriterium in jeder Beurteilungssituation gleich wichtig.

Eine hohe Priorität hatte auch die grafische Auswertung der Einschätzungen. Diese sollte, besser als es Zahlenwerte vermögen, zeigen, wo ein Lehrmittel Stärken aber auch Schwächen aufweist. Für die Praktikerinnen und Praktiker in den Lehrmittelkommissionen war es wichtig, dass das Tool über die Möglichkeit verfügt, Gruppenauswertungen (vgl. Abschnitt 4.3) durchzuführen. Schließlich sollte das Tool von den Nutzenden weitgehend selbstständig administrierbar sein, um die Interkantonale Lehrmittelzentrale als Institution von Administrationsaufgaben weitgehend zu entlasten.

4. Zentrale Charakteristika des Tools

Im Folgenden sollen exemplarisch einige zentrale Features des Tools vorgestellt werden. Zunächst gilt es zwischen dem Administrations- und dem Beurteilungszugang zu unterscheiden. Der Administrationsbereich dient, wie es der Name sagt, dazu, *Levanto* zu administrieren, während im Beurteilungsbereich die Beurteilungen von Lehrmitteln vorgenommen werden. Der Zugang zu *Levanto* ist passwortgeschützt.

4.1 Administrationsfunktionen

In *Levanto* gibt es die folgenden vier Administrationsfunktionen:
1. Datensätze für Beurteilungen anlegen,
2. Gewichtungsprofil erstellen,
3. Gruppenauswertung durchführen und
4. Beurteilungen archivieren.

Mit diesen Administrationsfunktionen können die Nutzerinnen und Nutzer von LEVANTO Beurteilungen selbstständig administrieren. Beispielsweise kann damit eine beliebige Zahl von Beurteilungsdatensätzen angelegt werden (1). Es kann ein Gewichtungsprofil erstellt werden, also die Gewichte für die Beurteilungskriterien festgelegt und den Beurteilungsdatensätzen zugewiesen werden (2). Es können Gruppenauswertungen durchgeführt (3) und beendete Beurteilungen archiviert werden (4). Die Interkantonale Lehrmittelzentrale vergibt Administrationspasswörter an ausgewählte Fachleute der ihr angeschlossenen Kantone. In der Schweiz haben zurzeit rund 40 Personen den Status eines LEVANTO-Administrators.

Abbildung 1: Datensätze für Beurteilungen anlegen

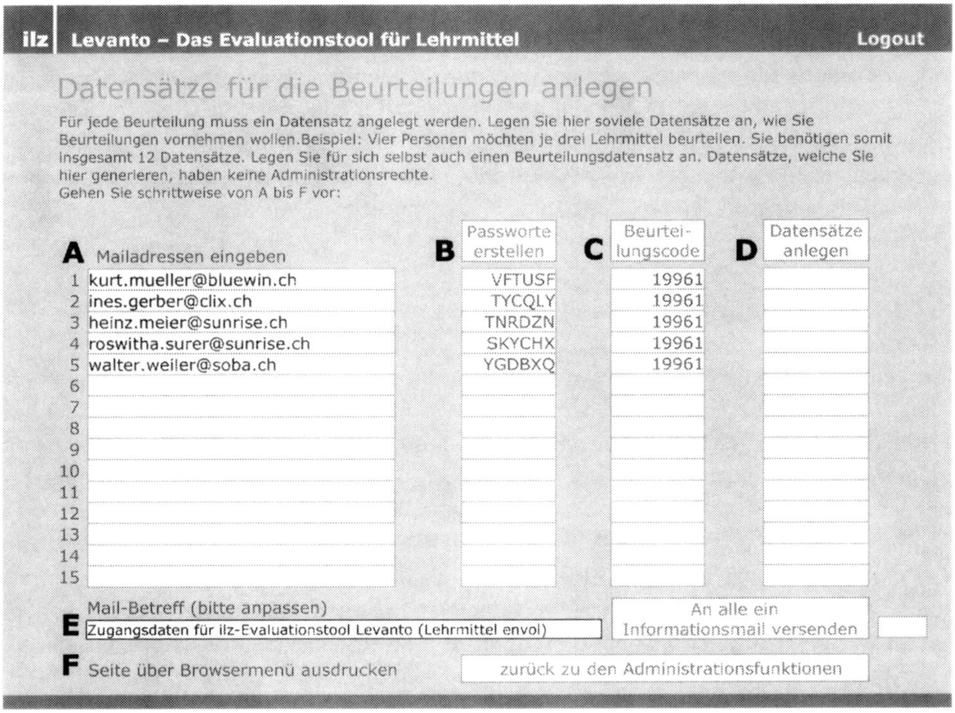

	A Mailadressen eingeben	B Passworte erstellen	C Beurteilungscode	D Datensätze anlegen
1	kurt.mueller@bluewin.ch	VFTUSF	19961	
2	ines.gerber@clix.ch	TYCQLY	19961	
3	heinz.meier@sunrise.ch	TNRDZN	19961	
4	roswitha.surer@sunrise.ch	SKYCHX	19961	
5	walter.weiler@soba.ch	YGDBXQ	19961	
6				
7				
8				
9				
10				
11				
12				
13				
14				
15				

E Mail-Betreff (bitte anpassen): Zugangsdaten für ilz-Evaluationstool Levanto (Lehrmittel envoi) — An alle ein Informationsmail versenden

F Seite über Browsermenü ausdrucken — zurück zu den Administrationsfunktionen

Um eine neue Beurteilung zu initiieren, müssen zuerst die benötigten Beurteilungsdatensätze angelegt werden. Dies erfolgt auf der Bildschirmseite, welche in Abbildung 1 dargestellt ist. Unter A werden die E-Mail-Adressen der Beurteilenden eingetragen. Durch Button B werden automatisch die benötigten LEVANTO-Passwörter für den Zugang der Beurteilenden generiert. Button C legt einen Beurteilungscode fest, der diese Beurteilung mit den involvierten Personen und dem beurteilten Lehrmittel eindeutig identifiziert. Mit diesem Beurteilungscode können später von der Administrationsperson die Beurteilungsdatensätze aufgerufen und ein Gewichtungsprofil zugewiesen oder eine Gruppenauswertung durchgeführt werden. Mit dem Button D werden dann die Beurteilungsdatensätze in der Datenbank von

LEVANTO physisch angelegt³. Mit Button E wird an alle Beurteilenden eine automatisierte E-Mail verschickt mit den Zugangsinformationen für die Beurteilung. Der Betreff dieser E-Mail kann von der Administrationsperson angepasst werden, um bei vergleichenden Beurteilungen die Zugangsinformationen den jeweiligen Lehrmitteln korrekt zuzuordnen. Eine PDF-Datei im Anhang dieser E-Mail enthält grundlegende Informationen zu LEVANTO, die den Beurteilenden als Erstinformation dienen. In weniger als zehn Minuten ist eine neue Beurteilung aufgesetzt, die dazu notwendigen Beurteilungszugänge sind erstellt und die Zugangsinformationen distribuiert.

4.2 Beurteilungszugang

Mit den in den automatisierten E-Mails enthaltenen Zugangsinformationen können sich die Beurteilenden nun unter www.levanto.ch anmelden und ihre Einschätzungen zum Lehrmittel abgeben. Dabei spielt es keine Rolle, wie viele Sessions sie dazu benötigen. Die Zugangsinformationen berechtigen dazu, sich beliebig oft in LEVANTO einzuloggen. Bereits vorgenommene Einschätzungen bleiben gespeichert, können aber auch zu einem späteren Zeitpunkt wieder modifiziert werden.

4.2.1 Einstellungen

Auf einer Einstellungsseite können zu Beginn die Grundeinstellungen vorgenommen werden (Abbildung 2). So kann beispielsweise die Bezeichnung für das zu beurteilende Lehrmittel bestimmt werden. Handelt es sich um ein „Lehrwerk" oder um „Unterrichtsmaterial"? Der Text der Beurteilungskriterien wird je nach Wahl entsprechend angepasst.

Zudem kann gewählt werden, ob auch die Fragen im deskriptiven Teil von LEVANTO beantwortet werden sollen und ob bestimmte Dimensionen der 52 Beurteilungskriterien ausgeschlossen und von der Navigation übersprungen werden sollen. So ist es beispielsweise nur dann sinnvoll, die Kriterien zur Dimension „Usability" einzuschätzen, wenn das Lehrmittel auch elektronische Lehrwerkteile umfasst, zum Beispiel einen Internetauftritt, CDs mit Übungsprogrammen oder DVDs. Alle Usability-Kriterien beziehen sich auf elektronische Medien.

4.2.2 Deskriptive Angaben

Falls unter „Einstellungen" die Beantwortung der deskriptiven Fragen gewünscht wurde, verzweigt die Navigation nun zu diesem Bereich. Es handelt sich dabei um rund 20 faktenorientierte Fragen, wie sie exemplarisch Abbildung 3 zeigt.

---

3   LEVANTO ist, technisch gesehen, eine Datenbank mit rund 80 Screens, rund 120 Skripts und mehreren 1000 Zeilen Code.

LEVANTO – Ein Tool zur praxisorientierten Schulbuchevaluation | 205

Abbildung 2: Grundeinstellungen

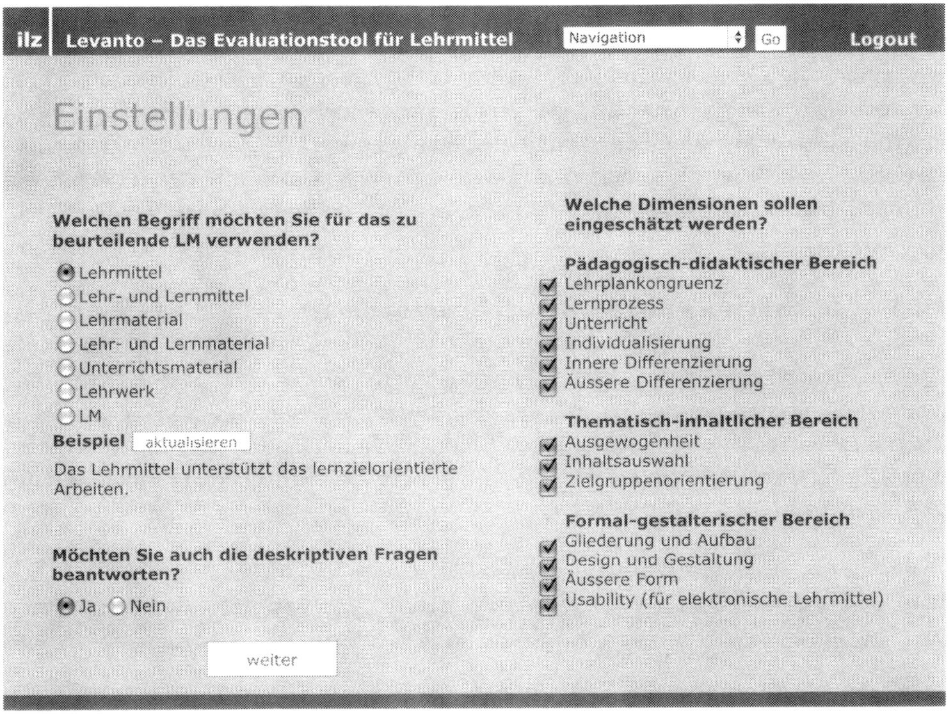

Abbildung 3: *LEVANTO* beinhaltet auch deskriptive Fragen (Auszug)

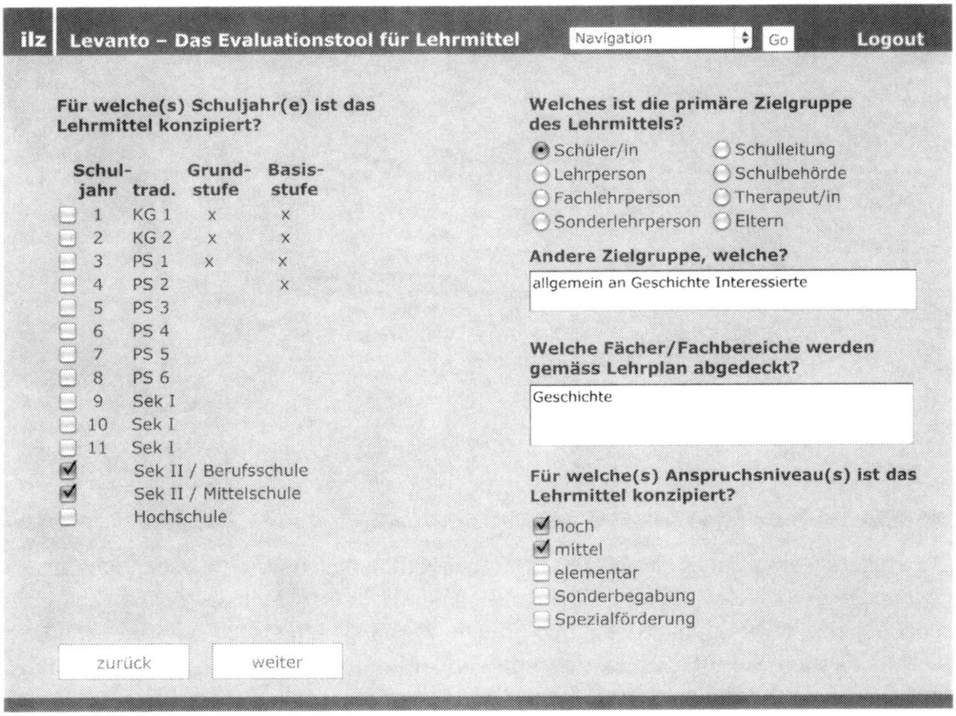

Darunter fallen Angaben wie Titel, Kurzbeschreibung, Fachbereich, primäre Zielgruppe, Verlag, Preis, Erscheinungsdatum und dergleichen. Also lauter Aspekte, die nichts mit Einschätzungen der Schulbuchqualität zu tun haben und dazu dienen sollen, die Dokumentation der Lehrmittelbeurteilung zu komplettieren. Diese Beschreibungen werden somit in der Regel nur einmal benötigt, weshalb es nicht sinnvoll ist, dass alle an einer Evaluation Beteiligten die entsprechenden Fragen beantworten. Auf Wunsch generiert LEVANTO eine PDF-Datei mit den deskriptiven Informationen, welche heruntergeladen und an alle Beteiligten verteilt werden kann.

4.2.3 Einschätzung der 52 Beurteilungskriterien

Bei der Einschätzung der 52 Beurteilungskriterien, welche eine Evaluation umfassen, handelt es sich um den wichtigsten und umfangreichsten Teil von LEVANTO. Die Kriterien werden auf einer sechsstufigen Likert-Skala mittels Pulldown Menüs eingestuft. Die Skala reicht von „trifft völlig zu" (1) bis zu „trifft überhaupt nicht zu" (6) (Abbildung 4).

Abbildung 4: Einige Beurteilungskriterien des pädagogisch-didaktischen Bereichs

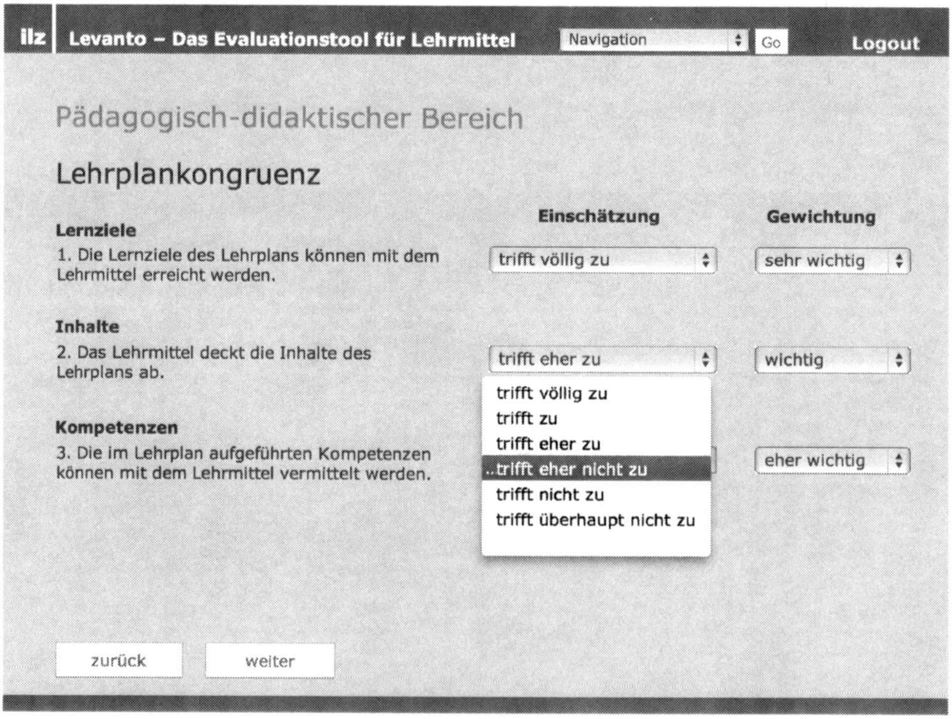

Die Kriterien sind entsprechend der drei oben genannten Beurteilungsbereiche in pädagogisch-didaktische, thematisch-inhaltliche (Abbildung 5) und formal-gestalterische Aspekte (Abbildung 6) gegliedert. Die Beantwortung setzt selbstverständlich in einem ersten Schritt eine eingehende Beschäftigung mit dem Lehrmittel voraus. Im Minimum sind dafür aufgrund der bisherigen Erfahrungen rund 1 bis 2 Stunden

Abbildung 5: Einige Beurteilungskriterien des thematisch-inhaltlichen Bereichs

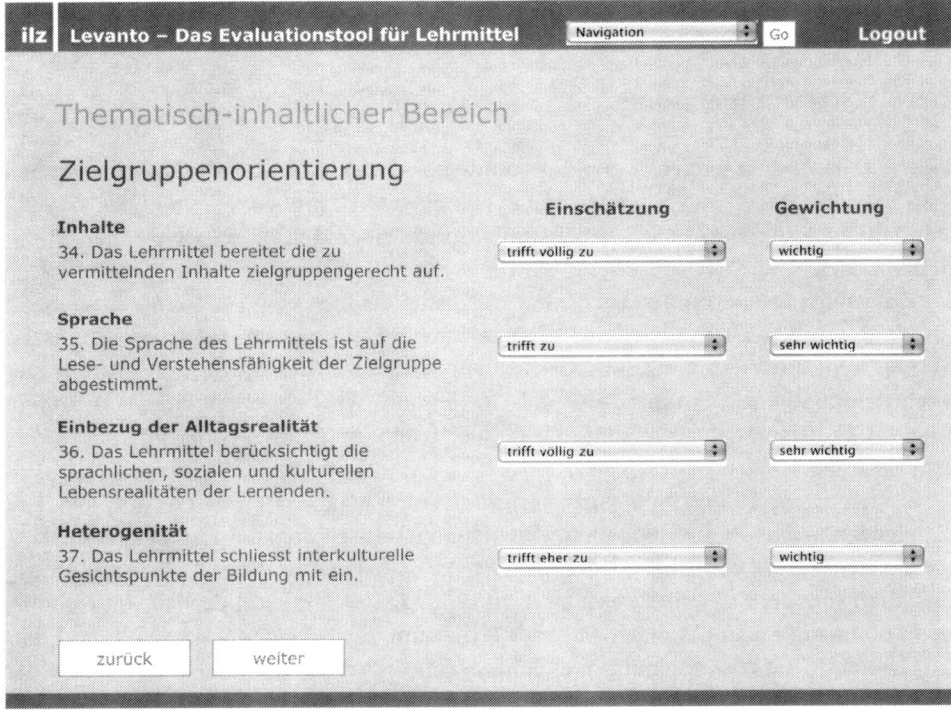

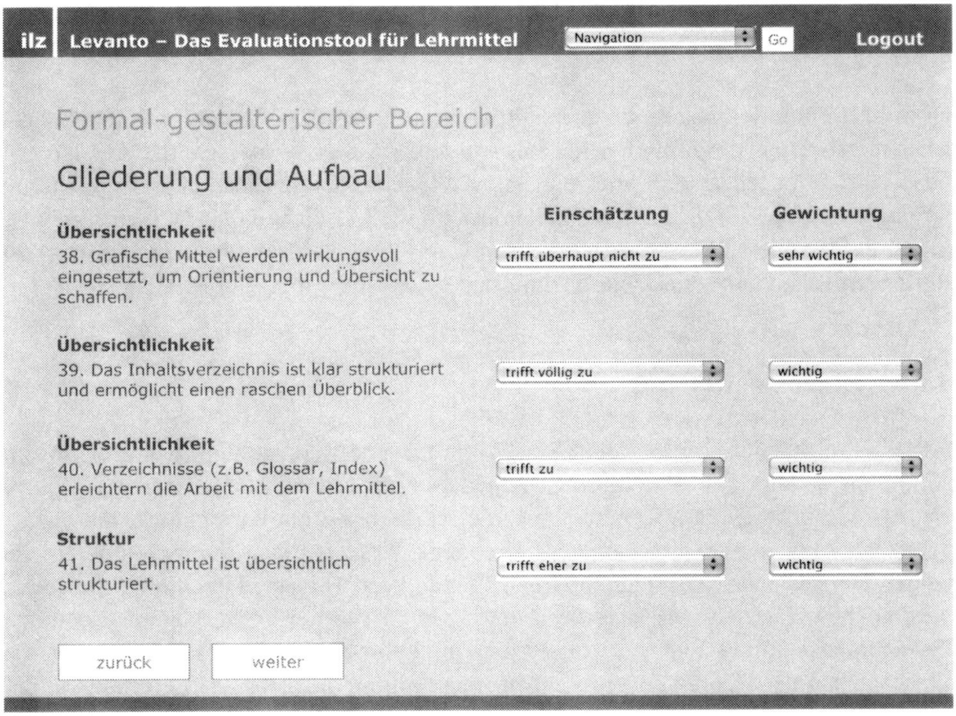

Abbildung 6: Einige Beurteilungskriterien des formal-gestalterischen Bereichs

zu veranschlagen, wobei die eigentliche Eingabe deutlich weniger Zeit in Anspruch nimmt.

4.2.4 Gewichtungsprofil

Wie aus den Abbildungen 4 bis 6 hervorgeht, lassen sich für die Kriterien neben den Einschätzungen auch Gewichtungen angeben. Damit ist es möglich, den 52 Beurteilungskriterien, je nach den Erfordernissen einer Beurteilung, ein unterschiedliches Gewicht zuzuweisen. Wenn beispielsweise das Kriterium „Das Lehrmittel ist für den jahrgangsübergreifenden Unterricht/das altersdurchmischte Lernen geeignet." im Kontext einer Beurteilung nur eine geringe Bedeutung hat, weil das schulische Setting kein altersdurchmischtes Lernen vorsieht, kann das Kriterium geringer gewichtet und abgestuft werden. Für die Gewichtung wird ebenfalls eine sechsstufige Likertskala verwendet, welche die Pole „sehr wichtig" (6) bis „völlig unwichtig" (1) umfasst.

Es ist in der Regel nicht sinnvoll, dass jedes Mitglied einer Gruppe von Beurteilenden seine je individuellen Gewichtungen vornimmt. Angemessener ist es meist, wenn pro Evaluation in der Gruppe die Gewichtung der Kriterien vorgängig diskutiert und darüber ein Konsens erzielt wird. LEVANTO erlaubt deshalb im Rahmen der Administrationsfunktionen für jedes Kriterium ein Gewicht festzulegen und diese Gewichte – das sogenannte Gewichtungsprofil – vor, während oder nach einer Evaluation allen Beurteilenden zuzuweisen. So kann sichergestellt werden, dass alle Beurteilenden über dieselben Gewichtungen der Kriterien verfügen.

4.2.5 Zusätzliche Aspekte

Obwohl die Beurteilungskriterien inhaltlich breit abgestützt sind und mit fachkundiger Unterstützung sorgfältig ausgewählt wurden, wäre es vermessen, davon auszugehen, dass sie in jedem Fall alle relevanten Aspekte abbilden, zumal fachspezifische Kriterien bislang fehlen. LEVANTO bietet deshalb die Möglichkeit, zusätzliche Aspekte in ein dafür vorgesehenes Feld einzutragen, welche im Zusammenhang mit dem zu treffenden Evaluationsentscheid wichtig und bedeutsam sind.

4.2.6 Einzelauswertung

Für alle drei Inhaltsbereiche liefert LEVANTO Polar- und Barcharts der Einschätzungen. Abbildung 7 zeigt eine Polargrafik des pädagogisch-didaktischen Bereichs mit acht Beurteilungskriterien. Die gepunktete Linie repräsentiert die Gewichtung, die durchgezogene Linie die Einschätzungen. Die dunkelgrauen Flächen repräsentieren die beiden Dimensionen „Lehrplankongruenz" und „Lernprozess". Durch die Polarcharts wird leicht ersichtlich, wie sich die Relevanz des Kriteriums – verkörpert durch den Gewichtungsfaktor – und die Umsetzung im Lehrmittel – repräsentiert durch die Einschätzung der Beurteilenden – entsprechen, mithin also, wo das Lehrmittel wichtige bzw. weniger wichtige Stärken und Schwächen hat (Lesbarkeit der Grafik durch die schwarz-weiße Darstellung reduziert).

Als weitere Auswertungsgrafiken stehen Barcharts für die gewichteten (Abbildung 8) und ungewichteten Einschätzungen zur Verfügung. Bei der gewichteten Balkengrafik wird das Produkt aus Gewichtung und Einschätzung gebildet, woraus ein Maximalwert von 36 und ein Minimalwert von 1 resultieren. Im Vergleich zum Polarchart bietet die Balkengrafik den Vorteil, dass der Text der Beurteilungskriterien ersichtlich ist und eine größere Zahl von Kriterien gleichzeitig dargestellt werden kann.

Die Beurteilenden können die Auswertungsgrafiken ihrer Eingaben unmittelbar online einsehen und zwar auch dann, wenn noch nicht alle Kriterien eingeschätzt wurden. Zusätzlich lassen sich die Grafiken zusammen mit den eingegebenen zusätzlichen Aspekten der Beurteilung auch als PDF-Datei herunterladen.

Abbildung 7: Polarchart des pädagogisch-didaktischen Bereichs

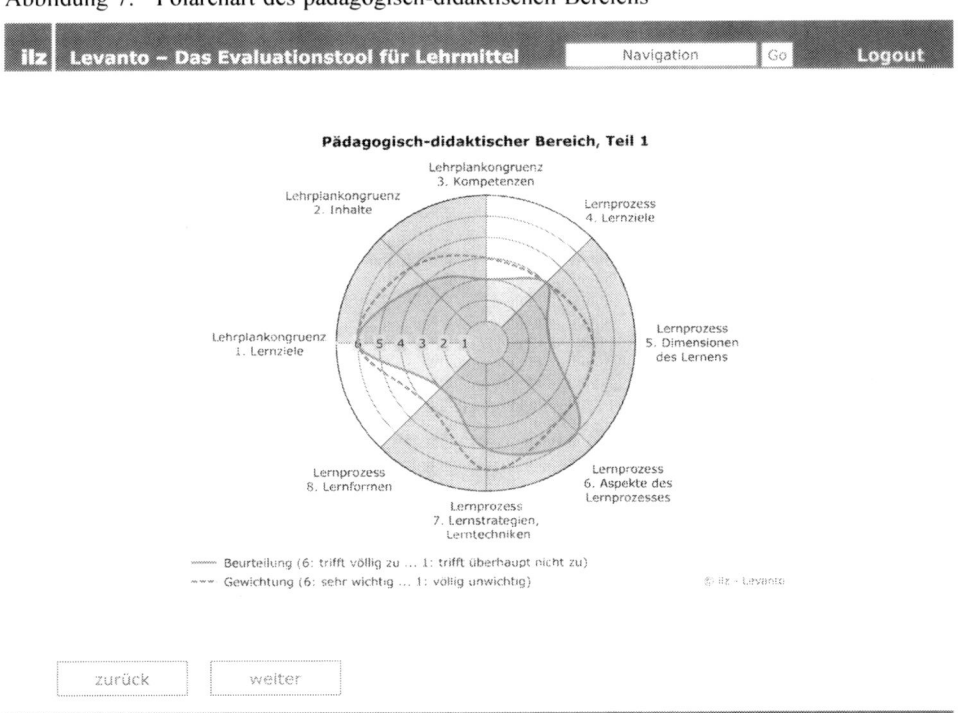

Abbildung 8: Barcharts der gewichteten Werte des pädagogisch-didaktischen Bereichs

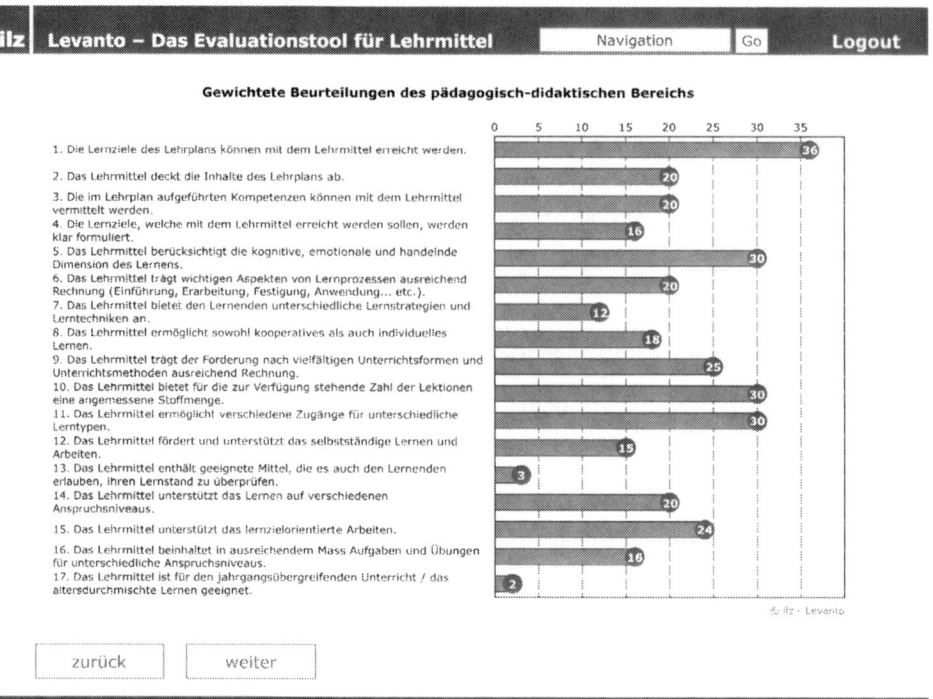

4.3 Gruppenauswertung

Lehrmittelevaluationen werden normalerweise von einer Gruppe von Fachleuten durchgeführt. Es besteht deshalb ein großes Bedürfnis nach einer Auswertung, welche alle Beurteilungen einer Gruppe miteinschließt und die Einschätzungen aussagekräftig aufbereitet. Um diesem Wunsch gerecht zu werden, bietet LEVANTO die Möglichkeit, Gruppenauswertungen durchzuführen. Dabei handelt es sich um eine Administrationsfunktion, welche erfolgt, nachdem alle Beurteilenden ihre Einschätzungen abgegeben haben. Neben den bereits diskutierten Polarcharts beinhalten Gruppenauswertungen auch die in Abbildung 9 dargestellte Auswertungsgrafik. Es werden Mittelwerte, Maxima und Minima berechnet. Die Grafik veranschaulicht sehr deutlich, bei welchen Kriterien in einer Gruppe von Evaluierenden Konsens oder Dissens besteht. So liegen beispielsweise bei Kriterium 1 die Meinungen weit auseinander, während bei den Kriterien 8 oder 12 weitgehende Einigkeit besteht. In der Spalte rechts in der Grafik ist das N vermerkt. Wenn einzelne Beurteilende bestimmte Kriterien nicht beantwortet haben, wofür es eine Reihe nachvollziehbarer Gründe gibt, werden sie bei der entsprechenden Mittelwertsberechnung ausgeschlossen.

Abbildung 9: Gruppenauswertung der gewichteten Beurteilungen des pädagogisch-didaktischen Bereichs

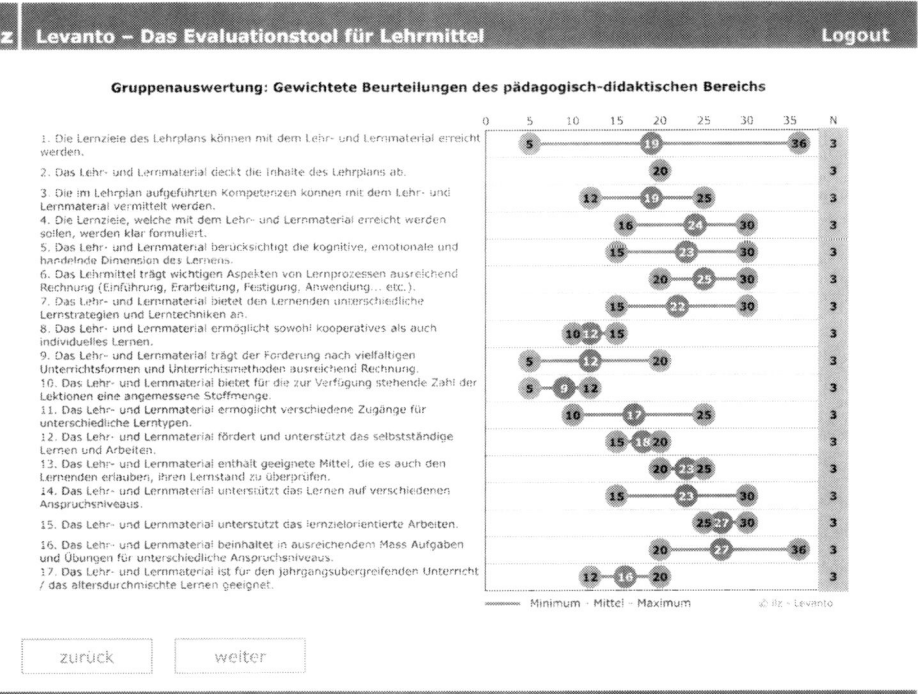

5. Bisherige Erfahrungen

LEVANTO wurde im Herbst 2009 online geschaltet. In den ersten eineinhalb Jahren wurden damit rund 800 Einzelbeurteilungen durchgeführt und gegen 100 Lehrmittel beurteilt. Ein Jahr nach dessen Einführung hatten acht Kantone das Tool im Einsatz und bei weiteren sieben sowie dem Fürstentum Liechtenstein war ein Einsatz geplant (Abbildung 10). Im Bildungsraum Nordwestschweiz haben vier Kantone das Werkzeug durch den Entscheid des Regierungsratsausschusses als verpflichtendes Evaluationsinstrument eingeführt. Damit hat sich bereits im ersten Jahr LEVANTO zum de facto-Standard der Lehrmittelevaluation in der deutschsprachigen Schweiz entwickelt.

Es scheint ganz offensichtlich so zu sein, dass mit dem Tool einem weitverbreiteten Bedürfnis entsprochen werden konnte. In den Fachgremien bilden oft die Gruppenauswertungen den Ausgangspunkt einer inhaltlichen Diskussion. Diese Diskussion kann aufgrund der Gruppenauswertung fokussierter und vertiefter geführt werden. Durch LEVANTO und das Set der Beurteilungskriterien wird faktisch auch eine Standardisierung der Beurteilungssituation herbeigeführt. Die Lehrmittelkommissionen, welche ihre Evaluationsentscheide gegenüber den politischen Vorgesetzten und den Lehrpersonen legitimieren müssen, können mit den aus LEVANTO generierten Unterlagen ihr Urteil besser begründen. Ihre Entscheide sind besser nachvollziehbar. Die Rückmeldungen aus der Praxis sind bisher ausgesprochen positiv ausgefallen.

Abbildung 10: Verwendung von LEVANTO in den 18 der ilz angeschlossenen Kantonen und im Fürstentum Liechtenstein (Stand Oktober 2010)

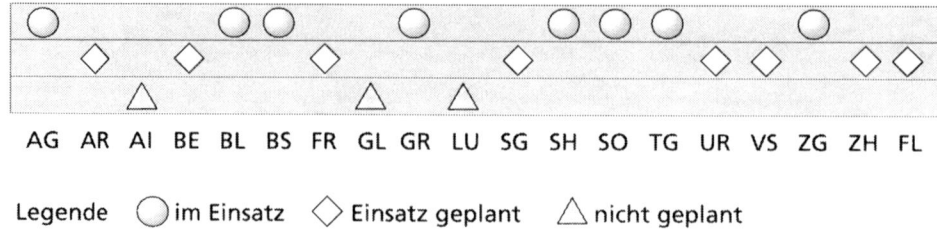

AG AR AI BE BL BS FR GL GR LU SG SH SO TG UR VS ZG ZH FL

Legende ◯ im Einsatz   ◇ Einsatz geplant   △ nicht geplant

6. Grenzen von *LEVANTO*

Ein fachlich qualifizierter Einsatz von LEVANTO bedeutet, auch die Beschränkungen des Instruments im Auge zu behalten. So beinhaltet LEVANTO bisher beispielsweise keine fachbezogenen Kriterien. Entsprechende Aspekte sollten somit auf geeignete Weise zusätzlich in die Evaluation einfließen. LEVANTO ersetzt auch keine Erprobung im realen Schulumfeld. Erfahrungen des praktischen Einsatzes des Lehrmittels sollten ebenso miteinbezogen werden wie die Meinungen und Urteile von Fachpersonen, die das Lehrmittel besonders gut kennen oder dazu über spezifische Informationen verfügen.

LEVANTO ist kein Expertensystem. Es stellt lediglich gewisse Entscheidungsgrundlagen bereit. Diese zu beurteilen und daraus die richtigen Entscheide abzuleiten, ist und bleibt Sache der Fachpersonen. Die Qualität der Einschätzungen der Beurteilenden, also des Inputs, ist genuin für die Qualität des Outputs verantwortlich. Es ist deshalb im Zweifelsfall besser ein Kriterium nicht zu beantworten, für dessen Einschätzung die entsprechende Fachkompetenz fehlt.

7. Weiterentwicklung

Es ist geplant, LEVANTO stetig weiterzuentwickeln und neuen Anforderungen anzupassen. Es wurde deshalb eine Begleitgruppe ins Leben gerufen, die sich aus interessierten Anwendern zusammensetzt und über die Weiterentwicklung berät. Als nächster Ausbauschritt werden für die Administrationspersonen Hilfen eingebaut, die ihnen erlauben werden, sich einen besseren Überblick über die laufenden Beurteilungen zu verschaffen. In einem weiteren Schritt sollen dann fachspezifische Kriterien in LEVANTO integriert werden. Für das Jahr 2014 ist die Fertigstellung des gemeinsamen Deutschschweizer Lehrplans (Lehrplan 21) vorgesehen. Die sich daraus ergebenden Konsequenzen für die Lehrmittelevaluation bedingen möglicherweise Anpassungen von LEVANTO. Grundsätzlich gilt, dass die Bedürfnisse der Praxis bei der Weiterentwicklung wegleitend sein sollen. Es bleibt das Ziel, der Praxis ein effizientes Werkzeug zur Verfügung zu stellen und dadurch den Evaluationsprozess weiter zu professionalisieren und zu standardisieren.

Literatur

Bayerisches Staatsministerium für Unterricht und Kultus (2009). *Kriterien zur Begutachtung von Lehrmitteln.* (Stand Januar 2009).

Funk, H. (2004). Qualitätsmerkmale von Lehrwerken prüfen – ein Verfahrensvorschlag. *Babylonia-Zeitschrift für Sprachunterricht und Sprachenlernen, 3,* 41-47.

Ministerium für Bildung, Jugend und Sport Land Brandenburg (2002). *Orientierungsschwerpunkte für die Begutachtung von Schulbüchern.* [Abruf am 25.5.2008].

Olechowski, R. (1995) (Hrsg.). *Schulbuchforschung.* Frankfurt a.M.: Lang.

Weber, H. (o.J.). *Kriterienkatalog zur Analyse und Bewertung von Lehrwerken für den Fremdsprachenunterricht.* Abruf am 20.05.2008 unter http://www.uni-trier.de/~feb/Seminarunterlagen/Lehrwerkanalyse/Krtikat.htm

Verzeichnis der Autorinnen und Autoren

A.Univ.-Prof. Mag. Dr. Hermann Astleitner
Universität Salzburg
Fachbereich Erziehungswissenschaft
Unipark Nonntal
Erzabt-Klotz-Straße 1
A-5010 Salzburg, Austria
Tel. +43 (0)662 8044 4208,
Email: Hermann.Astleitner@Sbg.Ac.At

Dr. phil. Brigitte Bollmann-Zuberbühler
Pädagogische Hochschule Zürich
Ausbildung Sekundarstufe I, Fachbereich Mathematik
Kantonsschulstrasse 3
CH – 8090 Zürich, Switzerland
Tel. +41 (0)43 305 5608
Email: Brigitte.Bollmann@phzh.ch

Prof. Dr. Jörg Doll
Hamburger Zentrum zur Unterstützung
der wissenschaftlichen Begleitung und Erforschung
schulischer Entwicklungsprozesse (ZUSE)
Bogenallee 11
20144 Hamburg, Germany
Tel. +49 (0)40 42838 2751
Fax +49 (0)40 42838 2135
Email: joerg.doll@zuse-hamburg.de

Martina von Heynitz
Humboldt-Universität zu Berlin
Institut für Erziehungswissenschaften
Abteilung Allgemeine Erziehungswissenschaft
Unter den Linden 6
10099 Berlin, Germany
Tel. +49 (0)30 2093 1787
Tel. +49 (0)30 2093 4092 (Sekretariat)
Email: mvheynitz@gmail.com

Prof. Franz Keller
Pädagogische Hochschule Zürich
Ausbildung Sekundarstufe I, Fachbereich Mathematik
Kantonsschulstrasse 3
CH – 8090 Zürich, Switzerland
Tel. +41 (0)43 305 5436
Email: Franz.Keller@phzh.ch

Dr. Gabriele Lieber
Justus-Liebig-Universität Gießen
Institut für Schulpädagogik und Didaktik der Sozialwissenschaften
Karl-Glöckner-Str. 21B
35394 Gießen, Germany
Tel. +49 (0)641 99 24182 / 24181 (Sekretariat)
Fax +49 (0)641 99 24189
Email: Gabriele.Lieber@erziehung.uni-giessen.de

Prof. (em.) Dr. Günter Nold
Technische Universität Dortmund
Campus Nord
Emil-Figge-Str. 50
44227 Dortmund, Germany
Tel. +49 (0)231 755 2910
Email: Guenter.Nold@tu-dortmund.de

Prof. Dr. Angelika Redder
Universität Hamburg
Institut für Germanistik I
Von Melle Park 6
20146 Hamburg, Germany
Tel. +49 (0)40 42838 2727
Email: angelika.redder@uni-hamburg.de

Anna Rehfinger
Hamburger Zentrum zur Unterstützung
der wissenschaftlichen Begleitung und Erforschung
schulischer Entwicklungsprozesse (ZUSE)
Bogenallee 11
20144 Hamburg, Germany

Dr. Sebastian Rezat
Justus-Liebig-Universität Gießen
FB 07 – Institut für Didaktik der Mathematik
Karl-Glöckner-Str. 21C
35394 Gießen, Germany
Tel. +49 (0)641 99 92224
Fax +49 (0)641 99 32229
Email: sebastian.rezat@math.uni-giessen.de

Mag. Alexandra Totter
Pädagogische Hochschule Zürich
Forschung und Entwicklung
Forschungsgruppe MINT-Didaktik & System Schule
Waltersbachstrasse 5
CH – 8090 Zürich, Switzerland
Tel. +41 (0)43 305 5132
Email: Alexandra.Totter@phzh.ch

Prof. Dr. (em) Bodo von Borries
Uni Hamburg
FB 05 – Fachbereich Erziehungswissenschaften
Binderstr. 34
20146 Hamburg, Germany
Tel. +49 (0)40 6039300
Email: bvborrries@aol.com

Dr. Thomas Weiß
Institut für Religionspädagogik
Evangelisch-Theologische Fakultät
der Universität Wien
Schenkenstraße 8-10 (5.OG)
A- 1010 Wien, Austria
Tel. + 43 (0)1 4277 32908
Fax + 43 (0)1 4277 9329
Email: t.weiss@univie.ac.at

Dr. Martin Wirthensohn
Projektleiter mbA
Zürcherstr. 6
Postfach 1411
CH-8640 Rapperswil, Switzerland
Tel. + 41 (0)55-220 5481
Email: martin.wirthensohn@ilz.ch

HANSE – Hamburger Schriften zur
Qualität im Bildungswesen

herausgegeben von Detlef Fickermann und Knut Schwippert

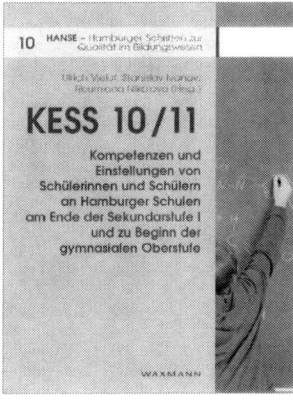

Band 10

Ulrich Vieluf, Stanislav Ivanov,
Roumiana Nikolova (Hrsg.)

KESS 10/11 – Kompetenzen und Einstellungen von Schülerinnen und Schülern an Hamburger Schulen am Ende der Sekundarstufe I und zu Beginn der gymnasialen Oberstufe

2012, 280 Seiten, br., 29,90 €
ISBN 978-3-8309-2615-3

Die Hamburger Untersuchung Kompetenzen und Einstellungen von Schülerinnen und Schülern (KESS) ist eine längsschnittlich angelegte Schulleistungsstudie, in deren Rahmen systematisch und kontinuierlich Leistungsdaten eines kompletten Schülerjahrgangs erfasst werden. Gegenstand dieses Berichts ist die vierte Erhebung der Studie, die im Jahre 2009 stattfand, und zwar am Ende der Jahrgangsstufe 10 (Juni) und zu Beginn der Jahrgangsstufe 11 (September).

Der Schwerpunkt der Untersuchung liegt auf der systematischen Beschreibung der Lernausgangslagen, der Lernentwicklungen sowie der fachbezogenen Einstellungen in zentralen Leistungsbereichen, insbesondere in Mathematik, Naturwissenschaften, Deutsch-Leseverständnis, Deutsch-Rechtschreibung sowie Englisch.

HANSE – Hamburger Schriften zur
Qualität im Bildungswesen
herausgegeben von Detlef Fickermann und Knut Schwippert

Band 9

Behörde für Schule und Berufsbildung (Hrsg.)

LAU – Aspekte der Lernausgangslage und der Lernentwicklung

Klassenstufen 11 und 13

2012, 232 Seiten, br., 34,90 €
ISBN 978-3-8309-2640-5

Mit der LAU-11-Erhebung, durchgeführt im September 2002, schließt sich nun hier die Beschreibung und Analyse der weiteren Lernentwicklung derjenigen Jugendlichen an, die in die gymnasiale Oberstufe an Gymnasien, Gesamtschulen, Aufbau-, Wirtschafts- und technischen Gymnasien oder in die Einführungsstufe des Aufbaugymnasiums eingetreten sind. Dabei stehen Fragen zu Fachleistungen und Lernentwicklungen in den Klassenstufen 9 und 10 sowie zum Einfluss kognitiver Lernvoraussetzungen, des Geschlechts und eines Migrationshintergrundes im Vordergrund.

Mit der im April 2005 durchgeführten Erhebung der am Ende des Bildungsgangs erreichten Lernstände und der Lernentwicklungen in der gymnasialen Oberstufe (LAU 13) werden für diese Teilgruppe des ursprünglichen LAU-Jahrgangs Kompetenzprofile in ausgewählten Leistungsbereichen berichtet und Anhaltspunkte für Weiterentwicklungen der pädagogischen Arbeit in der Sekundarstufe II und ihrer Rahmenbedingungen gegeben.

Fachdidaktische Forschungen
herausgegeben vom Vorstand der Gesellschaft für Fachdidaktik (GFD)

Band 1

Horst Bayrhuber, Ute Harms, Bernhard Muszynski, Bernd Ralle, Martin Rothgangel, Lutz-Helmut Schön, Helmut J. Vollmer, Hans-Georg Weigand (Hrsg.)

Empirische Fundierung in den Fachdidaktiken

2011, 280 Seiten, br., 29,90 €
ISBN 978-3-8309-2448-7

Dieser Band gibt detaillierte Einblicke in verschiedene fachdidaktische Forschungsprojekte und zeigt auf, welches zurzeit wichtige Fragestellungen in den einzelnen Fachdidaktiken sind, mit welchen Verfahren und Methoden sie angegangen werden und wie die Ergebnisse zu beurteilen sind – insbesondere im Hinblick auf die Gestaltung und Verbesserung unterrichtlicher Praxis innerhalb der einzelnen Fächer.

In vierzehn Beiträgen werden empirische Studien aus dem gesamten Spektrum der universitären Fachdidaktik vorgestellt und deren Ergebnisse diskutiert. Der Band eignet sich daher für einführende Veranstaltungen in die Fachdidaktik ebenso wie für forschungsorientierte Seminare und Veranstaltungen innerhalb und außerhalb der Ausbildungsinstitutionen.

Fachdidaktische Forschungen
herausgegeben vom Vorstand der Gesellschaft für Fachdidaktik (GFD)

Band 2

Horst Bayrhuber, Ute Harms, Bernhard Muszynski, Bernd Ralle, Martin Rothgangel, Lutz-Helmut Schön, Helmut J. Vollmer, Hans-Georg Weigand (Hrsg.)

Formate Fachdidaktischer Forschung

Empirische Projekte – historische Analysen – theoretische Grundlegungen

2012, 260 Seiten, br., 34,90 €
ISBN 978-3-8309-2679-5

Als Wissenschaft des fachbezogenen Lehrens und Lernens einer fachlichen Disziplin decken die Fachdidaktiken traditionell ein breites Spektrum von Forschungszugängen ab, von einer rein deskriptiven Grundlagenforschung aus psychologischer, pädagogischer oder soziologischer Perspektive bis hin zur unmittelbar praxisrelevanten Entwicklungsforschung mit empirischer und theoretischer Fundierung. Dieser Band zeigt das Spektrum fachdidaktischer Forschung am Beispiel unterschiedlicher Fachdisziplinen.

Empirische Studien zur Didaktik der Mathematik
herausgegeben von Götz Krummheuer und Aiso Heinze

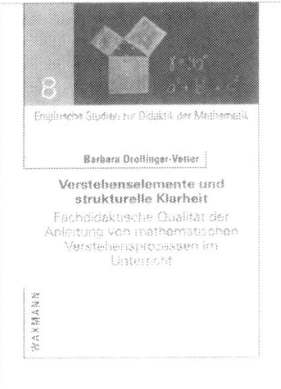

Band 8

Barbara Drollinger-Vetter

Verstehenselemente und strukturelle Klarheit

Fachdidaktische Qualität der Anleitung von mathematischen Verstehensprozessen im Unterricht

2011, 360 Seiten, br., 34,90 €
ISBN 978-3-8309-2606-1

Durch welche fachdidaktischen Qualitätsmerkmale kann das Verstehen eines konkreten Konzepts – im vorliegenden Fall des Satzes des Pythagoras – im Mathematikunterricht wirksam angeleitet und unterstützt werden? In dieser Arbeit werden drei fachdidaktische Unterrichtsqualitätsmerkmale bestimmt, die konzeptspezifisch und unabhängig von den im Unterricht verwendeten Aufgaben und Methoden formuliert sind.

Die Ausführungen zeigen, dass eine höhere fachdidaktische Qualität der Theoriephasen des Unterrichts mit höheren Fachleistungen der Schülerinnen und Schüler einhergeht.